广视角 · 全方位 · 多品种

权威 · 前沿 · 原创

皮书系列为
“十二五”国家重点图书出版规划项目

中国城市群发展指数报告（2013）

REPORT ON CHINA MEGA-CITY REGIONS DEVELOPMENT INDEX IN 2013

主　　编／刘士林　刘新静

发布单位／上海交通大学城市科学研究院
教育部“中国都市化进程年度报告”课题组

图书在版编目（CIP）数据

中国城市群发展指数报告. 2013/刘士林，刘新静主编.
—北京：社会科学文献出版社，2013. 10
（城市群蓝皮书）
ISBN 978－7－5097－5094－0

Ⅰ. ①中… Ⅱ. ①刘… ②刘… Ⅲ. ①城市发展－研究
报告－中国－2013 Ⅳ. ①F299. 2

中国版本图书馆 CIP 数据核字（2013）第 224444 号

城市群蓝皮书
中国城市群发展指数报告（2013）

主　　编／刘士林　刘新静

出 版 人／谢寿光
出 版 者／社会科学文献出版社
地　　址／北京市西城区北三环中路甲 29 号院 3 号楼华龙大厦
邮政编码／100029

责任部门／皮书出版中心（010）59367127
电子信箱／pishubu@ ssap. cn
项目统筹／邓泳红
经　　销／社会科学文献出版社市场营销中心（010）59367081　59367089
读者服务／读者服务中心（010）59367028
责任编辑／张丽丽　王　颉
责任校对／陈　磊
责任印制／岳　阳

印　　装／北京季蜂印刷有限公司
开　　本／787mm×1092mm　1/16
印　　张／17. 25
版　　次／2013 年 10 月第 1 版
字　　数／206 千字
印　　次／2013 年 10 月第 1 次印刷
书　　号／ISBN 978－7－5097－5094－0
定　　价／59. 00 元

上海交通大学文理交叉专项基金项目（编号：11JCY02）

《中国城市群发展指数报告（2013）》
编　委　会

主要编撰者简介

刘士林 上海交通大学城市科学研究院院长、首席专家，教育部哲学社会科学发展报告首批建设项目“中国都市化进程年度报告”负责人，上海交通大学媒体与设计学院副院长、博士、教授、博士生导师，上海高校都市文化E-研究院特聘研究员，《中国城市科学》主编。

刘新静 上海交通大学城市科学研究院院长助理、博士、研究员，“中国城市群数据库”负责人，上海交通大学媒体与设计学院博士后。

《中国城市群发展指数报告（2013）》
研制团队

首席专家：刘士林

首席执行专家：刘新静

团队成员：

张懿玮　上海交通大学城市科学研究院兼职研究员
孔　铎　上海交通大学媒体与设计学院博士
王晓静　上海交通大学媒体与设计学院博士
盛　蓉　上海交通大学媒体与设计学院博士
耿　波　中国传媒大学文学院副教授
于　炜　华东理工大学艺术设计系主任、副教授
朱宁嘉　上海交通大学媒体与设计学院副教授
张书成　上海交通大学媒体与设计学院博士
马应福　上海交通大学媒体与设计学院博士
周　捷　上海交通大学媒体与设计学院硕士
聂翔宇　上海交通大学媒体与设计学院硕士
王　真　上海交通大学媒体与设计学院硕士

摘　要

构建科学合理的城市群发展指数体系，引导我国城市群朝着理想和可持续的目标演化，决定着我国城镇化道路能否实现从数量到质量的转型发展。上海交通大学城市科学院以具有自主知识产权的“都市化进程理论”和自主研发的“中国城市群发展指数框架”及“中国城市群数据库”为基础，持续开展“中国城市群发展指数年度报告”的研究工作。从2013年开始，分年度向国内外发布。

《中国城市群发展指数报告（2013）》涉及三大城市群（京津冀、长三角和珠三角）的34个城市，指数框架设置5个一级指标、16个二级指标和43个三级指标。5个一级指标包括人口、经济、生活、文化和首位比，内在构成了一个符合世界城市群发展规律和我国城市群建设需要的科学指数框架。文化指数和首位比指数，是本指数报告最核心的创新之处。

本指数报告采用全排列多边形综合图示法，根据京津冀、长三角和珠三角2007～2010年的各项数据，得出三大城市群的综合指数。在三大城市群综合指数排名上，目前珠三角城市群位于第一，长三角城市群居次席，京津冀处于垫底位置。但大部分综合指数的值相对较小，反映了我国三大城市群中，目前尚没有一个在各方面都领先于其他两个，同时，各城市群在五项综合指标上各有优势和不足。三大城市群的综合指数均呈现较为明显的上升趋势，从整体上看，三大城市群正逐渐从“数量－规模增长”过渡到“质量－

内涵增长”的新阶段，从“铺摊子、扩圈子”的粗放型城市化进入“调结构布局、深度城市化”的战略调整期。在横向比对分析上，三大城市群的发展各有亮点和短板，初步形成了“差异化”的发展格局。在纵向分析考察上，三大城市群之间的差距正在明显缩小，中国都市化进程初现“均衡化”发展趋势。

Abstract

A scientific and reasonable developing index of mega-city regions is critical to guide the sustainable urban development and the transformation from quantitative to qualitative urbanization. Institute of Urban Science in Shanghai Jiao Tong University, based on Theory of Metropolitanization, innovative "Developing index frame of China mega-city regions" and "Database on China mega-city regions", carries out *Annual report on developing index of China mega-city regions* which will be released domestically and internationally from the year of 2013.

Roport on China Mega-city Regions Development Index in 2013 covers 34 cities in three largest mega-city regions in China (Beijing-Tianjin-Hebei area, Yangtze River Delta and Pearl River Delta) based on a index frame of 5 tier-1 indicators, 16 tier-2 indicators and 43 tier-3 indicators. 5 tier-1 indicators includes population, economy, life, culture and primacy, constituting a scientific index frame going well with the rules of world mega-city regions and the requirements of the development status in China. Particularly the cultural and primacy indexes are the core innovations in the report.

Entire-Array-Polygon Method is applied in the report. Various data of the three mega-city regions from 2007 to 2010 are used to have the comprehensive indexes. The Pearl River Delta is ranked in the first place in the comprehensive index with Yangtze River Delta and Beijing-Tianjin-Hebei area following behind. Most of the comprehensive indexes are relatively low, showing that neither of the three can be superior over the other two in all aspects and each one of them has their own strength and problems. The three mega-city regions are progressing from the scale and expansion development to the structural optimization stage focusing on internal quality. They initially realize a " diversified " regional layout. The difference and gap among the three mega-city regions are obviously decreasing, which contributes to the regional balance of China metropolitan development.

前　言

关于我国城市群发展的几个问题

徐　飞*

在我国城镇化战略中，城市群具有顶层设计、全局视野和战略核心的重要地位，研究和解决城市群这一最大城市空间的问题与矛盾，对我国解决城镇化问题具有“牵牛要牵牛鼻子”、“取法乎上”和“重点进攻”的意义。

一　城市群的特殊地位与焦点问题

从发展战略学的角度来看，城市群的战略核心地位是由都市化进程本身决定的。与传统的城市化（Urbanization）道路不同，以“国际化大都市”与“世界级城市群”为标志的“都市化”（Metropolitanization）进程，构成了推动当代城市化进程的核心机制与主要力量。在当今世界，城市群成为全球城市发展的主流与大趋势。城市群强则国家强，城市群弱则国家弱，是不同国家与地区共同遵守的最新生存法则与重要战略路径。改革开放以来，国家在城市发展方针的总体指导思想上，经历了从“控制大城市规模，

* 徐飞，上海交通大学副校长，“城市群蓝皮书”编委会主任。

积极发展小城市”到“坚持大中小城市协调发展，培育若干城市群”的转变。十八大报告明确提出“以大城市为依托，以中小城市为重点，逐步形成辐射作用大的城市群，促进大中小城市和小城镇协调发展”。城市群既是最大的城市空间，也是新型城镇化的主导机制。一方面，城市群打破了行政区划藩篱，提高了产业集聚与关联度，促进了不同层级城市间的功能互补，有助于提升区域综合实力和竞争优势；另一方面，作为国家经济发展的重心和区域发展战略支点，城市群的良性发育有助于强化自身的辐射与带动作用，在工业化、信息化、农业现代化和城镇化的相互联动过程中具有龙头地位，也是我国参与国际政治、经济和社会秩序构建最重要的实力和资本。

但是，我国城市群的发展现状不容乐观。盲目扩张、国土资源浪费、产业同构、生活质量下降、生态环境恶化等城市病导致各个城市群处于亚健康状态。理想的城市群在本质上是一个在人口、经济、社会、文化和整体结构上具有合理层级体系，在空间边界、资源配置、产业分工、人文交流等方面具有功能互补和良好协调机制的城市共同体，而不是某项指标“单子化的膨胀和扩张”，尤其不能以西方学者最看重的经济和交通来衡量。同时，从战略角度看，“可持续发展是从比经济发展和环境保护更高、更广的视角来解决环境与发展问题，强调各社会经济因素与生态环境之间的联系与协调，寻求的是人口、经济、社会、资源、环境各要素之间相互协调的发展”①，这是城市发展研究领域的潮流与趋势。20 世纪八九十年代，国外城市研究已出现重大转型，认为城市发展不只是空间的

① 徐飞：《略论可持续发展——渊源及内涵》，《系统工程方法理论应用》1997 年第 1 期。

分割和塑造，更是与政治、经济、社会、文化和生态有着千丝万缕的联系，不能仅仅依靠理性主义和物质规划来决定城市，强调要有更多的人文主义因素和公众参与环节。但直至今日，世界各城市的命运和形态仍然主要受经济因素摆布。这一问题在我国表现得尤为突出。这些问题在都市化进程中，直接从单体城市蔓延到规模更大的城市群，同时，在单体城市中已十分严重的城市病等问题，在城市群中则以乘数效应被扩大，更为突出和严峻。

二　城市群科学合理发展的评价问题

基于这些判断，上海交通大学城市科学研究院，以具有自主知识产权的“都市化进程理论”和自主研发的“中国城市群发展指数框架”及“中国城市群数据库”为基础，持续开展“中国城市群发展指数年度报告”的研究工作。在对我国城市群发展现状和态势进行客观评价的基础上，构建科学合理的城市群发展指数体系，引导我国城市群朝着理想和可持续的目标演化，促使我国城镇化道路实现从数量到质量的转型发展。

《中国城市群发展指数报告（2013）》，是上海交通大学城市科学研究院首次发布的城市群专项指数报告，主要目的是对具有自主知识产权的“都市化进程理论”及在此基础上自主研发的“中国城市群数据库”和“中国城市群指数框架体系”进行测试和检验，为今后大规模研究和科学化评估做准备。本年度报告的研究对象为中国三大城市群（京津冀、长三角和珠三角），研究范围涉及34个城市，包括京津冀城市群的北京市、天津市和河北省的石家庄、唐山、保定、秦皇岛、廊坊、沧州、承德、张家口10个城市；长

三角城市群的上海、南京、杭州、苏州、无锡、南通、泰州、扬州、镇江、常州、湖州、嘉兴、宁波、舟山、绍兴15个城市；珠三角的广州、深圳、珠海、惠州、东莞、肇庆、佛山、中山、江门9个城市。尽管本年度报告仅涉及三大城市群，但其特殊地位足以代表中国城市群发展的最高环节和趋势，所以对中国城市群和经济区发展仍具有标杆和示范的重要意义。同时，根据此次测试和评价的结果及反馈，我们将适时地将研究对象和范围分阶段地扩展到国家发改委课题组提出的10大城市群、住建部《全国城镇体系规划纲要（2005～2020年）》提出的16城市群，最终扩展到上海交通大学城市科学研究院提出的30个城市群（含经济区）。

“中国城市群发展指数框架”共设置5个一级指标、16个二级指标和43个三级指标。其中，一级指标分别为城市人口指数、城市经济指数、城市生活指数、城市文化指数和城市首位比指数。原因在于：首先，人口和经济是城市也是城市群的两大传统要素，尽管人口和经济的过度增长和发展会导致城市病，但也不可偏废。其次，在后工业时代，城市生活方式和文化问题对城市发展的重要性日益凸显，尽管它们不易测评和量化，但通过建构新的指标框架和运用新的研究方法，仍可获得相对客观的参数和比值。再次，“首位比”是本指数框架的重要创新成果，主要用来衡量城市群内部是否生成了合理的层级与分工体系。一个健康和理想的城市群，既不是寡头式的大都市，也不是满天星斗式的松散布局，“首位比”指数可以很好地解决这一与城市群内在机制最密切的测评和证明。

同时，这也直接体现了“执其两端用其中于民”的顶层设计原则。中国城市发展的特殊性和中国城市化所处的特殊阶段，使我们清醒地认识到，在指数设置上最忌讳的是走极端和片面化，如城市经济，既需要有较快的速度和规模增长，也需要应对来自环境和资源方面的挑战。如城市文化，我国城市群既需要大力开展基础设施的建设，也需要努力提升文化发展质量，因而，宜采取“唯务折中”和兼顾多方的立场和原则。只有这样，才能充分吸收和覆盖城市群科学发展的主要内涵，并以务实的方式评价出一个城市群和理想城市群的距离。

三　关于我国城市群发展的三点建议

通过科学合理的发展指数体系来测评城市群的健康状况，是推动城镇化和城市群可持续发展的有效手段。从发展战略学的视角而言，还可对我国城镇化提出三方面的建议。

首先，完善城镇化战略的顶层设计。来源于工程学概念的“顶层设计”，“借指以全局视角，自上而下地对政治社会治理的各方面、各层次、各要素进行统筹考虑，确定目标并为其制定正确的战略、路径，以解决深层次的矛盾问题”①。目前我国的城镇化战略已进入了深水区，各种矛盾和病症逐渐浮出水面，其根源就在于城市化的顶层设计有问题，完善顶层设计，系统地梳理城镇化的各种层面和关系，实现统筹和协调发展，是当下的首要任务之一。

其次，实现城市群的系统规划。尽管我国的城市和城市群已出现了“规划”过度的问题，但多数规划还属于“概念规划”。其中在城市群上最为明显，由于地理跨度大、行政层级多，已经出台的

① 《我们需要什么样的“顶层设计”》，《新华每日电讯》2012 年 5 月 14 日第 3 版。

多种城市群（经济区）规划还停留在“概念规划”的阶段，而缺乏系统的详细控制性规划。此外，在城市群的“概念规划”中，也存在相互因袭、落地难等问题，研究和构建系统的城市群规划，是解决城市群发展战略的重要举措。

再次，关注城市群的可持续发展。在当前的很多城市群中，首位城市都出现了不同程度的“城市病”，也就是说，我们的城市群是以牺牲资源和环境来换取眼前利益的，显然是不可持续的。从劳动力三要素的角度看，可持续发展“要求劳动者向科技、道德和艺术素质化方向发展，劳动工具向低耗、高效和智能化方向发展，劳动对象向循环、清洁、无公害化方向发展”①。这也是城市群研究应该关注的一个重要方面。

① 徐飞：《略论可持续发展——渊源及内涵》，《系统工程方法理论应用》1997 年第 1 期。

目录

𝔹 Ⅰ 总报告

𝔹 Ⅱ 热点篇

B Ⅲ 案例篇

B Ⅳ 专题篇

皮书数据库阅读使用指南

CONTENTS

ⅠB Ⅰ General Report

ⅠB Ⅱ Report on Hot Issues

𝔹Ⅲ Report of Case Studies

𝔹Ⅳ Special Report

总 报 告

General Report

B.1 2013年中国城市群发展指数报告*

刘士林　刘新静　张懿玮 等

一　总论

1. 背景与意义

与传统的城市化（Urbanization）道路不同，以“国际化大都市”与“世界级城市群”为标志的“都市化”（Metropolitanization）进程[①]，构成了推动当代城市化进程的核心机制与主要力量。在当今世界，城市群成为全球城市发展的主流与大趋势。城市群强则国

* 本文完成于2013年1月29日。

① 刘士林：《都市化进程论》，《学术月刊》2006年第12期。

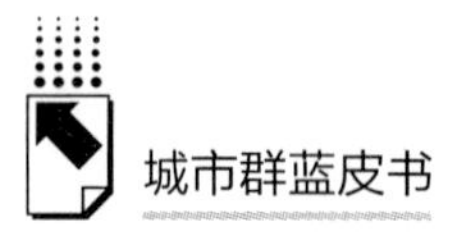

家强，城市群弱则国家弱，是不同国家与地区共同遵守的最新生存法则与重要战略路径。

（1）我国城镇化道路的主体形态和核心机制。

在我国城市化战略中，城市群具有顶层设计、全局视野和战略核心的重要地位。十八大报告中提出“加快实施主体功能区战略，推动各地区严格按照主体功能定位发展，构建科学合理的城市化格局”。科学合理的城市化格局，是中国新型城镇化建设的战略目标，其主要内容是“以大城市为依托，以中小城市为重点，逐步形成辐射作用大的城市群，促进大中小城市和小城镇协调发展”。城市群既是最大的城市空间，也是新型城镇化的主导机制。一方面，城市群打破了行政区划藩篱，提高了产业集聚与关联度，促进了不同层级城市间的功能互补，有助于提升区域综合实力和竞争优势；另一方面，作为国家经济发展的重心和区域发展战略支点，城市群的良性发育有助于强化自身的辐射与带动作用，在工业化、信息化、农业现代化和城镇化相互联动过程中具有龙头地位，也是我国参与国际政治、经济和社会秩序构建最重要的实力和资本。

基于以上原因和判断，从国家“十一五”发展规划开始，城市群的概念首次进入国家发展战略框架，在明确要求珠江三角洲、长江三角洲、环渤海地区“继续发挥对内地经济发展的带动和辐射作用，加强区内城市的分工协作和优势互补，增强城市群的整体竞争力”的同时，还提出“以特大城市和大城市为龙头，通过统筹规划，形成若干用地少、就业多、要素集聚能力强、人口合理分布的新城市群”。[①]“十一五”期间，国家先后出台《国务院关于进

① 《中央关于制定“十一五”规划的建议》，新华网，2005 年 10 月 18 日。

一步推进长江三角洲地区改革开放和经济社会发展的指导意见》（2008）和《珠江三角洲地区改革发展规划纲要（2008 ~ 2020 年)》（2009），提出把长三角地区建成“具有较强国际竞争力的世界级城市群”[①] 及把珠三角建成“全球最具核心竞争力的大都市圈之一”[②]。与此同时，国务院和相关部委还先后发布了北部湾经济区、中原经济区、关中 – 天水经济区、长吉图开发开放先导区等一系列具有“准城市群”意义的经济区发展战略规划，城市群作为我国城镇化道路的主体形态和核心机制的意义日益明确。

（2）引导我国城市群朝理想和可持续的目标演化。

从全球范围看，以 20 世纪 60 年代初的“波士沃施”（BosWash）为起点，西方发达国家率先进入都市化阶段，先后出现了五个世界级城市群。在美国国内，到 2005 年也建成 10 个大城市群。以 2000 年为时间节点，改革开放的中国迅速融入这一世界城市发展潮流，以长三角、珠三角、京津冀为代表，城市群和经济区遍地开花。但相对于世界五大城市群和美国的十大城市群，我国城市群存在起步晚、发育不足和发展不平衡等问题。特别是针对我国城市群普遍存在的重规模扩张而轻内涵建设、扎堆布局而不结合实际、重硬件而轻软件等突出问题，十八大报告明确提出了“科学规划城市群规模和布局”。基于城市群在我国经济社会发展中的核心与主导地位，这一战略方针具有“牵牛要牵牛鼻子”、“取法乎上”和“重点进攻”的重大意义，直接关系到我国的现代化进程和中华民族

---

① 周丹丹、江国成：《国务院提出 42 条促进经济、社会、文化等方面发展的重要意见》，新华社，2008 年 9 月 17 日。

② 朱宝琛：《〈珠江三角洲地区改革发展规划纲要〉正式发布》，《证券日报》2009 年 1 月 9 日。

的未来。一方面，城市群具有空间和人口规模巨大、经济和社会关系复杂、文化消费和精神需求多样等特点，城市群建设与发展比一般的城市也更加不易预测和把握；另一方面，在对我国城市群发展现状和态势进行客观评价的基础上，构建科学合理的城市群发展指数体系，引导我国城市群朝着理想和可持续的目标演化，决定着我国城镇化道路能否实现从数量到质量的转型发展。

根据我们的研究，理想的城市群在本质上是一个在人口、经济、社会、文化和整体结构上具有合理层级体系，在空间边界、资源配置、产业分工、人文交流等方面具有功能互补和良好协调机制的城市共同体。而不是某项指标“单子化的膨胀和扩张”，尤其不能以西方学者最看重的经济和交通来衡量。为此，上海交通大学城市科学院在“学校文理交叉专项基金项目”（编号：11JCY02）的支持下，以具有自主知识产权的“都市化进程理论”和自主研发的“中国城市群发展指数框架”及“中国城市群数据库”为基础，持续开展“中国城市群发展指数年度报告”的研究工作。从 2013 年开始，分年度向国内外发布。

2. 目标与特色

城市化进程是当今世界发展面临的具有总体性意义的严峻挑战，是近年来党中央、国务院和各级政府高度关注的重大现实问题。在都市化进程中，城市群发展在我国城市化战略中具有顶层设计、全局视野、战略核心的重要意义。与之相应，以城市群发展的先进理论和中国城市发展的真实数据相互结合为基础，借助当代先进的信息技术和多学科交叉合作研发“中国城市群发展指数年度报告”，具有处理海量信息、构造发展模型的大型战略装备功能，可以直观地显示中国城市群发展的现实进程与深层问题，为中国特大城市与城市群提供及时的战略判断与路径引导，在当今各种城市指数研究中具有重要的战略核心地位。

（1）具有自主知识产权的城市群发展模式。

目前，尽管已有报告涉及中国城市群的指数与排名，但由于缺乏基础理论研究，特别是在基本概念、研究对象和价值理念上比较混乱，所以在指标体系设置等方面普遍存在着简单化、片面化和粗暴化等问题。我们认为，城市群发展指数的核心功能是评估一个城市群是否朝其理想形态演化和发展，因而，基础理论研究的首要任务是确定城市群的理想形态及其科学发展的内涵。

本项研究通过对以往城市群理论的系统梳理和综合研究，重新界定城市群发展的概念、要素与结构，建构具有自主知识产权的城市群发展模式。在此基础上研制相关度强、显示度高、具有重大现实意义的评估指数体系，为科学评价和指导中国城市群发展提供先进的理论基础与价值理念。同时，为世界城市发展提供借鉴与参照。

（2）以现实问题与战略需要为主导的应用研究。

改革开放以来，中国城市选择的以 GDP 为中心、一切服从于发展经济生产力的经济型城市化模式，是中国城市普遍出现规模失控、结构失衡与功能失调的根本原因。城市群作为“放大”的城市，其面临的最严重的现实问题也是“过度经济化”。中国城市群最大的战略需要是如何实现自身的科学发展，其关键即在于如何解决都市人口过度集中、城市经济同质竞争、城市社会生态恶化和城市文化精神异化等日益严重的“城市病”。

以现实问题与战略需要为主导，是我们研究和设立指数系统的基本立场。本项研究在核心指标的选择上将摈弃西方学者最关注的城市交通问题和国内相关评价体系中的“城市 GDP”。一方面，中国交通基础设施近年来已获得长足的发展，即使不加引导，仍是投资热点，其在交通上的主要问题是管理和服务，因而仅选择拥堵成本来评估城市的管理智慧；另一方面，在科学发展观的指导下，“城市 GDP”增长不仅不再代表城市的发展，反而成为影响城市群可持续发展和提升发展质量的关键矛盾，因而我们选择了经济质量和合理层级体系。

（3）建立具有自主知识产权和中国发展经验的数据库。

当今世界已进入大数据时代，作为人类有史以来最大的空间存在，城市群的政策与战略尤其需要庞大而精准的数据支持。以具有自主知识产权的城市群发展模式为基本框架，以现实问题与战略需要为主导的应用研究为经验材料，同时，根据研究的实际需要，我们还将自行采集、整理和研发若干具有填补空白意义的子数据库，特别是和城市群发展重大问题的相关数据库，最终集成为中国城市群发展数据库。

该数据库具有辅助决策、社会评价、风险预警、舆论引导、学术促进、信息检索等功能，建成后将以其系统性和完备性成为研究、监测和引导我国城市化的大型战略装备，同时，我们将通过持续的数据采集、挖掘和综合处理，争取经过 3 ~ 5 年的建设，使之成为世界研究中国都市化进程的权威索引源。

3. 总体评价与单项指标

本年度发布的《中国城市群发展指数报告（2013）》，是上海交通大学城市科学研究院首次发布的城市群专项指数报告，主要目的是对具有自主知识产权的“都市化进程理论”及在此基础上自主研发的“中国城市群数据库”和“中国城市群指数框架体系”

进行测试和检验，为今后大规模研究和科学化评估做准备。

（1）研究对象：京津冀、长三角和珠三角。

本年度报告的研究对象为中国三大城市群（京津冀、长三角和珠三角），研究范围涉及 34 个城市，包括京津冀城市群的北京市、天津市和河北省的石家庄、唐山、保定、秦皇岛、廊坊、沧州、承德、张家口 10 个城市；长三角城市群的上海、南京、杭州、苏州、无锡、南通、泰州、扬州、镇江、常州、湖州、嘉兴、宁波、舟山、绍兴 15 个城市；珠三角的广州、深圳、珠海、惠州、东莞、肇庆、佛山、中山、江门 9 个城市。

要说明的是，尽管本年度报告仅涉及三大城市群，但其特殊地位足以代表中国城市群发展的最高环节和趋势，所以对中国城市群和经济区发展仍具有标杆和示范的重要意义。同时，根据此次测试和评价的结果及反馈，我们将适时地将研究对象和范围，分阶段地扩展到国家发改委课题组提出的 10 大城市群、住建部《全国城镇体系规划纲要（2005～2020 年）》提出的 16 大城市群，最终扩展到上海交通大学城市科学研究院提出的 30 个城市群（含经济区）。

（2）指数框架：人口、经济、生活、文化和首位比。

由上海交通大学城市科学研究院自主研发的“中国城市群发展指数框架”，共设置 5 个一级指标、16 个二级指标和 43 个三级指标。其中，一级指标分别为城市人口指数、城市化经济指数、城市生活指数、城市文化指数和城市首位比指数。原因在于：首先，人口和经济是城市也是城市群的两大传统要素，尽管人口和经济的过度增长和发展会导致城市病，但也不可偏废。其次，在后工业时代，城市生活方式和文化问题对城市发展的重要性日益凸显，尽管它们不易测评和量化，但通过建构新的指标框架和运用新的研究方法，仍可获得相对客观的参数和比值。再次，“首位比”是本指数框架的重要创新成果，主要用来衡量城市群内部是否生成了合理的层级与分工体系，一个健康和理想的城市群，既不是寡头式的大都市，也不是满天星斗式的松散布局，“首位比”指数可以很好地解决这一与城市群内在机制最密切的测评和证明。

同时，这也直接体现了本指数框架特有的“执其两端用其中于民”的顶层设计原则。中国城市发展的特殊性和中国城市化所处的特殊阶段，使我们清醒地认识到，在指数设置上最忌讳的是走极端和片面化，如城市经济，既需要有较快的速度和规模增长，也需要应对来自环境和资源方面的挑战。如城市文化，以经济为例，我国城市群以文化为例，既需要大力开展基础设施的建设，也需要努力提升文化发展质量，因而，宜采取“唯务折中”和兼顾多方的立场和原则。只有这样，才能充分吸收和覆盖城市群科学发展的主要内涵，并以务实的方式评价一个城市群和理想城市群的距离。

（3）2013 中国城市群：总体评价与数据说明。

2007 ~ 2010 年，三大城市群的综合指数呈现较为明显的上升趋势，其中最明显的是京津冀和长三角。这既反映了三大城市群近年来在人口、城市经济、生活质量等方面不断优化进步，也显示了京津冀和长三角在纵向发展上快于珠三角的事实，印证了三大城市群中“京津冀发展最快、长三角持续性强、珠三角步履放缓”的总体趋势与特点。

在三大城市群综合指数排名上，目前珠三角城市群位于第一，长三角城市群居次席，京津冀处于垫底位置。从综合指数上看，珠三角除了 2010 年略低于长三角，其他 3 年都远高于其他两大城市群。与一些经济类排名中总是以长三角为首不同，其主要原因在于本指数体系在一级指数上的多元化，并与我们在设置二三级指数时首重发展质量的原则相符合。

在我国三大城市群中，目前尚没有一个可以在各方面都领先于其他两个，各城市群在五项综合指标上各有优势和不足。

珠三角城市群在城市人口指数、城市经济指数和城市首位比指数上具有较突出的优势，但在城市文化指数上较为落后。三个一级指数的明显优势，是珠三角城市群目前位占据榜首的主要支撑体系；但城市文化指数落后，则隐约印证了“广东文化沙漠论”并非空穴来风。

长三角城市群在人口、经济、社会生活、文化和城市层级体系的发展相对均衡，而雄厚的物质基础则是长三角城市群得以实现均衡发展的关键。但需要强调的是，长三角地区的经济快速发展是以牺牲环境质量为代价，从绿色发展的角度看，其城市群经济则落后于珠三角地区。

京津冀的城市文化指数遥遥领先于长三角和珠三角，而城市首位比则是其最大软肋，表明京津冀距离一个理想的城市群还有很大差距。

需要说明的是，本年度报告中的各项数据，来源于上海交通大学城市科学研究院自主研发的“中国城市群数据库”。该数据库以具有自主知识产权的中国城市群理论为指导，以三大城市群2007～2010年4年的相关专项数据为素材建构而成。与一般以月度、季度为统计标准的经济类指数不同，基于以下两方面的原因：一是在研究时段上，由于城市群指数研究涉及的对象多、范围大、层次繁复，加上各城市的数据统计口径和发布时间不统一；二是在研究对象上，由于本报告涉及的数据来源广、种类多，特别是涉及生活、文化等软性指数，相关部门这些数据的统计与发布不仅零散，存在空白，而且也明显滞后于相关经济社会数据。就此而言，尽管本年度报告的数据截至2010年，但已是目前中国城市群发展最新和较为全面的数据，其相关指数分析与观点，也代表了中国城市群发展的最新进展、主要问题和总体趋势。

二　国内外城市群发展与研究现状

城市群是当今世界发展的主流趋势，也是都市化进程研究的主要对象，自戈特曼1960年开辟了这一新的城市研究领域之后，城市群的发展一直备受学术界和社会各界关注。研发城市群发展指数，不可不察。

1. 中外城市群的发展现状

2008年，西方学者Florida以全球经济产出排名中超过1000亿美元的前40个城市群为对象，对全球城市群进行了整体研究和综合分析。其得出的基本结论是，40个城市群的经济产出总和已占世界总量的66%，在全球创新中所占的比例则高达85%。[①] 这表明，在经过半个多世纪的培育、发展之后，城市群已成为决定当今世界经济和创新发展的核心板块与主导机制。同时，Florida的研究还涉及当今世界城市群的最新分布状况和发展变化。从空间分布看，这40个城市群分别位于北美、欧洲、亚洲、新兴经济体和其他地区，具体是南北美洲13个、欧洲12个、亚洲13个。从

① Richard Florida et al.，“The Rise of the Mega-regions”，*Cambridge Journal of Regions, Economy and Society*，2008，1（3）：459－476.

纵向比较看，世界城市群最突出的变化与趋势主要体现在三方面：在城市人口上，世界各城市群都有较大的增长和扩容。如排名第二的波士顿－纽约－华盛顿廊道（Bos-Wash corridor）目前人口为5430 万人，比 1961 年戈特曼最初命名时增长了 18%。在城市空间上，一些城市群出现了跨越州、市及跨国化的趋势。如南加州城市群（So-Cal）跨越的区域包括了洛杉矶、圣地亚哥和墨西哥蒂华纳；Cascadia 城市群由美国的波特兰、俄勒冈、西雅图延伸到加拿大的温哥华；欧洲阳光地带（Euro-Sunbelt：Barcelona-Lyon）城市群从西班牙的巴塞罗那延伸至德国的马赛和里昂；大新加坡地区（Greater Singapore）目前已有约 200 万人口蔓延到马来西亚。在城市群模式上，则呈现特色化的发展趋势。如大东京城市群（Greater Tokyo）以金融、设计和高科技发展为全球竞争优势；如北加州城市群（Nor-Cal）成为技术产业和风险投资的领先中心；Cascadia 城市群着力发展技术性产业，特别是软件出版和航空制造业；意大利城市群（Rome-Milan-Turin）成为潮流和产业设计的引领中心。

关于我国城市群的发展现状，目前主要有四个版本，其中又可划分为学术版和政府版两类。学术版分别由社会科学界和自然科学界两方面提出。一是中国社会科学院《中国城市竞争力报告 NO. 4》提出的 15 大城市群，主要包括长三角城市群、珠三角城市群、京津冀城市群、半岛城市群、辽中南城市群、海峡西岸城市群、中原城市群、徐州城市群、武汉城市群、成渝城市群、长株潭城市群、哈尔滨城市群、关中城市群、长春城市群、合肥城市群。二是中国科学院地理科学与资源研究《2010 中国城市群发展报告》提出的 23 大城市群，在 15 个城市群的基础上，增加了环鄱阳湖、南北钦防、晋中、银川平原、呼包鄂、黔中和滇中、天山北坡城市群。[①] 政府版可分为正式和非正式两种：一是住建部《全国城镇体系规划纲要（2005~2020年）》提出的以“一带、七轴、多中心”为骨架，大中小城市协调发展的城镇空间结构，主要内容是在全国范围内规划了三大都市连绵区（京津冀、长三角、珠三角）和13个城镇群，主要是山东半岛、闽东南（海峡两岸）、北部湾（南宁）、江汉平原（武汉）、中原地区（郑州）、湘中地区（长株潭）、四川盆地（成渝）、兰州-西宁、关中（西安）、滇中（昆明）、乌鲁木齐、辽中南、哈长。二是2007年国家发改委课题组提出的10大城市群[②]，主要包括京津冀城市群、长三角城市群、珠三角城市群、山东半岛城市群、辽中南城市群、中原城市群、长江中游城市群、海峡西岸城市群、川渝城市群和关中城市群等，主要依据是它们以不到1/10的土地面积，承载了1/3以上的人口，创造了1/2以上的GDP。[③] 以上研究和规划尽管不同程度地存在一些问题，但大体上勾勒出了改革开放以来我国城市群的发展现状与总体特征。

由上可知，目前我国初具规模或被认可的城市群有15~23个。但从中长期发展看，中国城市群还有两个值得关注的新动向：一是部分省、自治区正在规划和建设的“准城市群”，如广西西江经济带（2011年8月广西壮族自治区《西江经济带发展总体规划》提出）、济南城市群（2010年山东省《关于推进建设事业发展方式转变的意见》提出）、成都平原城市群（以2009年出台的《成都平

---

① 《中国城市群发展迅速增至23个功能定位日益清晰》，《人民日报》（海外版）2012年4月4日。

② 肖金成：《我国城市群的发展阶段与十大城市群的功能定位》，《改革》2009年第9期。

③ 肖金成、袁朱：《中国将形成十大城市群五城市群可能进全球十强》，《中国经济时报》2008年10月23日。

原城市群发展规划》为标志，包括成都、德阳、绵州、眉山、乐山等城市）等；二是近期国务院和国家有关部委密集调研、加紧制定的“片区发展规划”。以 2013 年 1 月 19 日国务院批复的《罗霄山片区区域发展与扶贫攻坚规划（2011～2020 年）》为标志，预计在“十二五”期间，类似的区域发展规划还会陆续出台 4～5 个。尽管制定片区发展规划的直接目的是促进革命老区脱贫致富和振兴发展，但在我国城镇化的总体战略框架下，这些原本贫困、落后的片区只能以城市为依托、在城镇化引领下实现跨越式发展。这在首个片区发展规划中可以明显见出，其中强调的承接产业转移、发展先进制造业、加强交通和能源等基础设施建设及提高城乡居民生活水平等[①]，和我国发达城市群只有阶段的差异，而无实质的区别。此外，从时间节点上看，制定片区发展规划的主旨在于打一场攻坚战，使相关落后地区在 2020 年和全国同步实现全面建成小康社会。在不久的将来，纳入规划的片区都会成为我国城市群中的新成员。由此推算，在 2020 年前后，我国将形成 30 个左右的城市群，成为“以城市群为主体形态”的我国新型城镇化道路的核心支撑体系。

尽管我国城市群的数量和规模已经为数不少，却普遍存在两方面的问题：一是发育不足，与世界五大城市群相比，在城市层级和分工体系、区域协调和一体化水平以及城市环境和软实力方面还存在较大的差距；二是发展不平衡，和中国的三大城市群相比，目前扎堆出现的中西部城市群不仅水平远远落后，同时发展的环境、资源与条件也发生了巨大变化。对此如何制定科学的评价体系加以规范和引导，是当下急需解决的重大理论与实践问题。

---

① 吴齐强：《国务院批复罗霄山片区发展规划》，《人民日报》2013 年 1 月 20 日。

2. 国内外城市群的研究现状

当今世界是城市世界，城市群具有核心与支配地位。在都市化进程中，和世界其他国家一样，中国城市群地位重要、作用巨大，其建设与发展质量直接决定着我国未来的命运。但作为一个层面复杂、关系繁多和不易把握，城市群的研究和评估却一直比较滞后甚至是缺乏。

目前，与城市群相关的研究报告与排名，在国外，以美国弗吉尼亚工学院大都市学会及其发布的“大都市学会调查报告系列”为代表，受西方地理学的学术视角及戈特曼城市群理论的影响，这个系列报告主要关注的是人口、环境、技术、设计、交通和治理等在推动大都市增长时的作用，而城市的文化、首位度，也包括经济增长的“性质”与“颜色”，则基本上不在其考虑的范围之内；在国内，则有中国社会科学院发布的《中国城市竞争力报告》和上海交通大学中国都市圈发展与管理研究中心发布的指数，也主要以经济和人口为评价标准。在国内外，也有一些以具体城市群为对象的研究报告。在国内，与城市群发展指数最接近的是中国科学院地理科学与资源研究所推出的《2010 中国城市群发展报告》，明确将我国的城市群分为达标和不达标两类，其中 15 个达标城市群为长三角、珠三角、京津冀、山东半岛、辽东半岛、海峡西岸、长株潭、武汉、成渝、环鄱阳湖、中原、哈大长、江淮、关中、天山北坡城市群。而 8 个不达标的城市群则分别是南北钦防、晋中、银川平原、呼包鄂、酒嘉玉、兰白西、黔中和滇中城市群。[①] 随着中国

① 《中国城市群发展迅速增至 23 个功能定位日益清晰》，《人民日报》（海外版）2012 年 4 月 4 日。

都市化进程的迅速推进，中国的城市群也受到了国际研究机构的关注。据国际调研公司的一份研究报告显示，中国在 5 ~ 10 年内至少将形成 22 个大型城市群落，涵盖中国 815 个城市中的 606 个，占城市人口的 82%，预计到 2015 年将占据城市 GDP 的 92%。[①]

以上这些排名和报告，主要侧重于城市的经济和人口，不仅在对城市本质的理解和认识上存在很大的片面性，也与全球一致认同的可持续发展和我国大力提倡的科学发展观相冲突。而在现实中，片面以经济和人口增长为核心设计的测评指数，也对当今城市发展带来了很多负面甚至错误的影响和诱导，使我国的城市群深陷于规模扩张和 GDP 竞赛，忽略了对城市而言更重要和更为本质的东西，即友好和可持续的城市环境，也就是说忽略了城市本质和目的不在于空间规模和经济总量，而在于能否提供一种“更有意义、更美好”[②] 的生活方式。

三 城市群发展指数构建与评估机制

城市群发展是一项巨型的复杂工程，人口规模巨大、经济层次复杂、社会矛盾众多和文化需要多样是城市群的基本特征。对城市群的理性认识、科学评估和战略筹划，是推动这一超级复杂系统实现可持续发展的关键所在，特别是面对快速的城市化及日益严重的城市病，研发一种客观、科学和适合中国城市化需要的城市群发展

① 陆培法：《中国城市群融合水到渠成经济版图正在重新绘制》，新华网，2010 年 10 月 9 日。

② 刘易斯·芒福德：《城市发展史——起源、演变和前景》，宋俊岭、倪文彦译，中国建筑工业出版社，2005，第 7 页。

指数，具有超过一般城市和社会发展研究的重大和紧迫的意义。

1. 指导思想与基本原则

城市群发展指数研究，在国内外尚是一个空白。同时，研发城市群发展指数，不仅在概念、分类、统计等方面都会遭遇很多的技术难题，也涉及对城市本质、规律、目的和意义等的理论认识和价值判断问题。

基于前期相关的研究成果和对中国城市化的历史责任，以科学发展观为指导思想，根据全球都市化进程的规律和中国城市群发展的特殊性，上海交通大学城市科学研究院在国内外首次研制出具有自主知识产权的城市群发展理论模式，并在此基础上研发出适合中国城市化战略需要的指数框架体系，主旨在于准确、客观和全面地评估中国城市群发展的问题和风险，为促进城市群健康发展、落实我国新型城镇化战略提供科学的认识框架和战略指导。

在研制中国城市群发展指数时，我们谨遵以下四个基本原则。

一是以解决主要矛盾推动科学发展的战略原则。城市群作为当代城市发展的最高形态，具有问题复杂、矛盾众多的特点。我们在指标设置上删繁就简，突出影响城市群科学发展的主要矛盾和关键问题，引导城市管理决策层和社会舆论把握问题的核心与实质，并提供相关的政策咨询和建议。只有解决了这些关键矛盾与问题，才能真正推动城市发展和进步。

二是“执其两端用其中于民”的顶层设计原则。中国城市发展具有很大的特殊性，中国城市化也始终处于十分特殊的历史阶段，在指数设置上最忌讳的是走极端和片面化，而需要以“唯务折中”和兼顾多方的立场和原则。以经济为例，我国城市群既需要有较快的速度和规模增长，也需要及早准备应对来自环境和资源方面的挑战。以文化为例，既需要大力开展公共服务基础设施的建设，也需要大力提升文化产业发展质量和文化服务的人文内涵。从实事求是的立场出发，在设置指数时必须处理好质量和数量、规模与内涵等一系列矛盾关系。

三是以理论综合创新达成评价共识的原则。城市群作为当代城市研究的核心对象，具有理论研究和评价标准多元的特点。我们一方面通过基础理论研究，建立起具有自主知识产权和适合中国城市化需要的城市群理论；另一方面，则结合中国城市发展中急需解决的重大问题与关键矛盾，形成若干具有战略级意义的研究对象作为重点指数。以上两方面的有机结合，有助于在认识与评价上统一思想和价值，实现本评价指数框架在理论上的先进性和在实践中的可操作性。

四是以指数资源优化重组降低研究成本的原则。随着中国日益卷入全球性的都市化进程，与城市群相关的评价指数日见其多，其中既不乏一些“片面而深刻”的研究成果，也积累了相当丰富的资料和信息数据，为进一步的系统研究和整合提供了重要资源和条件。同时，由于城市群指数涉及的对象、材料和信息不胜繁多，本着“他山之石，可以攻玉”的古训，以及尽可能避免重复劳动和建设带来的资料浪费，在认真学习和分析的基础上，我们适当选取一些较为成熟的指数系统，作为本指数报告的二级或三级指数使用，在集思广益、吸收借鉴的同时，也最大限度地降低研制成本。当然，凡有吸收借鉴之处，均已在报告正文或参考文献中注明。

2. 研究对象与数据来源

在研究对象上，本年度报告以中国三大城市群的 34 个城市为主体（见表 1），具体包括京津冀城市群的北京市、天津市和河北省的石家庄、唐山、保定、秦皇岛、廊坊、沧州、承德、张家口10个城市；长三角城市群的上海、南京、杭州、苏州、无锡、南通、泰州、扬州、镇江、常州、湖州、嘉兴、宁波、舟山、绍兴15个城市；珠三角的广州、深圳、珠海、惠州、东莞、肇庆、佛山、中山、江门9个城市。

表1　2013年中国城市群发展指数报告的研究对象

城市群	城市
京津冀城市群	北京市、天津市和河北省的石家庄、唐山、保定、秦皇岛、廊坊、沧州、承德、张家口
长三角城市群	上海、南京、杭州、苏州、无锡、南通、泰州、扬州、镇江、常州、湖州、嘉兴、宁波、舟山、绍兴
珠三角城市群	广州、深圳、珠海、惠州、东莞、肇庆、佛山、中山、江门

要说明的是，尽管本年度报告仅涉及三大城市群，但其特殊地位足以代表中国城市群发展的最高环节和趋势，所以对中国城市群和经济区发展仍具有标杆和示范的重要意义。同时，根据此次测试和评价的结果及反馈，我们将适时地将研究对象和范围，分阶段地扩展到国家发改委课题组提出的10大城市群、住建部《全国城镇体系规划纲要（2005～2020年）》提出的16个城市群，最终扩展到上海交通大学城市科学研究院提出的30个城市群（含经济区）。

在数据来源上，作为首个中国城市群发展指数报告，其各项数据均来源于上海交通大学城市科学研究院自主研发的《中国城市群数据库》。该数据库以具有自主知识产权的中国城市群理论为指导，以三大城市群2007～2010年4年的相关专项数据为素材建构而成。与一般以月度、季度为统计标准的经济类指数不同，基于以

下两方面的原因：一是在研究时段上，由于城市群指数研究涉及的对象多、范围大、层次繁复，加上各城市的数据统计口径和发布时间不统一；二是在研究对象上，由于本报告涉及的数据来源广、种类多，特别是涉及生活、文化等软性指数，相关部门这些数据的统计与发布不仅零散，存在空白，而且也明显滞后于相关经济社会数据。就此而言，尽管本年度报告的数据截至2010年，但已是目前中国城市群发展最新和较为全面的数据，其相关指数分析与观点，也代表了中国城市群发展的最新进展、主要问题和总体趋势。

3. 理论创新与问题导向

作为国内首个全面测衡中国城市群发展状况的指数报告，本年度报告以上海交通大学城市科学研究院具有自主知识产权的“都市化进程”为理论指导，紧密结合中国城市群发展的主要矛盾与现实需要，自主研发了适合我国城市群发展规律和特点的评估指数系统。

在理论创新上，具有自主知识产权的“都市化进程”理论谱系，是本指数报告最核心的理论基础和最基本的阐释框架。该理论在内容上主要包括三方面。

首先，从概念界定上看，都市化（Metropolitanization）是城市化（Urbanization）的升级版本与当代形态，是以“国际化大都市”为中心、以“世界级城市群”为理想目标的新发展模式。在都市化进程中，与英国、美国等国家传统的城市化道路不同，具有鲜明层级体系和功能协调的城市共同体，在当今世界成为城市发展的最高形态和理想目标。正如西方学者评价说：“现代城市不是被孤立地仅仅作为有限区域的中心而被评论的，而是作为一个‘城市系统’（City-systems）、作为在持续扩展的轨道中旋转的城市网络之

参与者而被评论的。”[①] 作为规模空前、内在联系紧密的城市共同体，城市群的提出改写了城市化的模式和历史，而城市群理论则为当代人深入认识城市世界提供了全新的理论、方法和框架。

其次，从历史源流上看，西方的都市化进程始于20世纪60年代。法国地理学家戈特曼（Jean Gottmann）在1961年发表了《城市群：美国城市化的东北部海岸》，第一次从为“城市群”进行了正式命名。在中国，以2000年为界定——这一年中国城市化水平达到36.09%，人均国民生产总值超过800美元，中国开始融入全球性的都市化进程。不仅城市群战略成为我国新型城镇化的主体形态，同时进入研究和规划的城市群在数量上也在15～30个。同时，预计未来5～10年内，预计我国城市群将涵盖815个城市中的606个，人口和经济规模则分别占城市总人口和GDP的82%和92%。准确和及时把握我国城市群的分布现状与发展趋势十分必要。

再次，从中西比较的角度看，中西城市群的差异可以“空间因素”和“时间因素”的对立来概括。西方城市群缘于戈特曼的城市地理学，最重视的是自然空间演化、城市形态蔓延、空间距离改变等。与之不同的是，中国城市群在理论研究和现实实践中更多受制于“时间”要素，其一，与戈特曼的调查研究和理论总结不同，我国城市群研究主要是西方理论传播和影响的产物；其二，与西方城市群主要是城市地理与经济自然演化的结果不同，我国城市群规划与建设的主要动力是人工的规划、设计和推动，因而，很多紧迫性、当下性的需要和愿望很容易混入并主宰我国的都市化进

---

① Lang, R., and Dawn Dhavale, Beyond megalopolis: Exploring America's new “megapolitan” geography. Metropolitan Institute Census Report Series, Census Report 05: 01, July. Alexandria: Virginia Polytechnic Institute and State University. 2005.

程。如何才能充分照顾城市群自然成长和演化的内在规律，顺应全球都市化进程的主流趋势和本质需要，既是我国城市群研究特别需要注意的问题，同时也是决定我国城市群建设质量和发展水平的关键所在。

在总体架构上，本报告自主研发了包括 5 个一级指标、16 个二级指标和 43 个三级指标在内的评估指数系统（见表 2）。

表 2　中国城市群发展指数

人口指数	优质人口指数	在校大学生数与总人口比(%)
		文盲率(%)
	职业人口指数	从业人口数占比(%)
		失业人口数量(万人)
	人口生态指数	人均预期寿命(岁)
		自然增长率(%)
城市经济指数	经济增长指数	人均 GDP(元)
		人均社会消费品零售总额(元)
		固定资产投资额(亿元)
		进出口总额(亿美元)
	第三产业发展指数	第三产业占 GDP 的比重(%)
		第三产业从业人员比重(%)
		第三产业生产总值(亿)
		第三产业劳动生产率(万元/人)
	可持续增长指数	工业废水(万吨)
		工业二氧化硫排放量(吨)
		工业烟尘排放量(吨)
		工业固体废物利用率(%)
		建成区绿化覆盖率(%)

续表

城市生活质量指数	生活成本指数	CPI
		恩格尔系数(%)
	生活便捷指数	人均道路面积(平方米)
		人均绿地面积(平方米)
	教育卫生服务指数	生活垃圾处理率(%)
		小学专任教师数(人)
		执业(助理)医师人员数(市辖区)(人)
		城市医疗救助支出(万元)
城市文化指数	城市文化资本指数	文化、体育、娱乐业从业人数(万人)
		公共图书馆总藏量(万册、件)
	城市文化魅力指数	年接待游客数量(万人次)
		世界付费日报发行量前百名数量(家)
		全国电视收视市场份额前20的频道数(个)
	城市文化创新指数	文化产业30强数(个)
		国家级奖励数(个)
城市群首位比指数	经济首位比	人均GDP首位比(%)
		能源消耗量首位比(用电量)(%)
		第三产业份额首位比(%)
	生活首位比	每万人公共汽车拥有量首位比(%)
		国际互联网用户首位比(%)
	文化首位比	文化、体育、娱乐业从业人数首位比(%)
		专利申请数量首位比(%)
	人口首位比	人口密度首位比(%)
		在校大学生人口数量首位比(%)

顶层设计上，本指数系统充分关注当今城市群发展在层面、关系上的复杂性，尤其聚焦于中国城市化进程的重大问题导向，具有

诊断、追踪中国城市化深层矛盾，再现中国城市发展经验和引领示范的重要价值。评估内容上，在充分吸收和借鉴国内外相关研究的基础上，本指数系统首次将不宜测评的城市文化和城市生活类指数纳入测评范围，与主要侧重于经济和人口的各种专项城市指数或报告相比，具有全面、客观、科学和人文兼备、符合城市群未来发展趋势的特质。

在具体指数设置上，我们注重抓取城市群发展的即时态势及体现研究成果的客观性，力避由孤立的数据和静态的视角导致的片面性和偏执性。如在指标选择上，本指数报告以人口、经济、生活、文化和首位比作为一级指标，内在构成了一个符合世界城市群发展规律和我国城市群建设需要的科学指数框架。其中，人口、经济、生活是城市发展的三大关键因子，是任何时代都不容忽视但又具有与时俱进的鲜明特点，本指数报告在“拿来”的基础上，又对其内涵做了重要的甄别和补充，如在经济方面侧重绿色增长，在人口方面侧重优质人口和职业人口等，更好地再现了这些传统城市要素在当今中国城市群发展中的独特作用。

文化指数和首位比指数，是本指数体系最重要的创新之处。

就文化指数而言，在全球人口爆炸、能源危机、生态环境急剧恶化的当下，人类的城市化面临的资源与环境挑战越来越严峻，许多有识之士提出的共同对策是走文化城市发展之路。在中国，由于以下三方面的原因：一是被现代工业恶性损耗的自然环境与资源已无力支持当代城市的可持续发展；二是一直不受重视的文化资源与文化产业在消费社会中正成为推动城市发展的重要生产要素与先进生产力代表；三是基于中国环境资源相对不足和历史文化资源十分丰富的特殊国情，文化城市模式正在成为中国城市化道路的主流发展趋势与重点战略目标。[①]

就首位比指数而言，“城市首位度”本是指一个国家或地区最大城市与第二大城市的人口数值比，由于人口集聚与资源集聚的密不可分，所以这个概念还间接显示了一个国家或地区的资源，特别是优质资源的分布状况。比值越低，表明人口与资源分布越均衡，意味着一个国家或地区的城市化平稳有序，问题和后遗症比较少。学界一般认为，城市首位度小于2%比较正常。欧美国家大都如此。与之相比，深陷于“城市化陷阱”的拉美国家，其城市首位度一般都在8%以上，其中秘鲁首都利马高达13.1%。在中国，人口与资源的不均衡现象也比较突出。人口自不待言，以科研资源为例，首都北京拥有28%的国家重点实验室，32%的国家工程研究中心，45%的国家重大科学工程，30%的国家重点学科，41%的国家基础研究项目，32%的“863”计划项目，35%的科技攻关计划。以区域中心城市为例，安徽全省99%的博士、63%的科技人员、58%的科技经费和70%以上的专利都集中在合肥。就城市群的本义是一种具有鲜明层级体系和功能协调的城市共同体而言，约束和避免国家或区域中心城市不受节制地扩张为“寡头城市”，对于中国城市群的健康和可持续发展具有重大而紧迫的现实意义。

由上海交通大学城市科学研究院首次提出的“文化”和“首位比”指数，直接回应了中国城市化在理论和模式上的重大问题导向和需求，同时对全球范围内发展中国家和地区的城市化战略和发展路径也具有重要参照和借鉴意义。

---

① 刘士林：《文化城市与中国城市发展方式转型及创新》，《上海交通大学学报》2010年第3期。

4. 指标体系的基本框架与主要内容

综合国内外城市群的研究成果，以扎实严谨的基础理论研究建构城市群发展的科学理论，结合中国都市化进程的现实问题与战略需要，秉持“不看口号看实际、不看形式看内容、不看数量看质量、不看经济看整体”的价值立场，上海交通大学城市科学研究院自主研发了“中国城市群发展指数框架”，共设置五个一级指数，各一级指数下设二级、三级指数若干。

（1）城市人口指数（集聚－分散度）。

城市人口规模是城市化的基本指标。人口大规模和高密度的集聚，也是城市群的基本特征。如《牛津地理学词典》的定义：“任何超过 1000 万居民的众多中心、多城市、城市区域，通常由低密度的定居和复杂的经济专门化网络所支配。”而根据戈特曼的观点，一个城市群的人口则一般要在 2500 万人以上。但在半个世纪之后的今天，这种“唯人口论”明显遭遇到了巨大的尴尬和困境。特别是由于人口过度集中导致了越来越普遍的“城市病”，已严重威胁到大都市和城市群的可持续发展。因此，本指数框架放弃了传统的人口规模评价标准，而以“集聚－分散度”作为城市人口评价的核心范畴，用来测评城市人口在空间、年龄等方面的分布和构成是否合理，是否有利于一个城市群朝着理想形态发展和演化。

在一级指数下，与城市社会学主要关注人口数量增长不同，本指数框架更注重从质量角度评价城市群在人口方面的发展水平。首先，21 世纪的竞争是人才的竞争，与人口数量相比，城市人口的素质与质量变得更加重要；其次，中国城市群具有鲜明的社会主义属性，能否公平公正分享中国城市发展的机遇和成果，必然要成为衡量中国城市化成败的关键指标；再次，一些直接影响城市发展的其他人口问题，如自然增长率与城市可持续发展、人均预期寿命与城市总体发展水平等，也是我们在指数设置时特别予以关注的。鉴于以上思考和判断，我们设置了作为城市发展生力军的优质人口指数、用来衡量城市公平正义的职业人口指数及用来预测城市负担和发展潜力的人口综合生态指数等二级指数。

在城市人口指数下，设二级指数 3 个、三级指数若干：

①优质人口指数

- 在校大学生数与总人口比
- 文盲率

②职业人口指数

- 从业人口数比
- 失业人口数量

③人口生态综合指数

- 人均预期寿命
- 自然增长率

以上所设的各级城市人口指数，主旨在于显示城市人口在一些主要领域的分布状况及其合理化程度。容器是城市的一个基本功能，人口“缺乏”或人口“爆棚”，或者是在某些方面“不足”而在另一些方面“过剩”，会直接或间接影响一个城市群的“人气”、活力和创造性。同时，以上指数具有精准化和易识别的特点，其数值消长可以直接呈现城市人口的发展质量，而其所揭示的各种问题与矛盾，也是中国城市在当下急需关注和解决的。

（2）城市经济指数（规模 - 内涵度）。

城市是天生的经济体，一个良性发展的城市群必然要以强大的经济基础和可持续的经济发展方式为骨骼。在这个意义上，城市经济显然是衡量城市群发展的重要指标之一。但在全球人口爆炸、能源危机、生态环境急剧恶化的当下，城市经济发展方式也发生了重大变革，其核心是以高新技术产业、金融资本运营、信息产业、文化产业等为代表的后现代生产方式，日渐取代了以矿山开采、冶炼、纺织等传统制造业为主体的现代城市经济体系。特别是针对发展中国家，不再是经济规模的简单扩张，而是经济的发展内涵和质量，才真正决定了一个城市群的未来。而问题的复杂性在于，中国经济发展既需要较大较快的经济增长，以满足我们这个 13 亿人口大国在城市化进程中需要的物质基础，但与此同时，出于环境资源的局限和可持续发展的战略性考虑，中国还必须以牺牲部分经济发展以换取可持续的未来。鉴于此，本指数框架在设置城市经济指数时，以城市经济发展的规模 - 内涵度为核心范畴，用以兼顾“经济规模”和“增长质量”的矛盾，而不是采取简单的二元对立思维，以充分照顾中国城市化的多层次性和阶段复杂性，使本指数评价能够规范、引领我国城市群的发展和转型。

首先，受中国城市经济既需要快速发展又必须转变发展方式的双重制约和限定，我国城市群在未来相当长的时间内，将始终处于“规模”和“内涵”的激烈矛盾冲突中，两者各有合理性，不可偏废。因此，我们在城市经济指数中保留了 GDP 指数，继续关注城市经济的规模和总量增长，但与此同时，也将经济增长方式转型及经济增长质量或绿色发展作为重点指标，把工业垃圾、工业废水等处理率纳入考察范围，使该指数和当下一些城市经济与竞争力指数判然有别。同时，从科学性出发，我们还将 GDP 细化为人均 GDP。

其次，由于城市化与现代化的内在关联性，在城市经济指数中，我们借鉴了英格尔斯的现代化标准，确立了以第三产业的发展质量，作为衡量城市现代化的重要标准，并为此设置了第三产业发展指数，用以测评城市经济发展的创新能力及城市群未来的竞争力。

城市经济指数下设二级指数三个、三级指数若干：

①城市经济增长指数

- 人均 GDP
- 人均固定消费品总额
- 固定资产投资额
- 进出口总额

②第三产业发展指数

- 第三产业占 GDP 的比重
- 第三产业从业人员占从业人员总数的比重
- 第三产业生产总值
- 第三产业劳动生产率

③可持续发展指数

- 工业废水排放量
- 工业二氧化硫排放量
- 工业烟尘排放量
- 工业固体废物利用率
- 建成区绿化覆盖率

以上所设的城市经济指数，主旨在于显示城市经济发展在规模扩张与内涵建设、数量增长与质量提升的关联度和均衡性。与自然经济相比，城市经济的显著特点是较大的规模，与现代经济发展方式相比，当代城市群的显著特点在于城市的可持续发展。对于正处于工业化和后工业化夹缝中的中国城市群，只有处理好这两者之间

的矛盾冲突，兼顾两方面的需要和现实，才能走出一条适度牺牲自然和环境友好兼顾、规模增长和内涵建设互补、转变经济发展方式和城市发展方式转型互动的新型城市化道路。

（3）城市生活指数（健康 - 病态度）。

关于城市的本质，亚里士多德早就指出："人们为了活着，聚集于城市；为了活得更好，居留于城市。"这一关于城市本质的经典表述，经过 2010 上海世博会主题——"城市让生活更美好"的再现与传播，已被当今世界各国和城市奉为圭臬。但对正处于改革开放黄金期和城市病高发期的中国，"美好城市，美好生活"既是一场前所未有的艰巨挑战，同时也是中国城市化道路的历史必然要求。建设以人为本、宜居宜业、市民满意和幸福的城市生活，是中国城市群在社会建设上的首要任务，因而我们将城市生活指数设置为一级指数。

从当下的具体情况看，影响中国城市生活的主要矛盾有三方面：一是以物价问题为核心，城市生活成本不断上扬。来到城市的人们不是找到了自由发展的空间，而是处处受到钳制和约束，异化为所谓的"房奴"、"车奴"、"卡奴"等，他们在城市中不是找到了幸福，而是日益感到不幸和痛苦。二是以交通、环境等问题为中心，城市生活环境和条件上不断恶化。这与我国城市"硬件"与"软件"建设失衡、不协调密切相关。其后果是，中国城市在外表上越来越华丽、繁华的同时，普通市民在日常的衣食住行等方面却日益感到不便，由此导致的对城市本身的怀疑、失望、厌恶等极端心态与言行也与日俱增。三是以医疗和教育问题为核心，中国城市公共服务的资源配置和服务质量等矛盾日益凸显。按照一般的理解，城市比乡村、大都市比一般城市总会有更好的医疗和教育条件，但由于人口过度集中和公共服务资源相对短缺，“上学难”、“就医难”等传统问题在我国城市普遍存在，在基础设施更好、更先进的大都市最为激烈。以上这些问题，是我国“城市病”的主要形式和代表，在城市群这个更大的空间中也更加突出。为此我们在城市生活指数下设置生活成本指数、生活便捷指数、教育卫生服务指数等二级指数，用来显示中国城市群在“让生活更美好”方面的差距，同时也侧重从城市管理和服务角度提供努力和改善的方向。

城市生活指数下设二级指数三个、三级指数若干：

①生活成本指数

- CPI
- 恩格尔系数

②生活便捷指数

- 人均道路面积
- 人均绿地面积
- 生活垃圾处理率

③教育卫生服务指数

- 小学专任教师数
- 执业（助理）医师人员数
- 城市医疗救助支出

以上所设的各级城市生活指数，主旨在于显示城市生活的健康-病态度。一方面，适度和可承受的生活成本，较为畅通的交通和符合标准的空气质量等，以及较高水平和均等化的医疗和教育，是一个健康城市的基本要求。与之相反，则表明城市出现了各种病症，使城市问题和矛盾不断增加和激化，使城市深陷于不可持续的泥潭中无法自拔。需要说明的是，由于城市生活的复杂性和多样

性，在设置城市生活指数时，我们充分考虑了当下中国城市面临的突出和紧迫问题，而不是面面俱到，我们希望以这些方面的测评，引导中国城市先“医得眼前疮”。

（4）城市文化指数（希腊化－罗马化度）。

芒福德曾指出：“城市不只是建筑物的群体，……不单是权力的集中，更是文化的归极。”[①] 文化始终是影响城市生存与发展的一个重要而永恒的关键要素。一方面，很多人来到或喜欢某个城市，并不是因为从中得到了更高的物质待遇或实惠，而仅仅是出于一种心理和情感上的满足；另一方面，在景观社会中，随着文化资本对城市发展的重要性不断提升，以城市文化功能为核心的文化城市正成为全球城市的主流发展趋势与重点战略目标。文化城市是一种不同于“政治城市”、“经济城市”的新型城市发展模式，核心是一种以文化资源和文化资本为主要生产资料，以服务经济和文化产业为主要生产方式，以人的知识、智慧、想象力、创造力等为主体条件，以提升人的生活质量和推动个体全面发展为社会发展目标的城市理念、形态与模式。它最突出的本质特征是城市的文化形态与精神功能成为推动城市发展的主要力量与核心机制。[②] 文化城市的核心机制在于吸附、汇聚、积累和生发“人气”，正如，在社会主义文化大发展、大繁荣的整体背景下，将传统不宜测评的文化发展设为一级指数，对于软实力水平普遍较低的中国城市群，具有重要的引领与示范作用，也符合中国城市化的当下需要与根本利益。

首先，在后工业社会中，随着文化资源直接构成城市经济系统

① 刘易斯·芒福德：《城市发展史——起源、演变和前景》，宋俊岭、倪文彦译，中国建筑工业出版社，2005，第 91 页。

② 刘士林：《建设文化城市急需解决三大问题》，《中国文化报》2007 年 7 月 17 日。

中重要的新生产要素，文化生产力成为城市社会良性与可持续发展的重要支撑，以及文化发展成为城市和谐与全面发展的更高理想，文化对城市群发展的影响正变得越来越重要。设置城市文化指数，有助于引导中国城市发展观念和方式的转变。

其次，文化是城市的灵魂。古代罗马城解体的原因即“在物质建设上的最高成就以及社会人文中的最坏状况”[①]。在快速的城市化进程中，中国城市不同程度地实现了“物质建设上的最高成就”，但在“社会人文”等方面则陷入越来越严重的滑坡和危机中。设置城市文化指数，有助于推动中国城市文化和精神生态环境的建设。当今城市，不是没有文化，而是文化没有质量。

再次，未来的竞争是人才和人力资源的竞争，随着中国人口红利的逐渐消失，如何吸引到更多的移民成为城市发展的重大问题。以近年来“逃离北、上、广”和“大城市伪幸福”为代表，中国城市开始面临“城市人气下滑”的考验，一些城市也出现了人心涣散、人去城空的问题。设置城市文化质量指数，建设先进的城市文化，有助于提升城市软实力并吸引更多的优质人口资源。

城市文化指数下设二级指数三个、三级指数若干：

①城市文化资本指数

- 文化、体育、娱乐业从业人数
- 公共图书馆总藏量

②城市文化魅力指数

- 年接待游客数量

---

① 刘易斯·芒福德：《城市发展史——起源、演变和前景》，宋俊岭、倪文彦译，中国建筑工业出版社，2005，第229页。

- 世界付费日报发行量前百名数量
- 全国电视收视市场份额前 20 的频道个数

③城市文化创新指数

- 文化产业 30 强个数
- 国家级奖励个数

城市文化指数的主旨在于显示中国城市发展的罗马 - 希腊度。古代雅典是“美好生活”的代表，古罗马城则是“死亡之城”的象征。在希腊，“既不放浪形骸狂饮取乐，也不着意追求舒适与奢华、装饰与摆设；过着一种运动员式的、确实是很节制的生活，在苍天之下进行着他们的每一种活动。美好的生活并不昂贵，而且这种生活中最美善的种种内容，尤其是这座城市都可尽情受用了”[①]。而“罗马人从未认真处理这些现实的文化问题和城市问题，他们贪得无厌地追求权力和权力的种种物质表现，并将此作为生活的理想”[②]，最终沦为“一个反面生活的容器”，并“把历次文明似乎都不可避免的那些丑恶扩大化和持久化了”。[③] 城市在发展中是“希腊化”还是“罗马化”，最终决定了一个城市的兴衰和命运。需要指出的是，芒福德对当今大都市曾发出警告：“哪里的人口过分密集，哪里房租陡涨居住条件恶劣，哪里对偏远地区实行单方面的剥削以至不顾自身现实环境的平衡与和谐——这些地方，罗马建筑和传统的各种前例便几乎都会自行复活，如今的情况正是这样：竞技

① 刘易斯·芒福德：《城市发展史——起源、演变和前景》，宋俊岭、倪文彦译，中国建筑工业出版社，2005，第 176 页。

② 刘易斯·芒福德：《城市发展史——起源、演变和前景》，宋俊岭、倪文彦译，中国建筑工业出版社，2005，第 259 页。

③ 刘易斯·芒福德：《城市发展史——起源、演变和前景》，宋俊岭、倪文彦译，中国建筑工业出版社，2005，第 245 ~ 246 页。

场、高耸的公寓楼房、大型比赛和展览、足球赛、国际选美女比赛、被广告弄得无所不在的裸体像、经常的性感刺激、酗酒、暴力等，都是地道的罗马传统。同样，滥建浴室，花费巨资筑成的公路，而尤其是广大民众普遍着迷于各种各样的耗资巨大而又转瞬即逝的时髦活动，也都是地道的罗马作风……这类现象大量出现时，死亡之城即将临近了"①。在这个意义上，以现代大都市为核心的城市群，最容易出现"罗马化"的问题，因而，以"希腊化－罗马化度"作为城市文化指数的核心内容，对于当今世界的都市化进程具有重要的警示意义。此外，在本年度指数报告中，我们仍充分考虑了中国城市文化发展在现阶段的特殊性，侧重于文化基础设施和基本服务能力，以后会逐渐强化文化内涵方面的指数研究和测评，使文化指数更全面和科学。

（5）城市首位比指数（支配－服务度）。

城市首位比是本指数报告提出的重要创新指标。该概念源自城市社会学的"人口首位度"，城市社会学使用这个概念，本是指一个国家或地区最大城市与第二大城市的人口数值比。一般认为城市首位度小于2%比较正常。但实际上，由于人口集聚与资源集聚的密不可分，所以城市首位度也间接显示了一个国家或地区的资源，特别是优质资源的分布状况，并同样遵循着首位比数值越小，则国家或区域发展越平衡的基本原理。就城市群是放大的城市而言，这一原理也适用于评价城市群的发展水平。具体而言，首位城市与周边城市在各种资源上分布越均衡，即首位度越低，城市群就越接近

① 刘易斯·芒福德：《城市发展史——起源、演变和前景》，宋俊岭、倪文彦译，中国建筑工业出版社，2005，第259页。

理想状态，容易形成合理的层级分工体系。反之，首位比指数越高，则表明城市群内的资源配置越不均衡，并容易在交通、能源、住房、公共服务等方面出现城市病。这不仅直接影响了首位城市的发展，也降低了其对整个城市群发展的辐射与带动作用。城市群的首位比是影响城市群发展的一个综合性指标，因此，本指数体系设立城市首位比一级指数，以评估一个城市群与其理想形态的关联和距离。

城市首位比一级指数下设经济首位比、生活首位比、文化首位比、人口首位比 4 个二级指标，并根据关联度和显示度相结合的原则，设置三级指标若干。

①经济首位比

- 人均 GDP 首位比
- 能源消耗量首位比（用电量）
- 第三产业份额首位比

②生活首位比

- 每万人公共汽车拥有量首位比
- 国际互联网用户首位比

③文化首位比

- 文化、体育、娱乐业从业人数
- 专利申请数量首位比

④人口首位比

- 人口密度首位比
- 在校大学生数量首位比

以上各级城市首位比指数，主旨在于测试和评估城市群内部首位城市的支配 - 服务度。城市群的原理告诉我们，首位城市的职能主要有二：一是支配，二是服务。这个数值越理想，就表明一个城市群的内在关系越和谐、区域一体化水平越高、协调能力更强，以及综合竞争力与可持续发展优势明显。反之，则需要认真检点首位城市与次级城市的关系结构，并提供政策和制度的调整与建设，以改变首位城市与区域内其他城市的“内耗”。特别需要指出的是，只想“支配”而不想“服务”，在当下已成为中国城市群首位城市的痼疾，直接破坏了城市群内部的功能互补和共存共荣机制，“同质竞争”和“重复建设”日趋严重。就此而言，城市首位比指数，在中国城市群发展评价中具有核心地位。

5. 城市群综合指数的建立与阐释

关于综合指数的建立，人们常用的是德尔菲法和层次分析法（AHP），但该方法也有明显问题，就是设置指标权重时主观性较强。而全排列多边形综合图示法，则是一种简单、直观、有效的评价方法，在很大程度上能够避免权重设置的主观性。目前在可持续发展评价、生态和环境评价等方面，全排列多边形综合图示法被广泛应用。[①]本指数报告在建立综合指数时，也选择这种研究方法，从城市人口指数、城市经济指数、城市生活指数、城市文化指数、城市首位比指数个方面入手，利用全排列多边形综合图示进行综合评价，完成中国城市群评价指标体系的建构。

---

① 参见王书玉、卞新民《江苏省阜宁县生态经济系统综合评价》，《生态学杂志》2007 年第 2 期；蔡邦成、陆根法等：《江苏省经济的可持续发展评价》，《中国环境科学》2006 年第 4 期；周伟、曹银贵、乔陆印：《基于全排列多边形图示指标法的西宁市土地集约利用评价》，《中国土地科学》2012 年第 4 期。

该方法的主要思想是：假充有个 N 指标，以这些指标的上限值为半径，以 360°/N 为夹角，通过各指标值连线构建一个不规则中心 N 边形。其顶点是 N 个指标首尾相连的全排列，N 个指标共可构建成（$N-1$）！/2 个不同的不规则 N 边形。综合指数就是这些不规则 N 边形的面积均值与中心多边形面积的比值。

指标的标准化选择下列标准化函数：

$$F(x) = \frac{a(x+b)}{x+c}, a \neq 0, x \geqslant 0$$

其中，F（x）满足：

$$F(x) \mid x - L = -1$$

$$F(x) \mid x - T = 0$$

$$F(x) \mid x - U = 1$$

等式中，L 为指标的下限，U 为指标的上限，T 为阈值。

根据以上条件，可以得到：

$$F(x) = \frac{(U-L)(x-T)}{(U+L-2T)x + UT + LT - 2LU}$$

通过标准化以后，所有的指标都位于区间［-1，1］。由此可得指标标准化函数为：

$$S_i = \frac{(U_i - L_i)(x_i - T_i)}{(U_i + L_i - 2T_i)x + U_iT_i + L_iT_i - 2L_iU_i} \quad \text{（公式 1）}$$

其中，L_i、U_i、T_i 分别为指标 x_i 的最小值、最大值和均值。

利用 N 个指标可以构建一个中心正 N 边形，中心点是 $S_i=-1$，顶点是指标 $S_i=1$，中心点至顶点的线段表示区间［-1，1］，各指标的标准化值位于这些线段上。以指标 $S_i=0$ 可以构建 N 边形代表指标的临界区域。临界区域内部表示指标为负，外部表示指标为正，如图 1 所示。

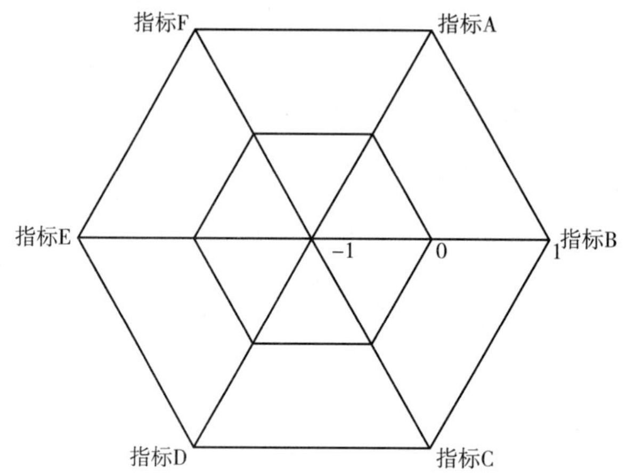

图 1　全排列多边形结合图示法示意

全排列多边形综合指数为：

$$S = \frac{\sum_{i \neq j}^{i,j} (S_i + 1)(S_j + 1)}{2N(N-1)} \qquad \text{（公式 2）}$$

其中，S 为综合指数，S_i 和 S_j 分别代表第 i 项和第 j 项指标，N 代表指标数量。

出于研究的实际需要，本综合指数利用公式 1 对所有原始数据进行标准化处理，在逆向指标前加上负号使其正向化。主要包括文盲率、失业人口数量、自然增长率、CPI、恩格尔系数、各首位比、工业废水、工业三氧化硫、工业烟尘排放量。

本指数报告所使用的标准化数据，详见报告文末所附的附件 1 “三大城市群标准化数据一览表” 和附件 2 “三大城市群平均处理后的数据一览表”。

四　2013 年中国城市群发展指数及评价

依据具有自主知识产权的“都市化进程理论”、自主研发的“中国城市群发展指数框架”及“中国城市群数据库”，上海交通大学城市科学研究院课题组对中国三大城市群发展指数展开研究，主要指数排名及评价报告如下。

1. 城市群综合指数及排名

利用全排列多边形综合图示法，根据京津冀、长三角和珠三角 2007～2010 年的各项数据，可以得出这三大城市群的四年综合指数（见图 2）。其中显示，大部分综合指数的值相对较小，尤其是京津冀城市群 2007 年和 2008 年的数值，长三角城市群 2007 年和 2008 年的数据都非常小。这是因为从数学方面看，当二级指标中大量数据值在临界值（平均值）以下时，使用全排列多边形综合图示法会产生紧缩效应。而当二级指标值在临界值以上时，则会对综合指标产生放大效应。这也符合整体大于或小于部分之和的系统整合原理[①]，同时反映了这样一个客观事实，即在我国三大城市群中，目前尚没有一个可以在各方面都领先于其他两个，各城市群在五项综合指标上各有优势和不足。

在纵向比较上，2007～2010 年，三大城市群的综合指数呈现较为明显的上升趋势，其中最明显的是京津冀和长三角城市群。这既反映出三大城市群近年来在人口、城市经济、生活质量等方面不断优化进步，也显示出京津冀和长三角在纵向发展上快于珠三角的

① 吴琼、王如松、李宏卿：《生态城市指标体系与评价方法》，《生态学报》2005 年第 8 期。

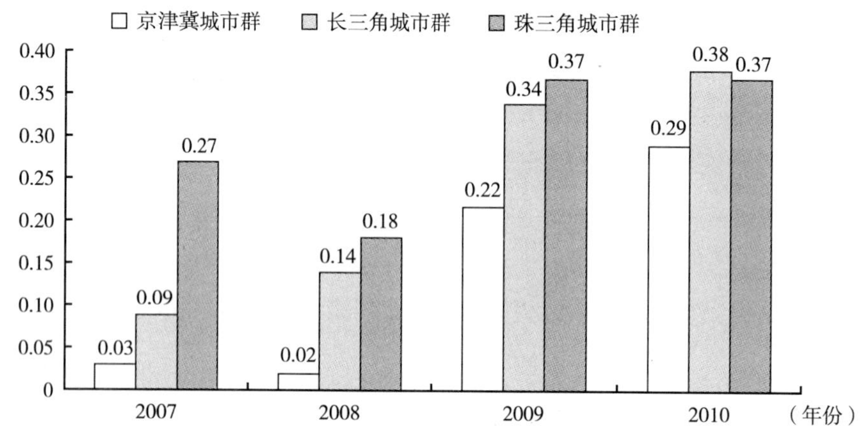

图 2　2007～2010 年三大城市群综合指数示意

事实。在某种意义上，这直接印证了三大城市群中“京津冀发展最快、长三角持续性强、珠三角步履放缓”的总体趋势与特点。

在横向比较上，目前在三大城市群综合指数排名上，珠三角城市群位于第一位，长三角城市群居次席，京津冀城市群处于垫底位置（见表 3）。从综合指数上看，珠三角城市群除了 2010 年略低于长三角城市群，其他 3 年都远高于其他两大城市群。与一些经济类排名中总是以长三角为首不同，其主要原因在于本指数体系在一级指数上的多元化，并与我们在设置二三级指数时首重发展质量的原则相符合。

表 3　三大城市群综合评价排名

名次	城市群	名次	城市群
第一名	珠三角城市群	第三名	京津冀城市群
第二名	长三角城市群		

图 3、图 4、图 5、图 6，反映了 2007～2010 年三大城市群各一级指数的具体情况。

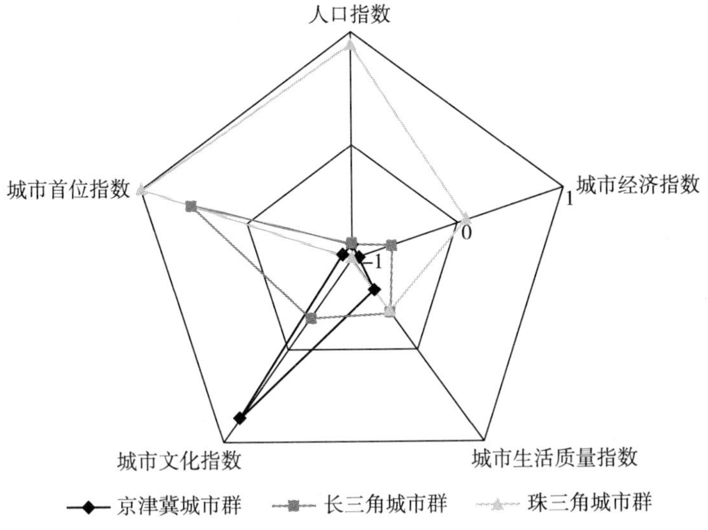

图 3　2007 年三大城市群综合指数

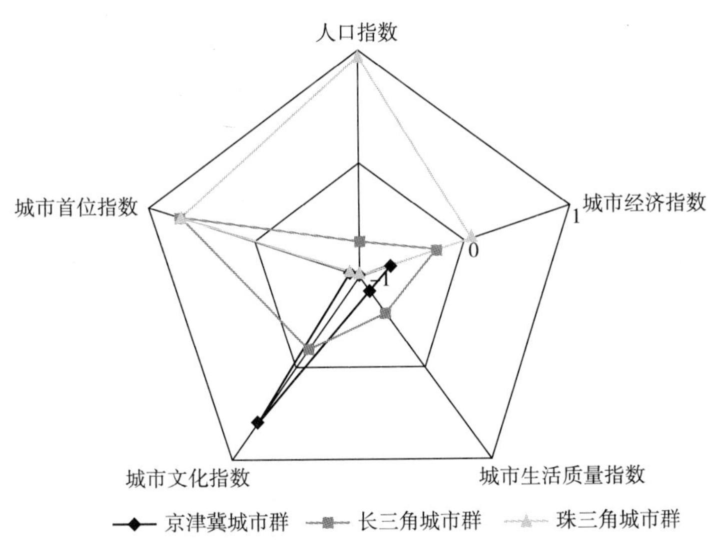

图 4　2008 年三大城市群综合指数

由此分析可知，在 5 个一级指数中，珠三角城市群在城市人口指数、城市经济指数和城市首位比指数上具有较突出的优势，但在

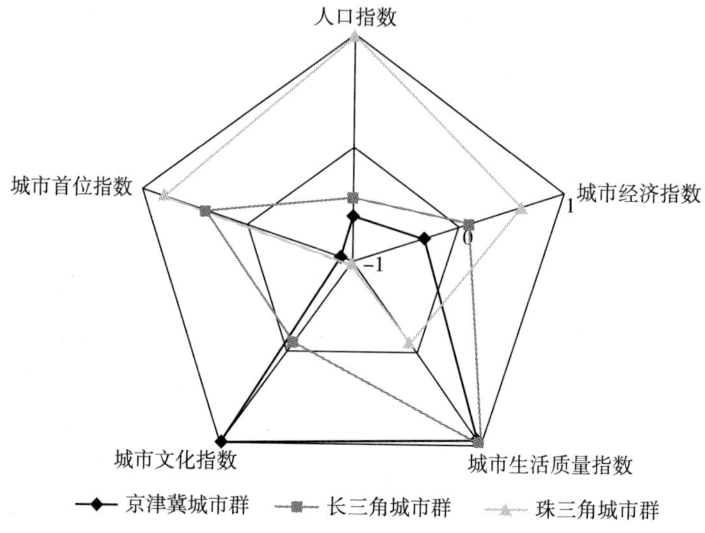

图 5　2009 年三大城市群综合指数

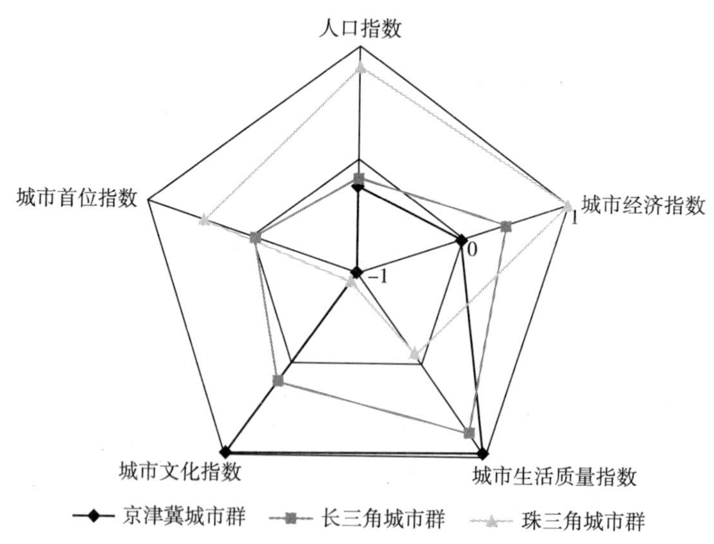

图 6　2010 年三大城市群综合指数

城市文化指数上较为落后。这一评价结果可以说明两个问题：一是三个一级指数的明显优势，是珠三角城市群目前占据榜首的主要支

撑体系；二是城市文化指数落后，则隐约印证了“广东文化沙漠论”并非空穴来风。

排在第二位的是长三角城市群，其 5 个一级指数基本都处于中间层次。相比于其他两大城市群，长三角城市群在人口、经济、社会生活、文化和城市层级体系的发展方面相对均衡，而雄厚的物质基础则是长三角城市群得以实现均衡发展的关键。长三角地区是中国经济最为活跃和发达的地区，其各省市人均 GDP 一直位于全国前列。最新数据表明，上海经济总量 2012 年突破了 2 万亿元，位列世界大城市前十左右，第三产业增加值占比首次达到 60%。[①] 江苏省 2012 年人均 GDP 突破 1 万美元，按照世界银行标准，江苏已实现了从中等收入发展阶段向中等富裕发展阶段的飞跃。[②] 上海在“十一五”规划和“十二五”规划中提出要积极推进国际经济中心、国际金融中心、国际贸易中心和国际航运中心的建设，目前“四个中心”框架已基本形成，经济保持稳定快速发展，社会民生等得到持续改善。浙江的民营经济和江苏的外资经济非常发达，特别是江苏在推进基本现代化方面还取得了很大的进步。但需要强调的是，长三角地区的经济快速发展是以牺牲环境质量为代价的，从绿色发展的角度看，其城市群经济则落后于珠三角地区。目前，环境问题已引起长三角各城市的重视，正在逐步改善。

排在第三位的是京津冀城市群。在 5 个一级指数中，京津冀的城市文化指数遥遥领先于长三角和珠三角。而城市首位比则是其最大软肋，表明京津冀距离一个理想的城市群还有很大差距。原因很

① 杨群：《上海经济总量突破 2 万亿元》，《解放日报》2013 年 1 月 22 日。

② 冯诚等：《江苏：人均 GDP 突破 1 万美元》，《新华每日电讯》2013 年 1 月 21 日。

简单，在城市文化上，以北京为代表的京津冀地区有深厚的历史文化底蕴和丰富的文化资源，同时作为国家首都，北京在区位、政策、人才、资金、市场等方面具有得天独厚的优势，使其成为名副其实的国家文化中心。这一点不仅是广州，也是曾作为中国现代文化中心的上海所无法相提并论的。以文化市场为例，北京文化艺术品交易总量达360亿元，占全国的63%，成为全球最大的中国文化艺术品交易中心。同时，北京文化创意产业对地区经济的贡献值已达到12%。这是京津冀城市群文化发展指数“高高在上”的根源。但另一方面，正所谓“大树底下不长草”，在人口、经济、生活、文化等方面优势明显的首位城市北京，与周边城市的差距也十分明显，在北京四周甚至还存在一个环首都贫困带。区域发展不平衡和城市层级矛盾过于突出，是京津冀城市群综合排名垫底的主要原因，也是其今后要重点克服的问题与矛盾。

根据2007～2010年京津冀、长三角和珠三角城市群的各项数据，目前珠三角城市群位于第一位，长三角城市群居次席，京津冀处于垫底位置。从整体上看，三大城市群正逐渐从“数量－规模增长”过渡到“质量－内涵增长”的新阶段，从“铺摊子、扩圈子”的粗放型城市化进入“调结构布局、深度城市化”的战略调整期。在横向比对分析上，三大城市群的发展各有亮点和短板，初步形成了“差异化”的发展格局。在纵向分析考察上，三大城市群之间的差距正在明显缩小，中国都市化进程初现“均衡化”的发展趋势。

2. 专项指数排名之一：人口指数

人口指数由优质人口指数、职业人口指数和人口生态指数构成。

图 7 清晰地描绘了 2007～2010 年三大城市群人口指数的变化和综合评价情况。

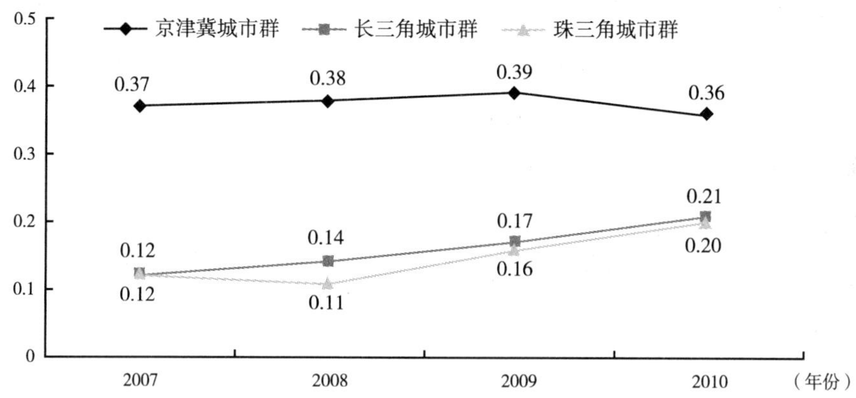

图 7　2007～2010 年三大城市群人口指数综合评价

据此可得出一个基本判断：在总体评价上，目前珠三角城市群的人口指数最高，长三角城市群居中位，京津冀城市群位于最后。但在城市群自然演化和政策机制的双重作用下，三者在人口方面的差距正在逐步减小，呈现良好的可持续发展态势。

表 4　三大城市群人口指数排名（2007～2010 年）

名次	城市群	名次	城市群
第一名	珠三角城市群	第三名	京津冀城市群
第二名	长三角城市群		

在综合比较上看，2007～2010 年三大城市群人口基本保持了相对稳定的格局。其中，长三角与京津冀城市群稳中有升，表明城市群的人口规模仍在适度扩张中。而珠三角城市群在 2010 年略有回落，则显示了该城市群开始缓慢进入减速阶段。一方面，这说明

了经过前些年的快速发展，三大城市群在人口容量上正渐趋饱和，快速和大规模的人口增长期已经过去；另一方面，表明了在我国快速城市化的总体背景下，三大城市群在保持人口持续增长的主旋律的同时，也会根据自身的实际情况出现微调，但总体上起伏的幅度不会太大，这将有利于城市群的协调发展和自我完善。

图 8 ~ 图 11 是三大城市群人口指数的全排列图，从中可以清楚地看到优质人口指数、职业人口指数和人口生态指数的具体分布情况。

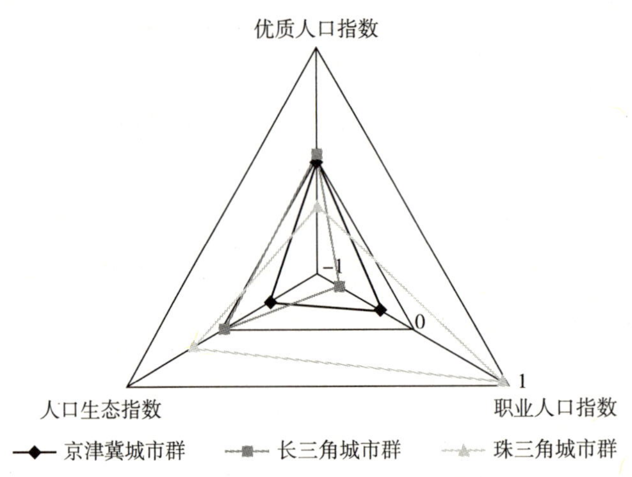

图 8　2007 年三大城市群人口指数全排列

（1）优质人口指数。

优质人口指数由在校大学生数与总人口比以及文盲率两项指标构成。

在总体上看，长三角城市群的优质人口指数一直保持在最高水平上。但在三级指数上，在校大学生与总人口比，以珠三角城市群最高；在文盲率方面，则以京津冀城市群最低。

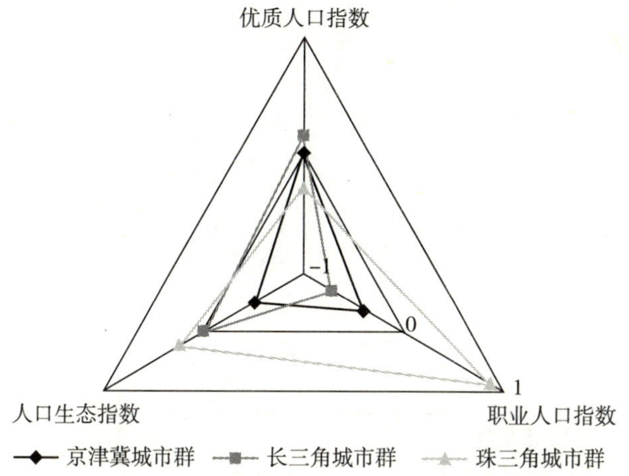

图 9　2008 年三大城市群人口指数全排列

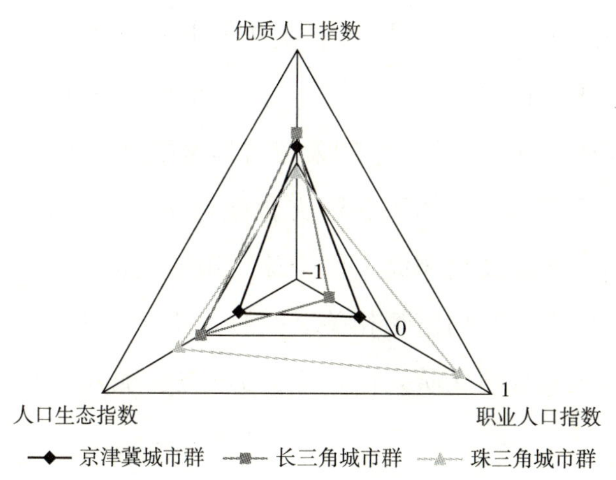

图 10　2009 年三大城市群人口指数全排列

具体而言，随着我国教育事业的迅速发展，大学生所占比例正在迅速提高，而普通百姓的识字水平也在不断提升。2007～2010 年，三大城市群在校大学生与总人口比例的平均值从 2.58 上升至 2.94。其中，珠三角城市群从 2.91 上升至 3.41，长三角城市群从

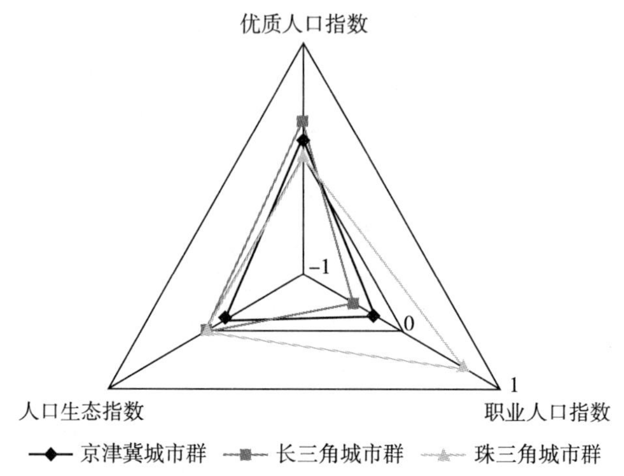

图 11　2010 年三大城市群人口指数全排列

2.74 上升至 3.06，京津冀城市群从 2.1 上升至 2.35。在文盲率指标上，珠三角城市群平均为 6.71，长三角城市群平均为 4.01，京津冀城市群平均为 2.47。这与珠三角地区文化发展较为落后但发展态势快，京津冀地区作为我国文化教育中心的区位与资源优势，以及长三角地区在文化积淀上优于珠三角地区，但资源优势上不如京津冀地区的整体结构密切相关。同时，这一评价也可为我国三大城市群在培育和吸纳优质人口资源，提升创新能力和发展活力提供有益的参考。

（2）职业人口指数。

职业人口指数包括从业人口数比和失业人口数量两大指标。

在总体上看，珠三角城市群的职业人口指数一直高居榜首，京津冀城市群次之，而长三角城市群则处于垫底位置。但在外向型经济发展压力越来越大的背景下，珠三角职业人口指数正面临严峻的挑战。

具体而言，2009 年，珠三角城市群就业人口数比达到 26.63%，远高于长三角城市群的 19.77% 和京津冀城市群的 16.99%。同时，珠三角城市群失业人口数只有 44.2 万人，远低于长三角城市群的 75.67 万人和京津冀城市群的 49.67 万人。由此可知，在解决就业工作方面，以珠三角城市群做得最为出色。而长三角城市群则是三者中情况最糟糕的地区。从比例上看，三大城市群的就业人口数比正逐步提高，这说明了三者的就业工作都在进步和改善。但从绝对人数看，由于各城市群的人口基数不断增加，而就业人口增长空间有限，所以失业人口数量也呈现逐年上升的趋势。而就业率一直领先的珠三角城市群，在国际贸易摩擦不断、外向型经济不断受挫等要素的作用下，其失业人口的增长速度在三者中也是最高的。由此可见，在未来一段时期内，“保就业”仍将是我国三大城市群的一项重要而艰巨的任务。

（3）人口生态指数。

人口生态指数主要是考察人口的预期寿命和人口的自然增长率。

总体上看，珠三角城市群的人口生态指数表现最好，京津冀城市群位居次席，而长三角问题最为突出，在人口预期寿命和自然增长率两方面均垫底，是其可持续发展的重大隐患。

具体而言，在人口预期寿命上，珠三角地区最高，2010 年为 78.55 岁。长三角城市群最低，仅为 74.07 岁。预期寿命主要取决于当地的医疗条件和生态环境，珠三角地区在生态环境建设上的领先地位，在这一方面显然发挥了重要作用。在自然增长率方面，珠三角城市群和京津冀城市群维持在同一水平。在过去四年中，珠三角城市群的人口自然增长率为 6.73，略高于京津冀城市群的 6.62。

但珠三角城市群的人口自然增长率正在逐年上升，而京津冀城市群却在不断地下降，所以说优势很脆弱，需要引起相关方面的关注和重视。与珠三角城市群、京津冀城市群相比，长三角城市群的人口自然增长率平均只有0.43，2010年更是降低至0.26。人口负增长在长三角城市群已经非常明显，将对其建设世界级城市群产生诸多不利的影响。

3. 专项指数排名之二：城市经济指数

城市经济指数由经济增长指数、第三产业发展指数和可持续增长指数构成。

图12清晰地描绘了2007～2012年三大城市群经济指数的变化和综合评价情况。

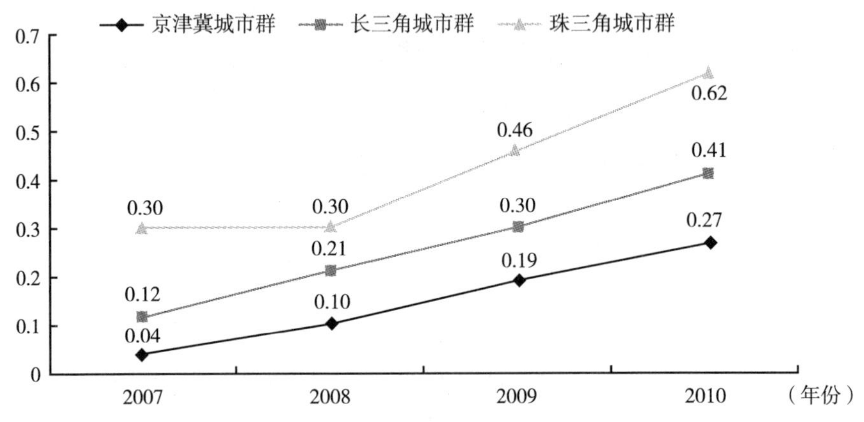

图12　2007～2010年三大城市群城市经济指数综合评价

据此可得出一个基本判断：在总体评价上，目前，珠三角城市群的经济指数最高，长三角城市群居中位，京津冀城市群位居最低位（见表5）。

表 5　三大城市群经济指数排名

名次	城市群	名次	城市群
第一名 第二名	珠三角城市群 长三角城市群	第三名	京津冀城市群

在综合比较上看，2010 年，这三大城市群经济指数由高至低分别为 0.62、0.41 和 0.27。珠三角城市群之所以能够位居首位，主要是因为第三产业的快速发展以及较高的经济增长质量。从时间来看，三大城市群经济指数都在逐年增长，这反映了各大城市群在经济增长的数量和质量方面都在不断地提升。

图 13～图 16 是三大城市群经济指数的全排列图，从中可以清楚地看到经济增长指数、第三产业发展指数和可持续增长指数的具体分布情况。

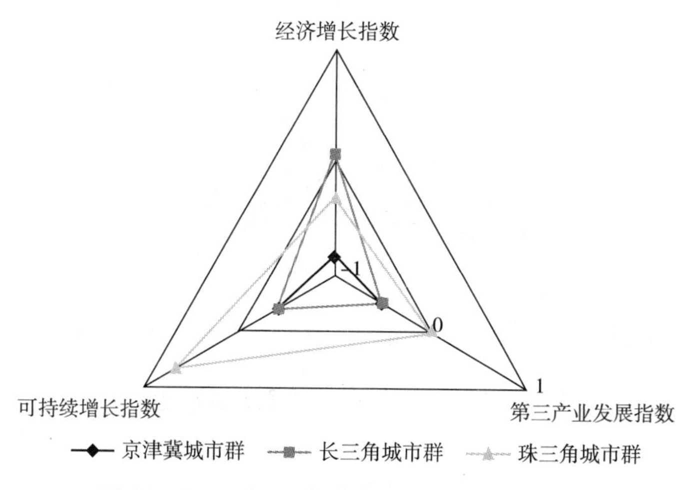

图 13　2007 年三大城市群经济指数全排列

（1）经济增长指数。

经济增长指数由人均 GDP、人均固定消费品总额、固定资产

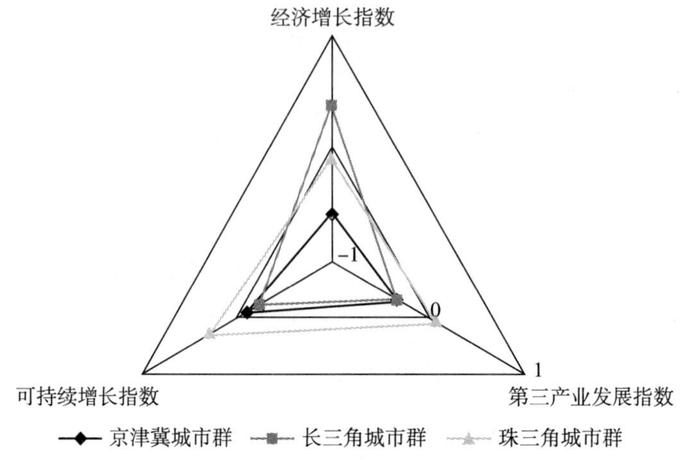

图 14　2008 年三大城市群经济指数全排列

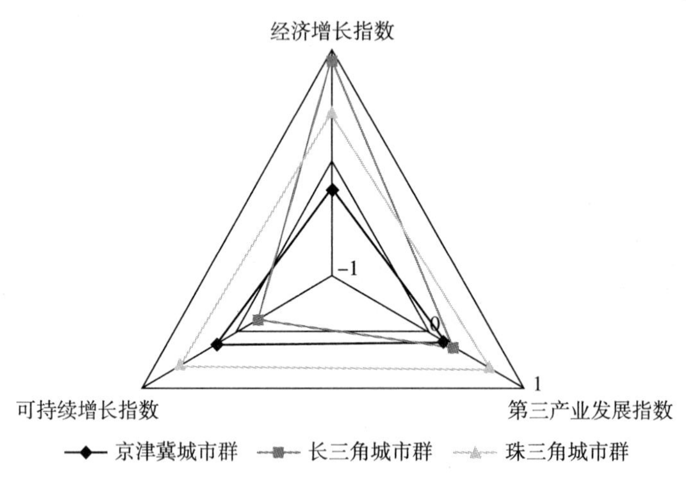

图 15　2009 年三大城市群经济指数全排列

投资额、进出口总额四项指标构成。

在总体上看，长三角城市群的经济发展水平最高，尤其是每年的固定资产投资总额和进出口总额都领先于其他两大城市群。

具体而言，2010 年，长三角城市群固定资产投资总额是京津

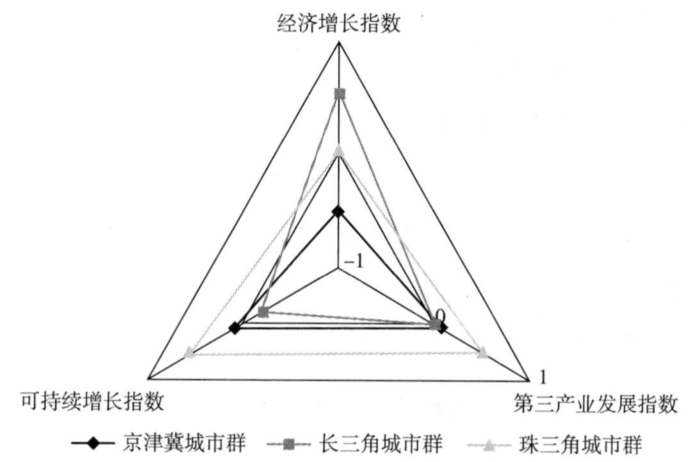

图 16　2010 年三大城市群经济指数全排列

冀城市群的 1.38 倍，是珠三角城市群的 2.89 倍，这反映了长三角城市群本身较强的经济基础以及较强的投资吸引力。长三角城市群经济上对外贸的依存度较高，尤其是苏南地区，一直以来是典型的外贸拉动型经济。而人均 GDP 和人均社会消费品零售总额方面，珠三角城市群最高，长三角城市群居中，京津冀城市群较低，而且珠三角城市群和长三角城市群远高于京津冀城市群，这反映出这两大城市群居民较强的经济购买力。较高的人均 GDP 和人均社会消费品零售总额对于扩大城市内需和经济的持续增长具有积极意义。

（2）第三产业发展指数。

第三产业发展指数由第三产业占 GDP 的比重、第三产业从业人员占从业人员总数的比重、第三产业生产总值、第三产业劳动生产率四项指标构成。

在总体上看，各城市群都不断促进第三产业发展，珠三角城市群的第三产业发展水平最高，长三角城市群在第三产业生产总值上占据榜首，但质量有待提升。

具体而言，珠三角城市群在第三产业占 GDP 的比重、第三产业从业人员比重和第三产业劳动生产率方面具有一定的优势。2010 年，珠三角城市群第三产业占 GDP 比重达到 43.58%，而长三角和京津冀城市群同为 42.16%；珠三角城市群第三产业从业人员比重达到 55.71%，远高于长三角城市群的 41.83%，同时也高于京津冀城市群的 53.84%；珠三角城市群第三产业的劳动生产率水平达到 11.73 万/人，高于长三角城市群的 11.26 万/人和京津冀城市群的 8.15 万/人。以上数据，既反映了珠三角城市群第三产业的繁荣发展情况，也表明其在第三产业上拥有较高的生产效率。但从总量上看，长三角城市群第三产业生产总值最高，其 2010 年达到了 3.14 万亿元，高出珠三角城市群 69.24%，高出京津冀城市群 51.01%。由此可以得出另一个基本判断是，这在充分反映长三角城市群在第三产业规模上的突出优势的同时，也表明了该城市群在第三产业发展质量方面存在很大的问题。

（3）可持续增长指数。

可持续增长指数由工业废水排放量、工业二氧化硫排放量、工业烟尘排放量、工业固体废物利用率、建成区绿化覆盖率五项环境指标构成。

总体上看，各城市群的环保意识和促进经济与环境协调发展的举措不断强化，过去四年中，珠三角城市群总体环境污染水平最低，长三角和京津冀城市群各有所长。

具体而言，可持续增长指数主要反映城市群经济增长的质量情况。在建设生态文明的国家战略框架下，很多城市放弃了以牺牲环境为代价的经济发展方式，在促进经济快速增长的同时，也开始重视做好环境保护工作。从工业废水、工业二氧化硫及工业废气的排放情况看，长三角城市群在总体上排放量最高，京津冀城市群排在第二，珠三角城市群最低。从工业废物利用率看，长三角城市群的利用率最高，2010 年达到 95.65%；珠三角城市群排在第二，为 91.22%；京津冀城市群最低，只有 71.31%。从建成区绿化率看，京津冀城市群则位列长三角和珠三角两大城市群之上，2010 年达到 44.07%。以上表明，我国三大城市群在可持续增长方面各有优势和问题，各城市群应根据各自的实际情况和问题出台更有针对性的政策措施。

4. 专项指数排名之三：城市生活指数

城市生活指数主要由生活成本指数、生活便捷指数和教育卫生服务指数构成。

图 17 清晰地描绘了 2007 ~2010 年三大城市群生活指数的变化和综合评价情况。

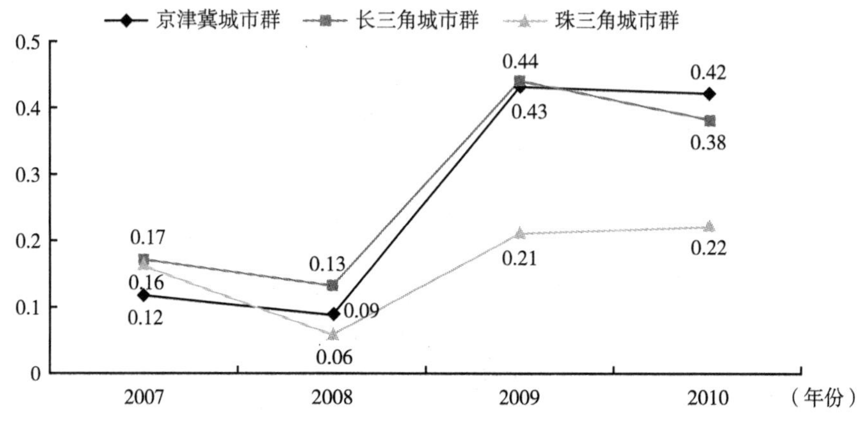

图 17　2007 ~2010 年城市生活质量指数综合评价

据此可得出一个基本判断：在总体评价上，目前，各城市群的生活质量排名并不稳定，总体发展趋势是在曲折中不断上

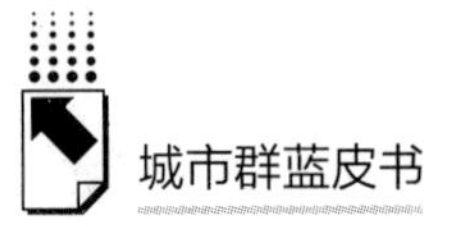

升，显示了国家近年来出台的相关民生政策举措正在发挥积极的作用。

在综合比较上看，2010 年，京津冀城市群的生活质量指数最高，为 0.42；长三角城市群次之，为 0.38；珠三角城市群最低，只有 0.22。京津冀城市群生活质量水平较高，主要是由于较低的物价水平及较为发达的教育卫生服务（见表 6）。

表 6　三大城市群生活指数排名

名次	城市群	名次	城市群
第一名	京津冀城市群	第三名	珠三角城市群
第二名	长三角城市群		

图 18 ~ 图 21 是三大城市群生活指数的全排列图，从中可以清楚地看到生活成本指数、生活便捷指数和教育卫生服务指数的具体分布情况。

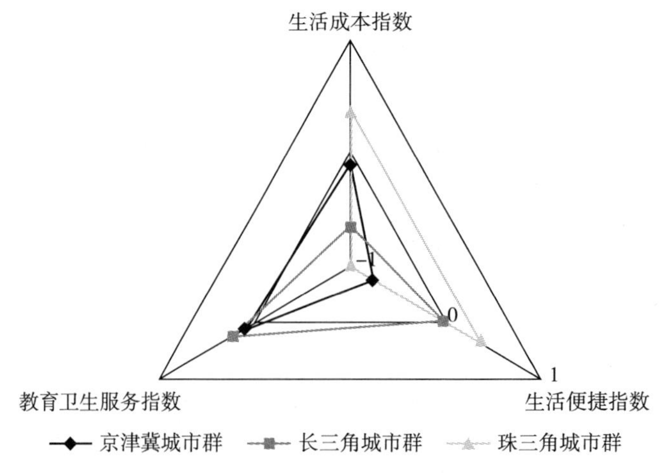

图 18　2007 年三大城市群生活质量指数全排列

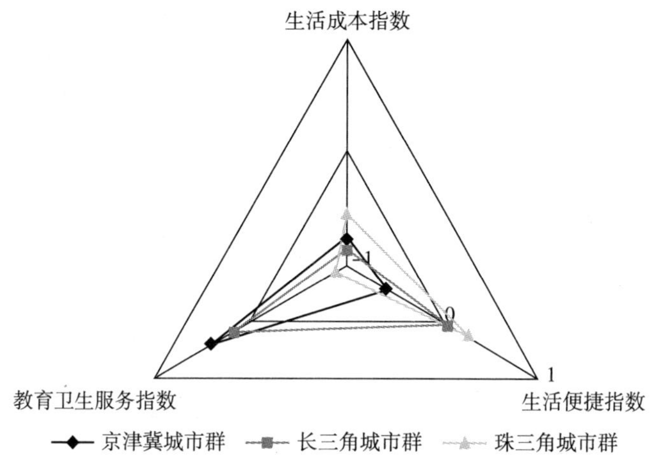

图 19　2008 年三大城市群生活质量指数全排列

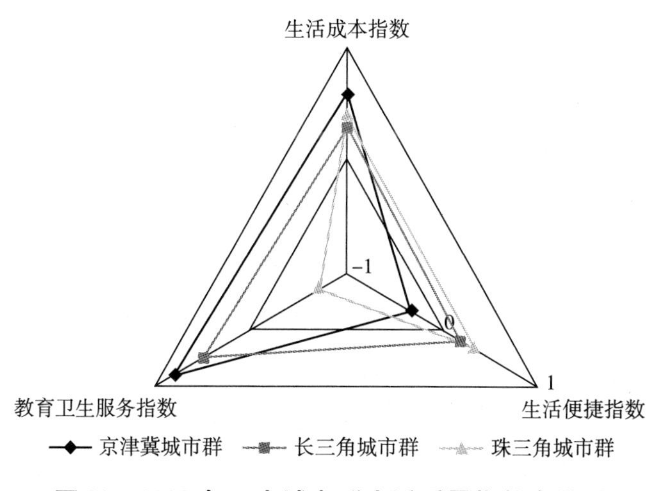

图 20　2009 年三大城市群生活质量指数全排列

（1）生活成本指数。

生活成本指数由 CPI 指数和恩格尔系数两项指标构成。

总体上看，三大城市群的生活成本指数并不稳定，但京津冀城市群的生活成本指数明显上升，表明该地区人们的生活压力正在

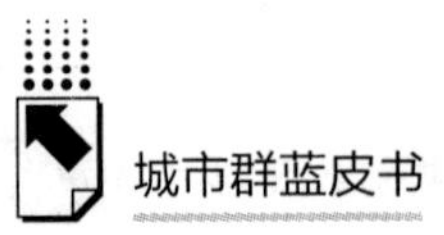

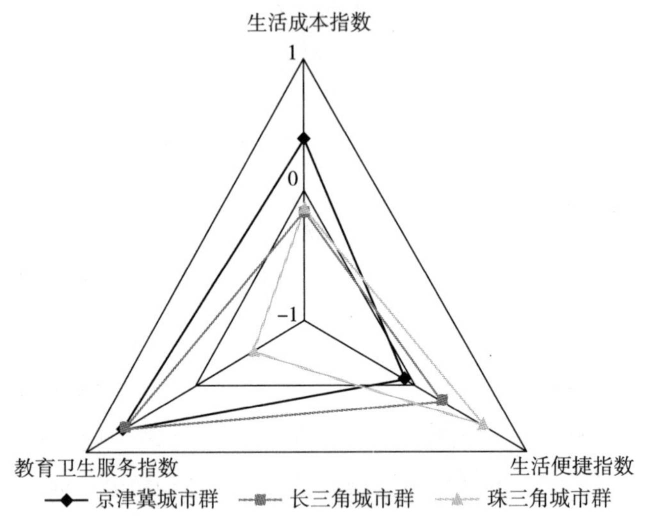

图 21　2010 年三大城市群生活质量指数全排列

下降。

具体而言，从 CPI 来看，2010 年京津冀城市群为 102.90，低于长三角城市群的 103.72 和珠三角城市群的 103.09，表明京津冀城市群的物价上涨水平相对较低。在恩格尔系数上，也可以发现京津冀城市群的明显优势。恩格尔系数越低，表明人们用于食品消费的比重越低，是物价低廉和生活富裕的体现。2010 年京津冀城市群的恩格尔系数为 34.48，低于长三角城市群的 36.14 和珠三角城市群的 36.38。由上可知，尽管京津冀城市群的人均 GDP 并不高，但较低的恩格尔系数却直接体现了当地较低的物价水平和较低的生活成本。因而，京津冀城市群在宜居性上较长三角城市群和珠三角城市群均具有一定的优势。

（2）生活便捷指数。

生活便捷指数由人均道路面积、人均绿地面积和生活垃圾处理率三项指标构成。

总体上看，珠三角城市群的生活便捷指数最高，京津冀城市群最低，但京津冀城市群的生活便捷程度改善力度较大，三大城市群之间的差距正在逐步减少。

具体而言，从人均道路面积看，随着道路的大规模扩建及城市规模的扩张，各城市群的人均道路面积都在不断增加，其中珠三角城市群的人均道路面积最大，2010 年达到 18.61 平方米，长三角城市群居中位，为 12.73 平方米，京津冀城市群最低，为 10.87 平方米。从人均绿化面积看，同样是以珠三角城市群为最高，2010 年达到 137.55 平方米，是长三角城市群的 1.94 倍，是京津冀城市群的 3.38 倍。从生活垃圾的处理率看，京津冀城市群和长三角城市群较为接近，分别为 97.12 和 96.83，珠三角城市群最低，仅为 85.90。这表明，在城市生活便捷方面，我国三大城市群各有优势和问题，对此应出台有差异性和针对性的政策措施，以提升城市的公共服务能力和水平。

（3）教育卫生服务指数。

教育卫生服务指数由小学专任教师数、执业（助理）医师人员数和城市医疗救助支出三项指标构成。

总体上看，京津冀城市群的教育卫生服务指数具有一定优势，远高于珠三角城市群，与长三角城市群的差距不大，但珠三角城市群在一些方面增势明显。

具体而言，在小学专任教师数方面，京津冀和长三角城市群一直是我国教育最发达的地区，特别是北京、上海、南京等城市，其丰富的教育资源是其他城市无法相比的。2010 年，京津冀城市群专职教师数达到 30.90 万人，长三角城市群达到 25.97 万人，均高

于珠三角城市群的18.94万人。在执业（助理）医师人员数方面，京津冀城市群和长三角城市群分别为12.72万人和13.12万人，均高于珠三角城市群的9.77万人。在医疗救助支出方面，以长三角城市群的支出为最高，2010年为2.56亿元，高于京津冀城市群的2.01亿元，也高于珠三角城市群的1.17亿元。从数值来看，三大城市群都加大了医疗救助支出的费用，其中以珠三角城市群的增加幅度为最高，其2010年增长了65.48%，远高于京津冀城市群的31.89%和长三角城市群的11.47%。以上表明，教育卫生服务水平即与不同城市群的历史积淀和当下的资源集聚程度，也与当地政府的重视程度和投入规模密切相关。

5. 专项指数排名之四：城市文化指数

城市文化指数由城市文化资本指数、城市文化魅力指数和城市文化创新指数构成。

图22清晰地描绘了2007～2010年三大城市群文化指数的变化和综合评价情况。

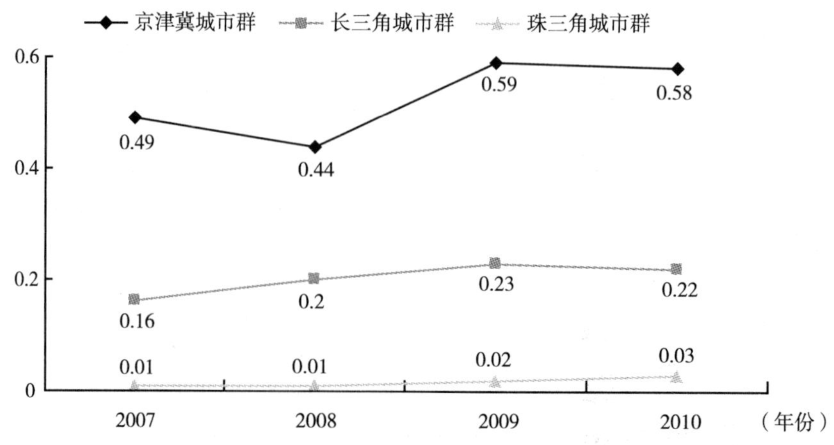

图22　2007～2010年三大城市群城市文化指数综合评价

据此可得出一个基本判断：在总体评价上，三大城市群的文化发展指数差异较大，京津冀城市群的文化发展水平最高，其每年的文化指数都远高于长三角城市群和珠三角城市群，并在文化魅力指数和文化创新指数方面具有较强的优势（见表 7）。

表 7　三大城市群文化指数排名

名次	城市群	名次	城市群
第一名	京津冀城市群	第三名	珠三角城市群
第二名	长三角城市群		

综合比较看，京津冀城市群文化发展在曲折中不断提升，从 2007 的 0.49 提高至 2010 年的 0.58；长三角城市群稳步推进，从 2007 年的 0.16 提升至 2010 年 0.32，与京津冀城市群之间的差距逐渐缩小；珠三角城市群文化发展相对缓慢，2007 ~ 2010 年，指数只上升了 0.02 个点，与另两大城市群差距较大。

图 23 ~ 图 26 是三大城市群文化指数的全排列图，从中可以清楚地看到城市文化资本指数、城市文化魅力指数和城市文化创新指数的具体分布情况。

（1）城市文化资本指数。

城市文化资本指数由文化、体育、娱乐业从业人数和公共图书馆总藏量两项指标构成。

总体上看，京津冀城市群和长三角城市群的城市文化资本指数基本相等，在单项上各有优势，均远高于珠三角城市群。

具体而言，在文化、体育、娱乐业从业人数上，京津冀城市群作为全国文化最为发达繁荣的地区，相关从业人数在 2010 年达到 20.97 万人，是长三角城市群的 1.59 倍，是珠三角城市群的 2.92

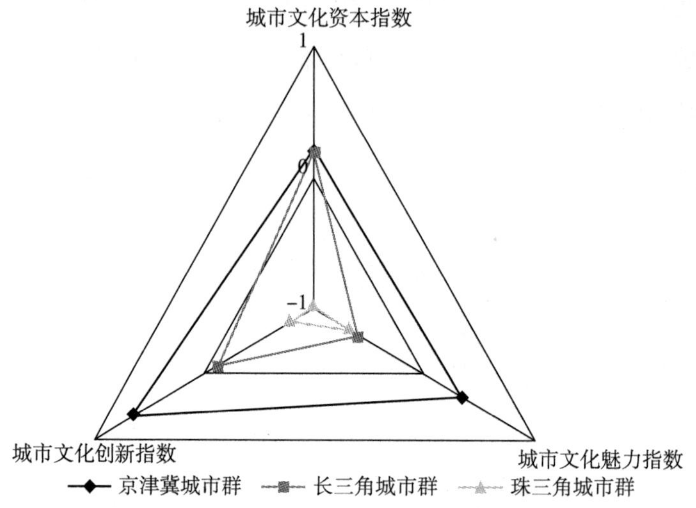

图 23　2007 年三大城市群文化指数全排列

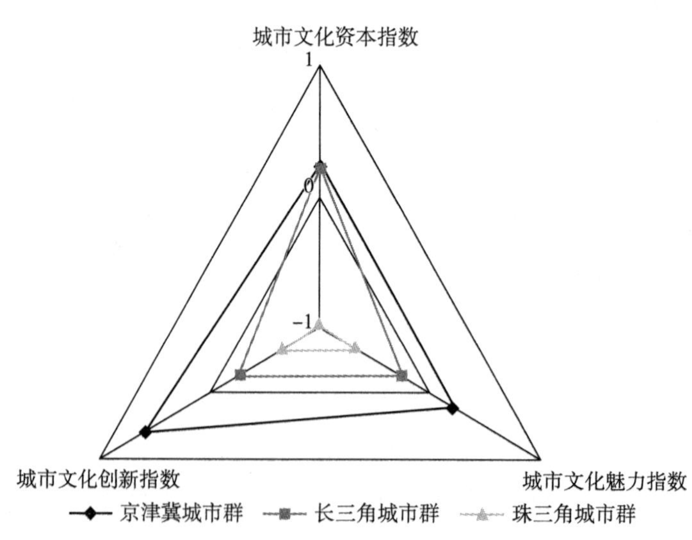

图 24　2008 年三大城市群文化指数全排列

倍。在公共图书馆总藏量方面，长三角城市群公共图书馆的建设领先于全国，总藏书量最高，2010 年达到 1.34 亿册，是京津冀城市

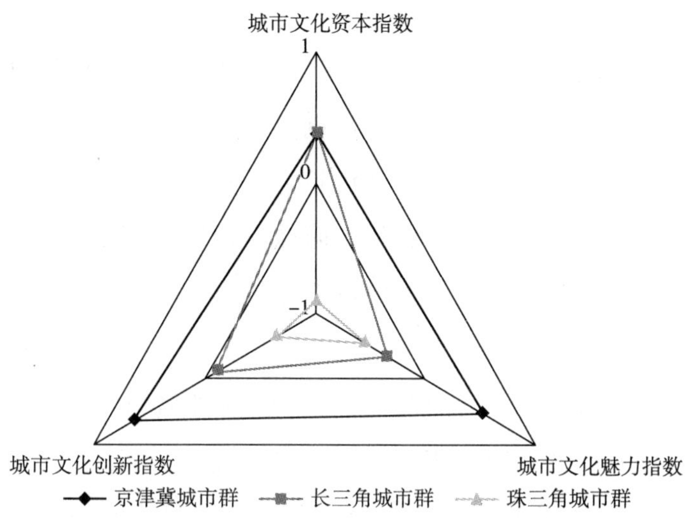

图 25　2009 年三大城市群文化指数全排列

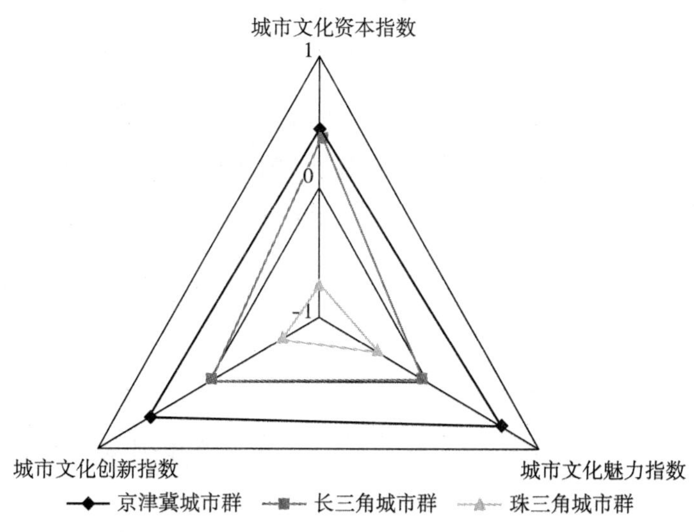

图 26　2010 年三大城市群文化指数全排列

群的 1.86 倍，是珠三角城市群的 2.37 倍。珠三角城市群在文化资本建设上任务艰巨。

（2）城市文化魅力指数。

城市文化魅力指数由年接待游客数量、世界付费日报发行量前百名数量和全国电视收视市场市场份额前20的频道个数三项指标构成。

总体上看，京津冀城市群文化魅力指数位于第一位，长三角城市群居中位，在单项上各有优势，而珠三角城市群则较为落后。

具体而言，在年接待游客数量上，长三角城市群凭借丰富和各具特色的区域旅游资源，每年都能吸引到大量的游客，2010年游客总量达到了7.53亿人，在三大城市群中排名第一；京津冀城市群以深厚的历史文化底蕴和首都北京的品牌位居第二，2010年游客总量达到4.06亿人；珠三角城市群游客数量排在第三，2010年为3.56亿人。在前百名世界付费日报发行量上，受中国传媒业的整体发展水平所限，三大城市群的差距不大，2010年前百名世界付费日报发行量中，京津冀城市群有8家，长三角城市群有5家，珠三角城市群有6家。在全国电视收视市场份额前20个频道个数方面，三大城市群的差距较为明显，2010年，京津冀城市群以11个电视频道遥遥领先，长三角城市群只有2个，而珠三角城市群只有1个。但从总体上看，我国三大城市群的文化魅力指数偏低，是今后需要大力扭转和发展的。

（3）城市文化创新指数。

城市文化创新指数由文化产业30强个数和国家级奖励项数两项指标构成。

总体上看，京津冀城市群文化创新指数位于第一位，且优势较为明显。长三角城市群居中位，珠三角城市群差距较大。

具体而言，在文化产业30强个数上，京津冀城市群和长三角城市群领先优势比较明显，2010年分别为9个和8个，均远高于珠三角城市群的 3 个。在国家级奖励项数上，以京津冀城市群获奖项数为最多，2010 年达到 124 项，而长三角城市群和珠三角城市群分别只有 22 项和 6 项。这表明，三大城市群的文化创新能力与区域文化资源关联度很高，不利于中国国家文化创新能力的整体和长远发展。如何通过合理改革和配置国家文化资源，推进城市群文化创新能力的协调发展，已成为我国在区域文化建设和均衡发展方面亟待面对和解决的问题。

6. 专项指数排名之五：城市群首位比指数

城市群首位比指数由人口首位比、经济首位比、生活首位比和文化首位比构成。首位比是指一个国家或地区最大城市与第二大城市的人口数值比。学界一般认为，城市首位度小于 2% 比较正常。在此区间内，比值越高，表明人口分布越均衡，意味着一个国家或地区的城市化更加平稳有序。相反则意味着一个国家或地区的城乡之间、城市与城市之间更加不平衡。对于城市群首位指数比也是如此。在 2% 的区间内，城市群的首位比指数越高，就表明该城市群发展越平衡。

图 27 清晰地描绘了 2007 ~2010 年三大城市群首位比指数的变化和综合评价情况。

据此可得出一个基本判断：在总体评价上，珠三角城市群的发展最为平衡，长三角城市群排在第二，京津冀城市群位于第三。原因在于，珠三角在城市人口指数、城市经济指数上具有较突出的优势，仅文化指数较为落后；长三角城市群各层级指标上发展较为均衡；京津冀除了文化指数领先，其他各方面的不均衡问题都比较严重（见表 8）。

综合比较来看，珠三角城市群的优势主要体现在较低的生活首位比（该值属于逆向指标，反映在图上是越接近 1）上，即中心城

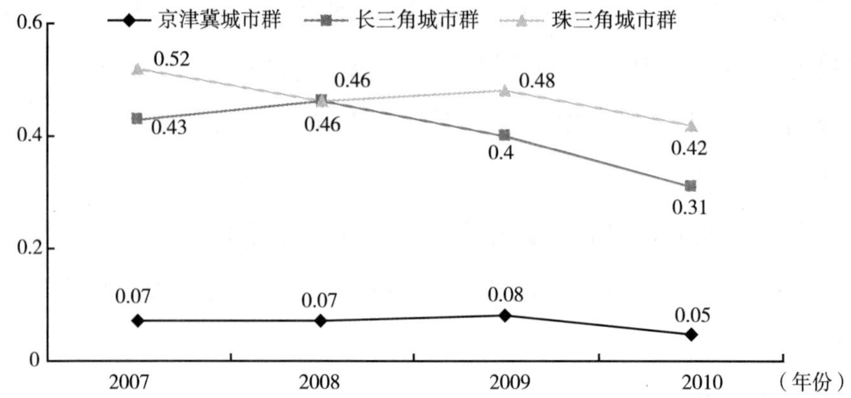

图 27　2007～2010 年城市群首位比指数综合评价

表 8　三大城市群首位比指数排名

名次	城市群	名次	城市群
第一名	珠三角城市群	第三名	京津冀城市群
第二名	长三角城市群		

市与周边城市在生活指数上差别不大。北京则由于资源过于集中，上海由于自身发展过快，而与各自周边城市在生活指数上产生较为明显的差距。但从时间轴上看，三大城市群发展的平衡情况均有所弱化，表明区域内各城市发展的不平衡趋势逐步加剧，周边城市对中心城市的依赖程度进一步加强。而这与一个理想的城市群在本质上是具有鲜明层级体系和功能协调的城市共同体明显是背道而驰的，它既是中国三大城市群在现阶段的通病，也是在未来一段时间内继续要解决的关键问题。

图 28～图 31 是三大城市群首位比指数的全排列图，从中可以清楚地看到人口首位比、经济首位比、生活首位比、文化首位比的具体分布情况。

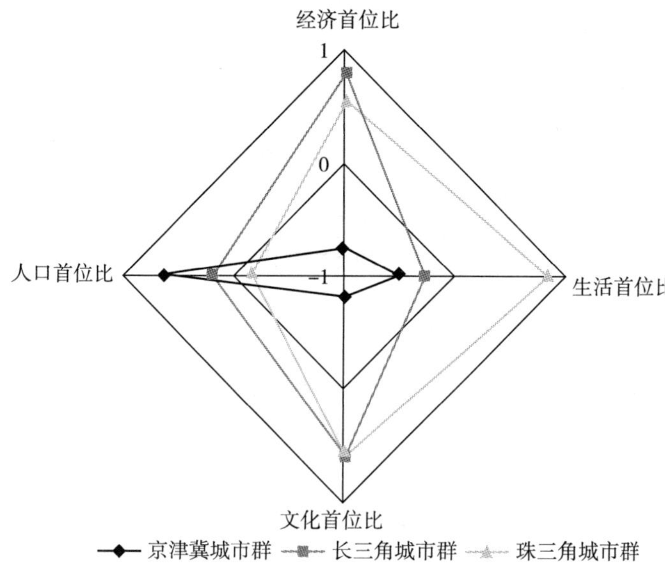

图 28　2007 年三大城市群首位指数全排列

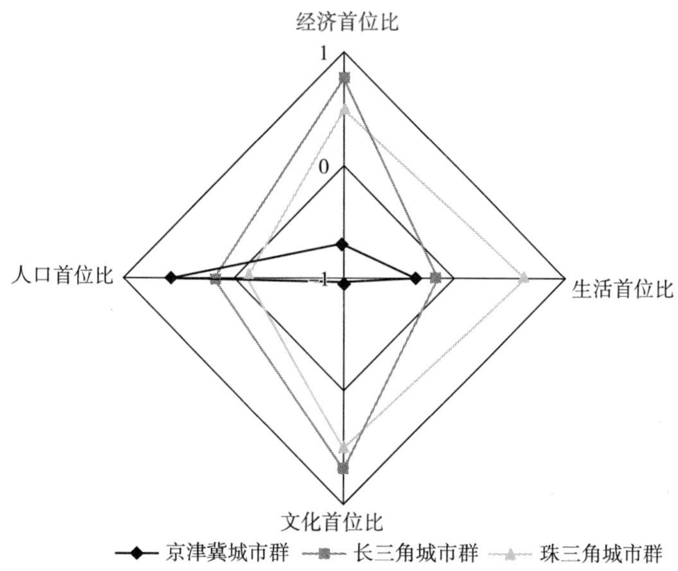

图 29　2008 年三大城市群首位指数全排列

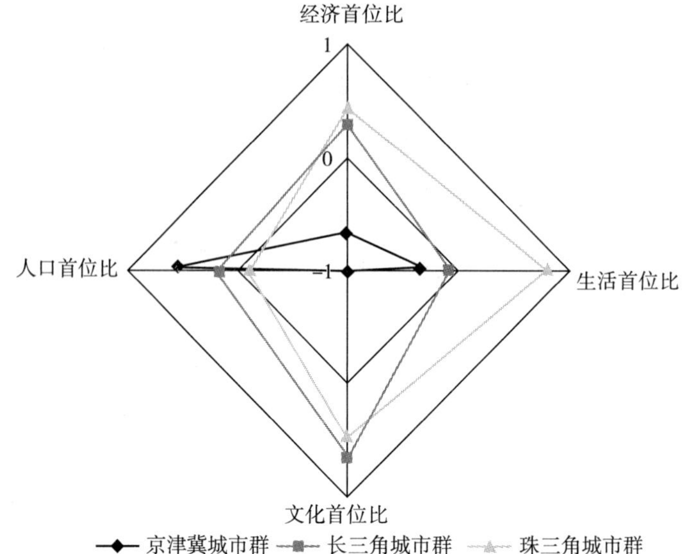

图 30　2009 年三大城市群首位指数全排列

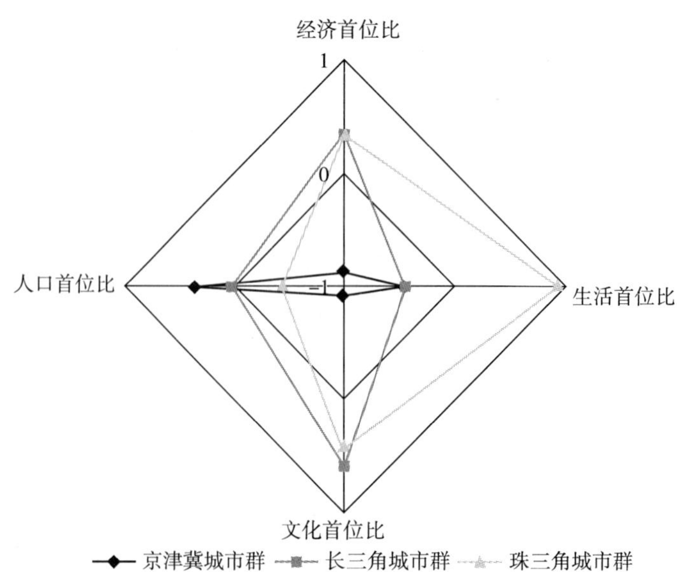

图 31　2010 年三大城市群首位指数全排列

（1）人口首位比。

人口首位比由人口密集首位比和在校大学生人口数量首位比两项指标构成。

总体上看，京津冀城市群的人口首位比最低（逆向指标，其值最大），长三角城市群的人口首位比居第二，珠三角城市群的人口首位比居第三。

具体而言，在人口密度首位比方面，2010年，京津冀城市群只有2.94，而长三角城市群和珠三角城市群分别为4.61和3.05。但需要注意的是，与2009年相比，三大城市群的人口密度首位比均出现了较为明显的上升。人口向三大城市群首位城市北京、上海和广州的迁移和集聚，符合当代都市化进程的规律和特点，是人口都市化的必然结果。但由此带来的大城市在居住、交通、就业和公共服务等方面的城市病，也会水涨船高，任何应对是三大城市群必须未雨绸缪的。在校大学生人口数量首位比方面，珠三角城市群为明显高于京津冀和长三角，2010年，珠三角城市群的数值为0.69，京津冀城市群和长三角城市群分别为0.29和0.19。由此可知，相比珠三角城市群的教育资源过于集中，京津冀城市群和长三角城市群的教育资源分布更为合理，从而提升了两地的教育均等化水平。

（2）经济首位比。

经济首位比由人均GDP首位比、能源消耗量首位比和第三产业份额首位比三项指标构成。

总体上看，长三角城市群和珠三角城市群的经济首位比较低，城市群内各城市经济发展相对比较平衡。京津冀则主要由于北京“一城独大”的原因，使城市群的经济首位比明显偏高。

具体而言，在人均 GDP 首位比方面，2010 年京津冀城市群为 1.88，长三角城市群为 1.18，珠三角城市群为 1.47。相比两大城市群，长三角城市群各城市经济都较发达，人均收入差距最小。从时间轴上看，各城市群人均 GDP 首位比均呈下降趋势，表明各城市群内部的经济发展差距在逐渐缩小。在能源消耗量首位比方面，以京津冀城市群为最高，长三角城市群居中位，而珠三角城市群垫底。能源消耗量这一指数主要统计了各个城市群的用电量，2010 年，京津冀城市群能源消耗量首位比为 0.58，长三角城市群为 0.37，珠三角城市群为 0.23，这表明三大城市群的首位城市的用电量占整个城市群用电量的 1/5 以上。从时间维度来看，这一比例还在不断攀升，这也证明了特大城市是能源消耗巨无霸的观点。在第三产业份额首位比方面，长三角城市群为 9.55，低于京津冀的 12.52，也低于珠三角的 10.17。由此可知，珠三角城市群第三产业尽管较为繁荣，但在发展上却没有长三角城市群更均衡，而是主要局限于广州等个别大城市。

（3）生活首位比。

生活首位比由每万人公共汽车拥有量首位比和国际互联网用户首位比两项指标构成。

总体上看，珠三角城市群的生活首位比最低，市民的生活质量相对较平衡。长三角城市群与京津冀城市群的生活首位比旗鼓相当，这与后两者生活节奏快、信息处理量大密切相关。

具体而言，从每万人公共汽车拥有量首位比看，京津冀城市群远高于长三角城市群和珠三角城市群。2010 年，京津冀城市群每万人公共汽车拥有量首位比为 3.03，长三角城市群和珠三角城市群分别为 1.95 和 0.90。而其内部各城市在发展层次上的差距，可

以说是京津冀城市群公共交通发展不平衡的根源。在国际互联网用户首位比方面，以长三角城市群为最高，数值为 0.79，京津冀城市群居中位，为 0.45，而珠三角城市群垫底，仅为 0.24。这与三大城市群在信息化基础设施建设及信息交流处理的总量不同有着密切的联系。从时间角度来看，三大城市群的生活首位比都呈下降趋势，这表明三大城市群内部的基础设施之间的差距越来越小。

（4）文化首位比。

文化首位比由文化、体育、娱乐业从业人数首位比和专利申请数量首位比两项指标构成。

总体上看，三大城市群在文化首位比上差距较小，京津冀城市群略领先。这与后两者处在东部发达地区，政府比较关注文化建设，以及有足够的财力为文化、科技等提供支撑密切相关。

具体而言，从文化、体育、娱乐业从业人数首位比看，以京津冀城市群为最高，珠三角城市群次之，长三角城市群又次之。2010 年，京津冀城市群文化首位比达到 0.73，远高于长三角城市群的 0.36 和珠三角城市群的 0.50。这说明北京在文化资源和文化发展方面都具有其他城市无法超越的优势。在专利申请数量首位比方面，同样也以京津冀城市群为最高，2010 年其达到 0.60，而长三角城市群和珠三角城市群分别只有 0.29 和 0.18。由此可见，京津冀城市群尽管在文化建设上领先，但相关从业人员和专业申请主要集中于北京，则说明该城市群在文化发展上很不平衡，距离一个理想的城市群还有很大距离。

（5）关于我国世界级城市群建设的总体看法。

作为规模空前、内在联系紧密的城市共同体，城市群理论改写了人类城市化的模式和历史，自此以后，一种具有鲜明层级体系和功能协调的城市共同体，取代了传统的单体大城市成为城市发展的最高形态和理想目标。正如西方学者评价说："现代城市不是被孤立地仅仅作为有限区域的中心而被评论的，而是作为一个'城市系统'（City-systems）、作为在持续扩展的轨道中旋转的城市网络之参与者而被评论的。"[①] 城市群理论的重要性，不仅在于敏锐地把握了人类城市化的最新形态与模式，为当代人深入认识城市世界提供了全新的理论、方法和框架。同时，与大都市理论研究者更看重或倾向于单体性的中心城市不同，那种具有合理层级分工体系和功能互补的城市共同体才是当代城市发展的最高理想。由此可知，主要用来测评城市群内部发展均衡程度的首位比指数，是最能衡量出我国城市群的发育水平和演化阶段的核心尺度。

尽管早在1976年，戈特曼在《城市和区域规划学》杂志发表《全球大都市带体系》时，就把"以上海为中心的城市密集区"称作世界第六大城市群。同时，在2008年和2009年国家出台的关于长三角和珠三角地区的规划纲要中，两者的目标也被确定为"具有较强国际竞争力的世界级城市群"[②] 和"全球最具核心竞争力的大都市圈之一"[③]。但从城市群首位比的角度看，这两大最有希望跻身世界第六的城市群，可以说距离一个理想的形态还有相当遥远

---

① Lang，R.，and Dawn Dhavale，Beyond Megalopolis：Exploring America's New "Megapolitan" Geography，Metropolitan Institute Census Report Series，Census Report 05：01，July. Alexandria：Virginia Polytechnic Institute and State University，2005.

② 周丹丹、江国成：《国务院提出42条促进经济、社会、文化等方面发展的重要意见》，新华社，2008年9月17日。

③ 朱宝琛：《〈珠江三角洲地区改革发展规划纲要〉正式发布》，《证券日报》2009年1月9日。

的距离，更不用说在城市群内部差距更大、发展更加不平衡的京津冀地区。但由于城市群是世界发展的主流，也是中国城镇化战略的核心板块，因此就更需要我们以“士不可以不弘毅”的精神与三大城市群共勉之。

五　基本判断和对策建议

正如芒福德曾说：“城市形成中起决定作用的因素并不仅看有限地域内集中了多少人口，更要看有多少人口在统一的控制下组成了一个高度分化的社区，去追求超乎饮食、生存的更高的目的。”① 对作为城市历史发展最高形态的城市群而言，所谓“更高的目的”即在于一个城市群是不是在朝着理想形态演化、推进和生成。根据我们的研究，理想的城市群在本质上是一个在人口、经济、社会、文化和整体结构上具有合理层级体系，在空间边界、资源配置、产业分工、人文交流等方面具有功能互补和良好协调机制的城市共同体，而不是某项指标“单子化的膨胀和扩张”，尤其不能以西方学者最看重的经济和交通来衡量。基于这一学理界定和价值立场，并综合 2013 年中国城市群发展指数的综合与单项排名情况，本课题组对中国城市群发展提出若干判断和建议，供相关部门管理者和学术同行及关心中国城市化的社会各界人士参考。

1. 对我国城市群发展的三项基本判断

（1）在总体水平和发展趋势上，三大城市群发展不断优化，

① 刘易斯·芒福德：《城市发展史——起源、演变和前景》，宋俊岭、倪文彦译，中国建筑工业出版社，2005，第 67 页。

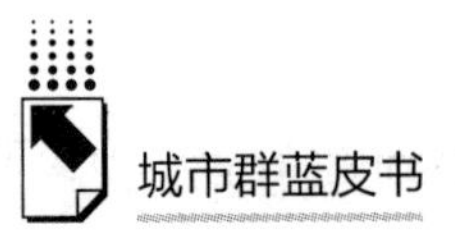

步入“调结构、深度化”的新阶段。

京津冀城市群、长三角城市群和珠三角城市群是我国最为成熟、也是三个最大的城市群，其发展态势足以代表我国城市群发展的总体水平和发展趋势。

近年来，尽管我国城市在快速发展中矛盾多发且呈激化态势，如土地资源浪费、交通拥堵、户籍制度、房价飙升、公共排水等问题，严重影响和干扰了三大城市群的建设和发展，但以经济高速发展和大规模非农人口的城镇化为强力支撑，我国三大城市群一直在快速和加速发展，各项指数在2007~2010年均呈现明显的优化和上升发展趋势。从人口、经济、生活、文化和首位比的综合分析看，三大城市群正逐渐从“数量－规模增长”过渡到“质量－内涵增长”的新阶段，从“铺摊子、扩圈子”的粗放型城市化进入“调结构布局、深度城市化”的战略调整期。这既代表了我国都市化进程的最新发展态势，同时也可为中国的其他城市群和经济区提供积极的借鉴和参考。

（2）在横向比对分析上，三大城市群的发展各有亮点和短板，初步形成了“差异化”的发展格局。

在2007~2010年的五项指数综合排名中，珠三角城市群排名第一，长三角城市群排名第二，京津冀城市群排名第三。但从人口、经济、生活、文化和首位比各单项指数看，三大城市群的发展各有亮点。排名第三的京津冀城市群在文化指数上一枝独秀，表明京津冀城市群已是当仁不让的中国文化中心；长三角城市群的经济发展水平和第三产业总产值远远领先于其他两个。2010年，在固定资产投资总额上，长三角城市群是京津冀城市群的1.38倍，是珠三角城市群的2.89倍；在第三产业生产总值上，长三角城市群

高达 3.14 万亿元，分别高出珠三角城市群和京津冀城市群的 69.24% 和 51.01%，可知长三角城市群的中国经济中心之梦已初步编就；珠三角作为我国改革开放的前沿阵地，在人口、首位比等指数方面明显优于京津冀和长三角，表明珠三角城市群距离一个理想的城市群最近。珠三角、京津冀和长三角城市群在整体发展水平、文化、经济上三足鼎立，显示了中国城市化初步形成了“差异化”竞争格局，对改变长期以来形成的“同质竞争”模式具有重要作用。

各有亮点的另外一面是各有短板。京津冀城市群面临的突出问题是如何实现均衡发展。通过指数分析可知，与长三角、珠三角城市群相比，在京津冀城市群首位比的全部四项二级指数中，除人口之外，其经济、文化、生活三项指数均为最高，且与其他两个城市群的差距较大，说明京津冀城市群内部各自为政、区域发展不均衡的问题相当严重。而珠三角城市群如何提升自身的文化软实力、长三角城市群如何提升自身的宜居宜业功能，也是这两大城市群发展亟待破解的瓶颈性问题。

（3）在纵向分析考察上，三大城市群之间的差距正在明显缩小，中国都市化进程初现“均衡化”发展趋势。

尽管发展指数排名有先后，但从纵向角度做分析考察，三大城市群之间的差距在逐渐缩小。2007 年，京津冀、长三角和珠三角城市群的综合指数分别为 0.03、0.09、0.27，2010 年，三者的综合指数分别为 0.29、0.38、0.37，既表明了各城市群自身都有很大的进步，同时也显示出三者之间的差距在明显缩小。其中，长三角和珠三角城市群的变化最为明显，两者在综合指数上的差距由 0.18 缩小到 0.01。对此深入分析还可以发现，科学规划和明确的

战略框架，对三大城市群发展具有重要影响。在发展态势上，长三角与珠三角城市群均明显优于京津冀城市群，原因即在于，长三角与珠三角城市群的定位和发展目标较为明确，特别是《国务院关于进一步推进长江三角洲地区改革开放和经济社会发展的指导意见》（2008）和《珠江三角洲地区改革发展规划纲要（2008～2020年）》（2009）的先后颁行，为两大城市群在构建城市层级和分工体系、推进区域协调和一体化水平及在城市环境和软实力建设等方面采取一致的对策，提供了良好的基础和保障。京津冀城市群总体规划至今迟迟未能出台，由此引发的定位与发展目标不明确、内部联系与分工协作程度不高、区域行政壁垒的体制机制障碍较严重、区域一体化战略难以进入实际操作阶段等问题，极大地影响和阻碍了京津冀城市群的建设与发展。

（4）在未来一段时间内，三大城市群的排名会不断调整和变化，京津冀城市群发展有可能后来居上。

由于三大城市群各具优势和特点，在中国其他城市群普遍处于弱势地位的总体背景下，可以预言，在未来相当长的时间内，珠三角城市群、长三角城市群、京津冀城市群仍会稳居中国城市群发展指数的前三甲。另外，由于城市群发展的内容与层次过于繁多，同时影响城市群发展的因素与条件十分复杂，在今后的年度排行中，三大城市群的序位将不断出现变化和微调。

具体而言，珠江三角洲作为我国改革开放的先行区和试验田，改革开放以来，其在人口、经济、生活、文化和城镇体系建设上取得的重大成就有目共睹。此次综合指数位居榜首，源于长期积累，而非“浪得虚名”；长江三角洲在国家战略中定位于世界级城市群，肩负着率先全面实现小康社会和建设现代化的光荣使命，虽然

目前位居第二，但该城市群的各种指数相对均衡，形成了“稳中求进”的性格和作风，在世界经济局势震荡、容易大起大落的当下，是我国都市化进程可依托的坚强脊梁；京津冀城市群是国家的政治、经济和文化中心，在文化创新、基础设施和公共服务等方面表现抢眼。由于历史和制度安排的原因，尽管在城市群的层级体系和机制这一要害处最为薄弱，但可以相信，以其拥有的其他城市群无可比拟的人才、资源、资金和政策优势，京津冀后来居上的中国都市化新局面当不会太远。

从总体发展趋势上看，在《全国主体功能区规划》、“十二五”规划和党的十八大报告对城镇化战略不断强调的大背景下，作为我国城镇化战略核心支撑体系的城市群，在珠三角、长三角和京津冀地区三大领头羊的引领下，尽管波折不断、问题众多，但由于其负载着一个渴望实现伟大复兴的大国梦想，所以其未来必定是乐观和光明的。

2. 我国城市群目前存在的主要问题分析

（1）在发展模式上呈简单化和粗放型，不利于城市群的均衡和精明增长。

关于三大城市群的发展模式，目前主要有空间拓展模式、产业发展模式和行政管理模式三种说法：一是认为京津冀城市群和珠三角城市群属于双子星座式①，长三角城市群是多中心、复合式②，这是以空间拓展模式来概括中国三大城市群；二是认为城市群的形成与发达的制造业有直接关系，这是根据产业发展模式来界定城市

① 黄征学：《城市群空间扩展模式及效应分析》，《中国经济时报》2007 年 4 月 9 日。

② 沈玉芳：《长三角地区城镇空间模式的结构特征及其优化和重构构想》，《现代城市研究》2011 年第 2 期。

群；三是针对中国城市群在体制机制上存在的问题，提出理想的城市群应该是效仿美国的联邦制而建立联市制，这是从行政管理模式的角度来描述中国城市群的未来。[①] 对以上相关的概括、观点与批评进行分析，大体可以确定中国城市群在发展模式上普遍存在的两大问题，即内涵上的“简单化”和形态上的“粗放型”。就前者而言，是因为理想的城市群发展模式，必然要包括空间上合理拓展、经济上均衡增长及管理体制是综合创新三方面的内容，而任何“孤军深入”、“攻其一点”的发展策略，则必然导致“顾此失彼”或“先污染，后治理”的困境，频繁“折腾”。就后者而言，受中国都市化进程整体水平和历史条件局限，急功近利而缺乏长远眼光，三大城市群仍停留在较粗放的发展阶段，只能在“产业化推动”（AOD 模式）、“交通推动”（TOD 模式）和“行政推动”（SOD 模式）三者中择其一，如同“熊瞎子掰苞米——掰一个扔一个”，结果是反复上演“拆东墙补西墙”，难以形成合力，效率很低。着眼于未来，如何在内容上由简单变丰富，实现从粗放低效发展向“效率推动”（EOD 模式）的转型，是当务之急。

（2）未形成有效的文化协调和联动机制，层级体系和一体化缺乏内生动力。

在文化自觉和走出资源困境的双重推动下，文化城市正成为全球城市的主流发展趋势与重点战略目标，文化力与经济力、技术力、政治力、制度力并驾齐驱，成为众多领域中的核心资源、核心竞争力和核心张力。与此同时，传统主要以人口、经济和交通为支撑的城市群也在发生重大变化，“文化城市群”的新形态逐渐浮出

① 曾万涛：《中国城市群联市制研究：以长株潭为例》，东南大学出版社，2010。

水面。在后工业社会中，城市群不仅远远超越了其原始的防卫、商业等实用功能，也突破了古代以“政治”为中心、现代以“经济”为中心的城市发展模式，由文化资源、文化氛围和文化发展水平构建的城市生活方式，在很大程度和深层次上决定着一个城市群的发展和兴衰。就我国三大城市群的形成而言，均不同程度地得益于其固有文化底蕴和根基，如北方文化圈之于京津冀城市群、岭南文化之于珠三角城市群、江南文化之于长三角城市群。但从总体上看，城市群在空间上涵盖的区域文化资源及价值谱系，对城市群的层级体系建设和一体化进程的贡献不大，局部还存在抵制和解构的问题与现象。具体而言，目前在区域文化协调和联动上，做得最好的是珠三角城市群，岭南文化小传统为之提供了有力的保障，使该城市群很容易在协同发展方面获得心理和精神层面的默契和支持。与之相比，尽管京津冀城市群的文化指数最高，但其内部的文化冲突也很明显，特别是以北京为中心的燕赵文化与以与天津为中心的商埠文化在文化观念、生活方式及价值谱系上差别较大，容易出现文化认同障碍并影响到城市群的一体化进程。在长三角，尽管都属于江南文化，但由于未能理顺吴文化、越文化和海派文化的矛盾，使这一形成于宋代的中国文化核心区，在中国当代文化中的地位和影响力迅速下降。与西方城市群相比，软实力与城市生活方式资产落后，是我国三大城市群最大的软肋，同时这也说明，在物质上空间日趋局促的三大城市群，在文化开发和提升上的空间很大，是今后应重点研究、规划和布局的战略方向。

（3）区域合作尚处于“浅表阶段”，规划“同质化”问题仍比较突出。

劳动地域分工理论、要素禀赋理论、产业集群理论及规模经济

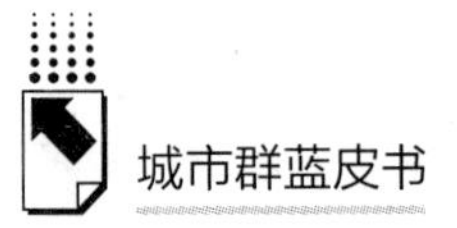

理论，是区域合作发展的理论基础，在都市化进程中，城市群成为区域合作发展的核心空间载体与最高发展目标。自改革开放初期国家提出长三角经济区战略以来，在西方城市群理论和模式的参照下，同时更重要的是区域“同质竞争”导致的各种严重后遗症。近年来，各城市群在推进区域一体化和协同发展上不断取得共识，相关政策与制度措施不断推出，比过去有较大改观。但从总体上看，三大城市群各自的一体化进程，刚度过“明争暗斗”阶段，尚处于“面和心不合”或“浅表合作层面”。具体而言，珠三角城市群隶属同一行政区，区域一体化与合作容易落地。在京津冀地区，由于北京作为首位城市过于强势，公平、互利和互惠常常是可望而不可即的。长三角区域一体化启动最早，版图历经数次反复，但“长三角的圈始终画不圆”，说明其进展速度与质量令人难以恭维。从发展趋势看，情况也不乐观。以近年来已经出台或正在研制中的各城市群规划为例，三大城市群在发展中主要存在两大问题：就单个城市群而言，已出台的长三角和珠三角区域规划，均显示了在经济、产业和交通等方面“务实”，但在一体化体制与机制上“务虚”的两面性，不可能解决长期以来一直影响我国城市群发展的深层次问题和矛盾。同时，这也有重复西方城市群发展道路之嫌。在横向比较上看，我国城市普遍存在的“规划粗放与内容因袭”问题，正迅速扩散到各城市群规划中。在推进基础设施建设一体化和建成世界文化产业基地两方面，珠三角和京津冀地区存在惊人的相似之处。而长三角地区的大桥、高铁和文化产业规划，与之并无二致。此外，注重基础设施建设和发展文化产业，也是不少中西部城市群的共同选择。这些面目相似的规划，将导致中国城市化在更大区域内的“同质化”，而与城市群的本义——建立区域内

合理的层级分工体系及解决单体城市间的恶性竞争——也是背道而驰的。

（4）环境问题："五十步"难以笑"一百步"。

环境问题是中国快速城市化的普遍问题，在城市群中，由于集聚了更大规模的人口和经济活动，这个问题的严重性也就更加突出。在三大城市群中，均存在"先污染、后治理"的问题，又以长三角城市群最为严重。研究表明，"长三角快速的工业化进程，使这一地区资源及生态环境问题趋于共性化。如矿物资源严重短缺，工业原材料大都仰赖外部供给；耕地资源被大规模非农用占用，受重金属、有机物等污染的土壤增多等。长三角跨界水污染问题非常严重，京杭运河长三角地区段、太湖、长江中下游段、钱塘江段等水资源都受到不同程度的污染。有研究显示，在长三角核心区域的16个城市中，有14个属于酸雨控制区，江苏南部、上海和整个浙江更是酸雨的重污染区；核心区域10万平方公里范围内，因长期超抽地下水，引起了区域性地面沉降与地表裂缝等灾害"[①]。因此，尽管长三角城市群的经济增长指数在三大城市群中最高，但受生态指数的拖累，很难在短期内实现其一直暗许的中国首位城市群及世界第六大城市群的梦想。在快速城市化背景下，环境问题是通病，京津冀和珠三角城市群的污染同样十分严重，三大城市群只不过是"五十步"和"一百步"的关系，谁也不可能笑谁。如何兼顾经济效益和生态效益，不仅是我国三大城市群，也是中国所有城市都面临的巨大挑战。但正所谓知易行难，在当下最令人忧虑的是，还没有哪一个城市群在短期内可以有一些更突出的表现。

① 《经济发展后遗症　长三角污染严重》，星岛环球网，2009年11月1日。

3. 关于我国城市群发展的对策与建议

（1）精细规划，注重质量。

在中国城市规划由“规划不足”迅速走向“规划过度”[①] 的大背景下，各城市群与经济区的区域规划层出不穷。“规划过度”的后遗症是城市空间形态的同质化和城市经济功能的批量复制，而“换得太快、操之过急”、“换一届政府换一张规划图”及各种吸引眼球的“雷人规划”频繁出台，是“规划过度”的基本特征。由于城市群的规模更大、“牵一发而动全身”的系统“株连效应”更加明显，因而要特别警惕当下普遍存在的“规划即鬼话”的顽疾。就现状而言，我国城市群规划不同程度地存在粗放简陋、相互因袭和大而无当等问题，不仅直接引发或加重了发展理念和路径的混乱，也为区域产业结构与空间形态的“同质竞争”埋下了“伏笔”。因此，一种基于自身独特的区位优势和资源条件、更加精细、专业、符合城市群内在需要的高质量规划，特别是在国家确立的战略规划或指导意见的基本原则和总体框架下，各城市群如何出台相对应的、具体和可操作的子规划和专项规划，以实现不同城市、不同行业和不同部门规划的系统整合，已成为推动中国城市群科学发展的首要问题。

（2）回归理性，摈弃浮华。

近年来，我国的城市化和城市群发展均经历了“大跃进”式的扩张，同时，这也是在理论和思想准备比较匮乏的条件下实现的超常规的发展。其最大的后遗症在于：首先，由于缺乏理论学习和

① 刘士林：《中国城市发展的深层问题与文化自觉——刘士林教授在上海交通大学的讲演》，《文汇报》2011 年 8 月 8 日。

起码的训练，一些城市管理和决策者变得日益轻视理论及其揭示的深层规律，心浮气躁，独断专行，越来越习惯于意气用事和“拍脑袋决策”。尽管在某些局部也会侥幸取得成功，但从整体和长远来看，却是有百害而无一利的。很多城市的“烂尾工程”、“鬼城鬼房”等形形色色的“烂摊子”，是对野蛮和非理性城市决策的惩罚和警示。其次，理性素质与科学理论的匮乏，也使一些城市管理和决策者从“务实”转向“务虚”、从“干实事”转向“讲大话”、从“真抓实干”转向“玩弄概念”，满足于各种“追星”行为并日益沉溺于“眼球效应”，为此往往不惜花费重金购买排名甚至自己出资雇用团队炮制排名，人为制造出种种浮华的城市表象。但这在本质上只是一种概念与数字的游戏，不仅掩盖了城市发展的真正问题与需要，也影响了自己的判断和决策，而最重要的是，如同各种不真实的事物一样，这些泡沫也很容易破碎和幻灭。

（3）转变模式，精明增长。

在度过了早期的混乱无序阶段后，中国城市群应自觉开启其注重效率、内涵和质量的 EOD 时代，摒弃过去“摊大饼”式的“跑马圈地”模式，彻底转变土地财政模式，以加强内部管理、调整产业结构、改变增长方式为主要手段，提高我国城市化的效率。尽管由于过去从中获利甚丰，要想一下子“断奶”会很痛苦。早在联合国 1996 年的《人类发展报告》中，就提出了“只增长不发展”的问题，并将之归纳为以下五种类型：无工作的增长（失业率高）、无声的增长（民主化程度）、无情的增长（贫富分化严重）、无根的增长（传统文化与文化多样性）、无未来的增长（环境问题）。就此而言，这五种不均衡、不可持续的“坏”增长模式，在我国三大城市群不同程度地存在着。如无工作的增长问题，在总体排名中位居第一的珠三角，尽管在就业率方面遥遥领先，但其失业率也远远高于其他两大城市群。而无根的增长问题也十分突出。近年来，随着城市化进程的不断加速，各城市群的传统文化资源也在急剧地消亡，尤其是一些城市的非物质文化遗产，其消失的速度已到了要以分钟来计算的危机关口。在某种意义上，规模庞大但效率低下的“产业化推动”（AOD 模式）、“交通推动”（TOD 模式）和“行政推动”（SOD 模式），是我国城市群增长面临不均衡、不可持续的根源。从发展阶段看，我国城市群目前正处在“效率”与“成本”的十字路口，对此可以借鉴美国的精明增长计划，确定适度和可承受的“增长界线”，合理划定城市群的层级体系与边界，科学处理城市区域与非城市区域的关系。同时，也要对美式精明增长的理念和内涵有所超越，综合考虑经济之外的其他城市要素，走出一条中国式的城市精明增长之路。

（4）保护环境，绿色增长。

环境保护与经济发展的矛盾不是新问题，而是与我国城市化进程相伴生，并且在未来相当长的时期内也不会终结。2007～2010年，三大城市群在经济快速增长的同时，环境与资源的魔咒也越念越紧。同时，随着我国西部大开发战略的纵深及中西部城市群（经济区）的陆续上马，由于后者主要以三大城市群为领头羊和模仿对象，环境保护与城市群经济的矛盾也出现了自东向西的传播和蔓延趋势。在我国三大城市群中，业已形成的“先污染、后治理”模式，已经使我国区域发展不堪重负。“我国‘十一五’期间经济发展造成的环境污染代价持续增长，环境污染治理和生态破坏压力日益增大，5 年间的环境退化成本从 5118.2 亿元提高到 8947.6 亿元，增长了 74.8%；虚拟治理成本从 2874.4 亿元提高到 5043.1 亿

元，增长了 75.4%。环境退化成本占 GDP 的比例为 3% 左右。”①在未来的城市群建设中，如果不能把环保与经济放在同等甚至更高更重要的位置，并以政策制度建设及严格的后期监管为“铁手腕”，中国的城市群的增长将从一开始就丧失了任何价值与意义。

（5）加强合作，协同发展。

在贸易自由化、生产国际化和金融全球化的背景下，由于各城市群在资源、要素、资金等方面具有互补性和差异性，是否参与区域内的合作并承担相应的层级智能，直接决定了各城市是否能够吸引和获得更多的资源和机会。与过去的“貌合神离”、“明争暗斗”相比，三大城市群中的各成员合作意识逐渐强化，长三角、珠三角地区在区域合作方面均有进展，如建立联席会议制度、交通一体化、旅游一体化等。但这些合作目前多以项目形式出现，而缺乏长期的、具有约束力的制度和体制机制。此外，各城市群内部的产业同构现象仍比较严重，从我国现有的政策和制度框架体系看，要想依靠城市群自身解决这些体制机制问题，以及解决由此产生的“产业同构”、“同质竞争”等问题，则明显缺乏可行性。只有通过自上而下的机制体制改革，理顺城市层级间的资源配置关系，建立合理的利益协调和补偿机制，才有可能逐渐解决城市群的协同发展难题。

（6）应对“罗马化”挑战，建设文化城市群。

在经济全球化背景下，人类城市面临的共同问题是“罗马化”，即“在物质建设上的最高成就以及社会人文中的最坏状况”。在西方，正如芒福德所说，人口过分密集，居住条件恶劣、经常的性感刺激、暴力和犯罪等，都是地道的“罗马传统”在复活。在

① 《环境污染治理成本 5 年增长 75.4%》，《南京日报》2010 年 12 月 29 日。

快速的城市化进程中，中国城市不同程度地实现了“物质建设上的最高成就”，但与此同时，其在“社会人文”等方面则陷入越来越严重的滑坡和危机中。如近年来城建上的“大跃进”和文化上的“三俗”，表明了“罗马化”的幽灵开始在中国城市的周围徘徊。城市的本质在于提供一种“有价值、有意义”的生活，但“罗马化”只有城市物质躯壳的扩张，并以彻底牺牲城市的文化功能为前提。物质基础雄厚、服务功能发达的三大城市群，本该是当代中华民族美好生活的核心空间和代表。但以近年来的“逃离北、上、广”和“大城市伪幸福”为代表，我们面临的却是这样一种深刻的悖论，即在大都市道路继续拓宽、新建筑层出不穷、人口大量增加等繁华表象的背后，对其本身的怀疑、失望、厌恶、憎恨，甚至敌视等极端心态与行为也与日俱增。这表明中国城市群患上了“文化病”，文化成为影响和制约中国城市群可持续发展的主要问题与关键矛盾。如同文化城市代表着城市发展的更高理想一样，文化城市群也代表了城市群发展的更高形态。三大城市群应自觉摈弃GDP崇拜，在以文化发展为我国城市群发展作示范的同时，也为世界城市群转型发展提供生动的中国经验。

（7）区别对待，整体推进。

区域发展不均衡是我国现阶段的总体特点，三大城市群也各有亮点和短板。京津冀城市群的文化指数较好，但首位指数较差；长三角城市群的经济增长指数较好，但生态指数较差；珠三角的人口、首位比指数较好，但文化指数较差。区别对待各城市群，针对其发展的特点、优势及劣势，制定专门的政策和规划，在促使各城市群优化发展的同时，整体推进我国城市群的发展质量和水平。在国家印发的长三角和珠三角发展规划中，已注意到区域发展不均衡的问题，并采取了区别对待、分类指导的原则，但深度和力度却明显不够。如在长三角和珠三角的产业定位上，两大规划中不约而同地使用了如下四点表述：优先发展现代服务业、加快发展先进制造业、大力发展高技术产业、改造提升传统优势产业。具体而言，在现代服务业中，又均以金融、物流、会展、旅游、信息、科技、文化创意、商贸等为主要内容，两者的重合率高达 90% 以上；在先进制造业中，则涉及现代装备、汽车、钢铁、石化，重合率为 100%；在新兴产业或高技术产业中，包括电子信息、生物制药、新材料、新能源，重合率也在 90% 以上。与之相比，反而是优势传统产业的差异较大，为不同城市群在产业上“错位发展”保留了空间。由此可见，“区别对待，整体推进”不能仅停留于概念或理论层面，应具体体现在每一项规划和政策中。只有这样，才能实现“大处着眼”和“细微之处见功夫”的良性结合与循环，达到以三大城市群的错位发展为路径，最终实现提升国家综合实力和竞争力的最高目的。

结　语

当今世界是城市世界，城市群具有核心与支配地位。城市群不仅是一个内涵空前复杂的“宏大叙事”，也是一场直接涉及亿万人利益和命运的现实进程。在全球化背景下，对我国城市群的发展现状、存在问题及未来展开客观理性的梳理和评估，既有助于把握我们生活于其中的当代现实世界的特征、主流和趋势，也有助于在理性引导和干预下重建一个更美好和更有意义的城市家园。

本着这一初衷，上海交通大学城市科学研究院以自主建设的

“中国城市群数据库”为基础，以自主研发的“中国城市群指数框架体系”为中心，对我国目前最发达的三大城市群进行了较为全面和深入的分析、总结和评估。

在具体分工上，首席专家刘士林制定了指数报告的整体框架，执行首席专家刘新静根据研究情况对框架进行了修订，同时带领课题组完成了数据库建设和初稿编写等工作。其他情况是，张懿玮兼职研究员主要参与了数据统计和计算工作，上海交通大学博士研究生孔铎、盛蓉、张书成，硕士研究生周捷、聂翔宇、王真参加了数据库建设，中国传媒大学文学院耿波副教授、华东理工大学艺术设计系主任于炜副教授、上海交通大学媒体与设计学院朱宁嘉副教授、博士研究生王晓静、马应福参与了相关的研讨。全书由刘士林、刘新静执笔，最后由刘士林统稿和加工，王晓静做了文字校对和润色，盛蓉承担了内容提要、目录等英译工作。

稍可告慰的是，通过本指数报告的研究和撰写，我们初步把握了中国城市群这个庞大家族的脉搏与节奏。同时，我们也希望通过持续不断的追踪和关注，不断地拓展研究对象的范围和研究问题的深度，使这项指数成为对中国城市群相对全面客观的成长记录和诊断报告，承载起“记录关键要素、再现本土经验、分析内在矛盾、阐释深层结构、创新发展理念、推动城市转型”的交大城市学派的科学理想与人文关怀。

参考文献

刘易斯·芒福德：《城市发展史——起源、演变和前景》，宋俊岭、倪文彦译，中

国建筑工业出版社，2005。

亨廷顿：《文明的冲突与世界秩序的重建》，新华出版社，2002。

简·雅各布斯：《美国大城市的死与生》，凤凰出版传媒集团，2006。

凯文·林奇：《城市意象》，华夏出版社，2003。

斯科特：《城市文化经济学》，中国人民大学出版社，2010。

戈特迪那：《新城市社会学》，上海译文出版社，2011。

科布：《后现代公共政策——重塑宗教、文化、教育、性、阶级、种族、政治和经济》，社会科学文献出版社，2003。

单霁翔：《从“功能城市”到“文化城市”》，天津大学出版社，2007。

张鸿雁：《城市文化资本论》，东南大学出版社，2010。

刘士林：《中国都市化进程报告 2011》，上海交通大学出版社，2011。

高小康：《都市发展与非物质文化遗产传承》，北京大学出版社，2009。

吴良镛：《中国城市发展的科学问题》，《城市发展研究》2004 年第 1 期。

刘士林：《都市化进程论》，《学术月刊》2006 年第 12 期。

刘士林：《文化城市与中国城市发展方式转型及创新》，《上海交通大学学报》2010 年第 3 期。

刘士林：《建设文化城市急需解决三大问题》，《中国文化报》2007 年 7 月 17 日。

刘士林：《中国城市发展的深层问题与文化自觉——刘士林教授在上海交通大学的讲演》，《文汇报》2011 年 8 月 8 日。

肖金成：《我国城市群的发展阶段与十大城市群的功能定位》，《改革》2009 年第 9 期。

沈玉芳：《长三角地区城镇空间模式的结构特征及其优化和重构构想》，《现代城市研究》2011 年第 2 期。

王书玉、卞新民：《江苏省阜宁县生态经济系统综合评价》，《生态学杂志》2007 年第 2 期。

蔡邦成、陆根法等：《江苏省经济的可持续发展评价》，《中国环境科学》2006 年第 4 期。

周伟、曹银贵、乔陆印：《基于全排列多边形图示指标法的西宁市土地集约利用评价》，《中国土地科学》2012 年第 4 期。

吴琼、王如松、李宏卿：《生态城市指标体系与评价方法》，《生态学报》2005 年第 8 期。

曾万涛：《中国城市群联市制研究：以长株潭为例》，东南大学出版社，2010。

周丹丹、江国成：《国务院提出 42 条促进经济、社会、文化等方面发展的重要意见》，新华社，2008 年 9 月 17 日。

朱宝琛：《〈珠江三角洲地区改革发展规划纲要〉正式发布》，《证券日报》2009 年 1 月 9 日。

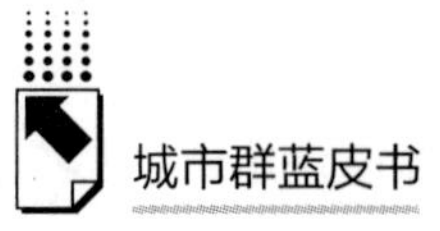

《中国城市群发展迅速增至 23 个功能定位日益清晰》，《人民日报》（海外版）2012 年 4 月 4 日。

肖金成、袁朱：《中国将形成十大城市群五城市群可能进全球十强》，《中国经济时报》2008 年 10 月 23 日。

吴齐强：《国务院批复罗霄山片区发展规划》，《人民日报》2013 年 1 月 20 日。

杨群：《上海经济总量突破 2 万亿元》，《解放日报》2013 年 1 月 22 日。

冯诚等：《江苏：人均 GDP 突破 1 万美元》，《新华每日电讯》2013 年 1 月 21 日。

周丹丹、江国成：《国务院提出 42 条促进经济、社会、文化等方面发展的重要意见》，新华社，2008 年 9 月 17 日。

朱宝琛：《〈珠江三角洲地区改革发展规划纲要〉正式发布》，《证券日报》2009 年 1 月 9 日。

黄征学：《城市群空间扩展模式及效应分析》，《中国经济时报》2007 年 4 月 9 日。

《环境污染治理成本 5 年增长 75.4%》，《南京日报》2010 年 12 月 29 日。

《中央关于制定十一五规划的建议》，新华网，2005 年 10 月 18 日。

陆培法：《中国城市群融合水到渠成　经济版图正在重新绘制》，新华网，2010 年 10 月 9 日。

《经济发展后遗症　长三角污染严重》，星岛环球网，2009 年 11 月 1 日。

John Kromer, Fixing Broken Cities: The Implementation of Urban Development Strategies, 2009.

Berman, Russell, *Modern Culture and Critical Theory*. Madison: The University of Wisconsin Press, 1989.

Featherstone, Mike and Scott Lash, eds., *Space of Culture*. London: Sage, 1999.

Richard Florida et al., "The Rise of the Megaregions", *Cambridge Journal of Regions, Economy and Society*, 2008, 1 (3): 459 - 476.

Lang, R., and Dawn Dhavale, Beyond megalopolis: Exploring America's new "megapolitan" geography. Metropolitan Institute Census Report Series, Census Report 05: 01, July. Alexandria: Virginia Polytechnic Institute and State University, 2005.

热　点　篇

Report on Hot Issues

B.2
环渤海地区风险投资发展分析报告

谈　毅[*]

摘　要：

环渤海地区不同省、市文化差异较大，行政区域对经济发展影响显著，经济发展呈梯度分布，所以该地区风险投资也呈多样化分布。其中，以北京、天津为主的经济发达地区的行业发展水平较高，资金渠道也非常丰富，风险投资发展处于领先地位。环渤海地区是我国风险投资行业极其活跃的三大区域之一，政府出台了很多相关的优惠和监管的政策，来促进和规范股权投资企业及其管理机构的健康发展。全球

* 谈毅，博士，上海交通大学党委宣传部副部长，中国风险投资研究院副院长、《中国风险投资年鉴》副主编，主要从事风险投资研究。

宏观经济不景气，环渤海地区的风险投资行业增幅缩减。从行业来看，2012 年文化传媒产业投资活动缩减，但未来发展前景依旧被看好。

关键词：

环渤海　风险投资　文化传媒

环渤海地区或称“环渤海经济圈”，地处华北地区，狭义上是指辽东半岛、山东半岛、环渤海滨海经济带，是中国北部沿海的黄金海岸，在中国对外开放的沿海发展战略中占重要地位。该区域内包括北京、天津、沈阳、大连、太原、济南、青岛、保定、石家庄等多座城市。区域内丰富的自然资源、齐备的基础设施、便利的交通网络、充裕的科技人才和较为发达的城市建设都为风险投资营造了良好的发展环境。

一　2012 年中国风险投资发展概况

2012 年，在世界经济持续低迷，欧债危机愈演愈烈的背景下，我国加强宏观调控，居高不下的 CPI 得到了有效的控制，中国宏观经济总体增长态势虽然未变，但增长速度逐步放缓，实体经济受到较大冲击。受这些因素影响，2012 年中国内地 VC/PE 市场基金募集较 2011 年有大幅下滑。

据中国风险投资研究院（CVCRI）统计，2012 年，中国内地已完成和正在募集（不包括拟设立机构/基金）的基金共 329 个，其中透露募资额的基金共278个，计划募集资本总额高达7342.94亿元。65家机构/基金已完成募集（不包括部分完成），募资额达798.34亿元，与2011年募资额相比大幅下降，平均每家机构/基金募集的风险资本规模高达12.28亿元，与2011年基本持平（见图1）。另有264家机构/基金正在进行募集，但没有披露募资是否完成，据统计这些基金的募资总目标规模将达到6544.61亿元，其中已募集到位674.10亿元。

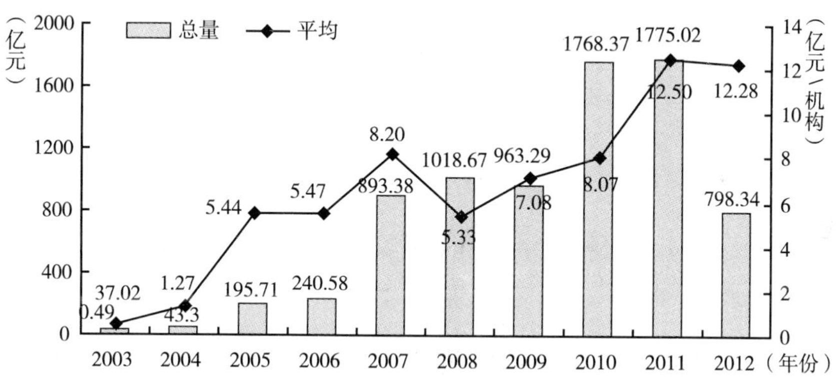

图1　2003～2012年我国新募集风险资本概况

2012年国内外风险投资机构共投资了987个项目，较2011年下降39.63%；其中披露投资金额的687个项目涉及投资金额1038.76亿元，投资规模较2011年下降54.85%，投资市场表现低迷（见图2）。

2012年，共有535家机构所投资的986个项目披露了被投资企业所在地，涉及投资金额1038.76亿元。从被投资企业数量和金额上看，环渤海地区、长三角地区、珠三角地区等沿海热点地区，引领着中国内地风险投资的浪潮（见图3）。

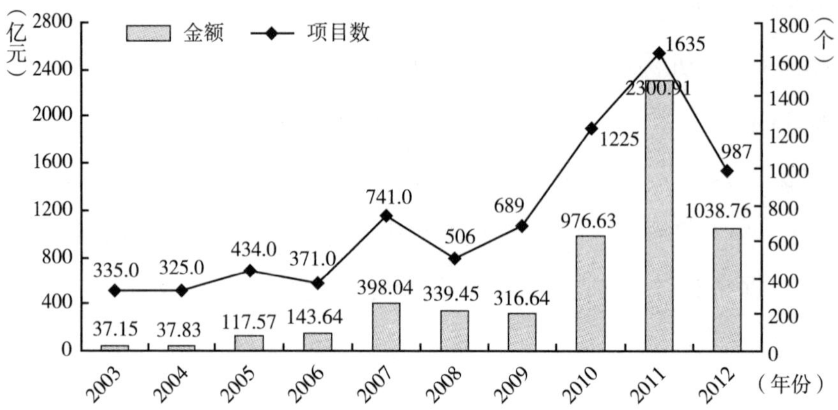

图2　2003～2012年样本机构风险投资规模

注：2003年、2004年仅为问卷调查数据。

二　环渤海地区风险投资发展现状

环渤海地区不同省、市文化差异较大，行政区域对经济发展影响显著，经济发展呈梯度分布，所以该地区风险投资也呈多样化分布。其中，以北京、天津为主的经济发达地区的行业发展水平较高，资金渠道也非常丰富，风险投资发展处于领先地位。据CVCRI统计显示，从被投资企业所在地来看，环渤海地区的投资数量为320起，占投资案例总数的32.45%；从投资金额来看，环渤海地区获得的投资金额为305.39亿元，占总金额的29.40%。其中，北京地区无论是在投资案例数量方面还是在投资金额方面均处于首位。

2012年是“十二五”时期的第二年，在全球经济面临复苏缓慢、通货膨胀、欧债危机等大的经济背景下，环渤海地区风险投资发展仍然受到了全国投资者的偏爱，主要呈现以下几点特征。

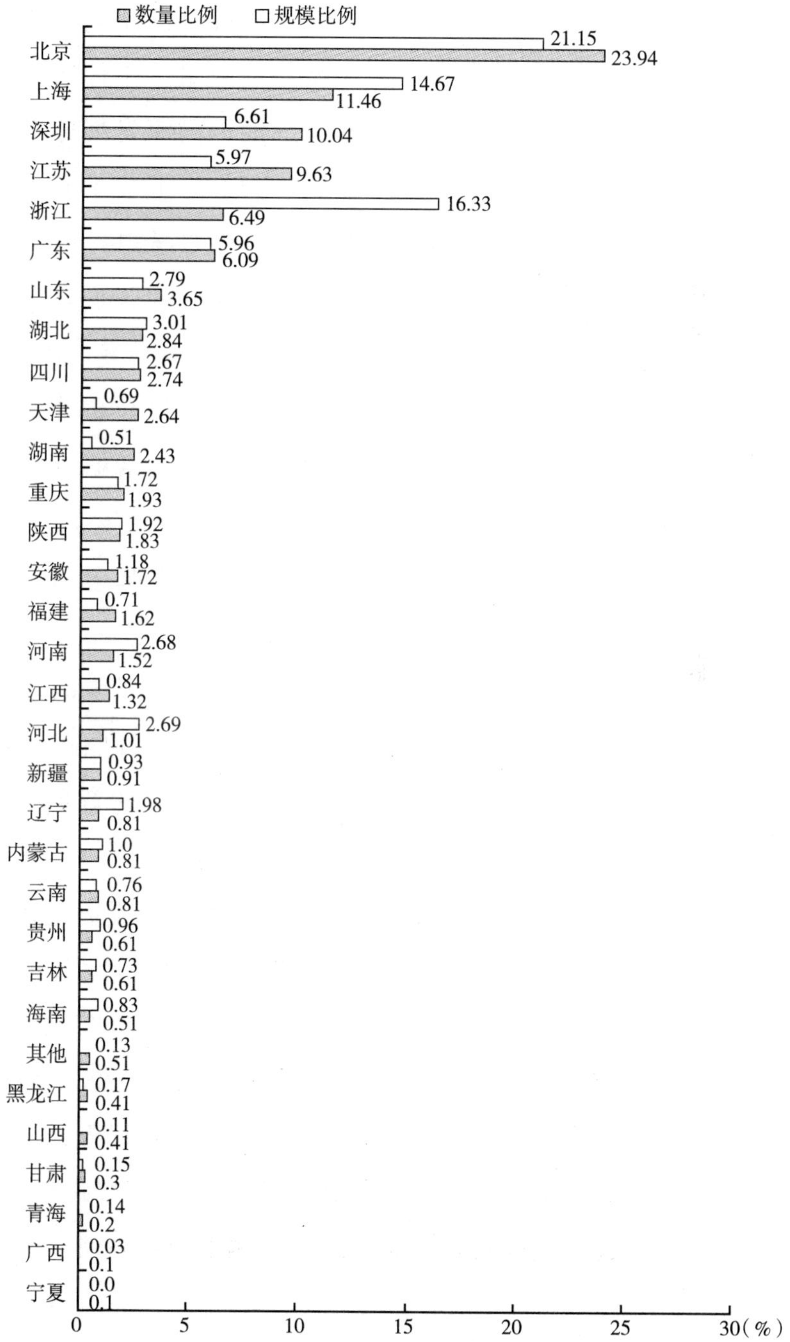

图 3　2012 年被投资企业地区分布

第一，环渤海地区是我国风险投资行业极其活跃的三大区域之一，政府出台了很多相关的优惠和监管的政策，来促进和规范股权投资企业及其管理机构的健康发展。根据国家发展改革委高技术司同财政部经济建设司颁布的《关于做好产业技术研发资金试行创业风险投资备选企业组织推荐有关工作的通知》以及《产业技术研发资金试行创业风险投资项目申报和管理若干要求（试行）》的有关要求，北京市发展改革委员会向各区县发展改革委、财政局，北京经济技术开发区管委会组织推荐2012年创业风险投资备选企业，积极促进北京市的产业竞争力，推动战略性新兴产业的发展。2012年10月15日，河北省人民政府办公厅出台了《河北省人民政府办公厅关于进一步加强社会保险基金监督管理工作的意见》。12月19日，山东青岛市人民政府办公厅出台了《转发市商务局关于进一步优化外商投资企业服务环境的实施意见的通知》；9月18日，日照市人民政府颁发了《日照市人民政府关于加强和改善金融服务支持小型微型企业发展的意见》（日政发〔2012〕30号）。

第二，全球宏观经济不景气，环渤海地区的风险投资行业增幅缩减。2012年，全球经济增长进一步放缓、欧债危机此起彼伏的背景下，全国股权投资业发展放缓，但是环渤海地区依旧凭借着优惠的政策和优越的地理环境受到投资者的热爱，投资活动相对于2011年来说投资案例和投资额度都有减幅，但是依旧活跃。在河北省内的投资活动中，规模最大的是北京盛世美林股权投资中心、北京恒丰美林投资管理有限公司向唐山三友化工股份公司注资入股8亿元。华夏天元（上海）股权投资管理有限公司、华菱津杉（天津）产业投资基金管理有限公司向沧州明珠塑料股份有限公司入股 1.14 亿元；华夏天元（上海）股权投资管理有限公司向保定天鹅股份有限公司入股 5010 万元；上海慧宇投资发展有限公司向衡水市的河北鑫耀矿山机械股份有限公司入股 5000 万元。传统产业化工业成为河北上半年私募股权投资的热点产业。化工业也是河北具备相对优势的七大传统支柱产业之一。

第三，从行业来看，2012 年文化传媒产业投资活动缩减，但未来发展前景依旧被看好。尽管 2012 年文化传媒产业融资规模锐减，因为文化传媒产业被国家纳入战略产业之一，一旦国家经济好转，资本市场调整过来，文化传媒企业将登陆资本市场。虽然文化产业 VC/PE 融资案例减少，但行业未来发展潜力仍被广泛看好。2012 年 8 月，山东省金融办、人民银行济南分行、山东银监局、山东证监局和山东保监局联合制定出台了《金融支持文化产业发展的实施方案》。根据该方案，山东省将大力推动文化企业改制上市融资。“十二五”期间，重点培育 100 家以上的文化企业。此外，山东省还积极推动文化企业到境内外资本市场上市融资。

三　环渤海地区重点城市——北京市风险投资发展概况

北京是中国最重要的金融中心和商业中心，诸多的金融机构、国家金融宏观调控部门、中国主要商业银行和政策性银行、全国性保险公司等都汇集于此。同时，北京还是大部分国有大型企业总部所在地、大量境外跨国公司中国地区总部所在地等。众多的 VC/PE 机构落户北京并从事风险投资活动。

（一）北京地区风险投资发展现状

北京地区的风险投资行业自1985年起，经过20多年的发展已经奠定了其在全国的龙头地位。北京已经形成了以中关村国家示范区、北京经济技术开发区、北京天竺出口加工区、北京中央商务区、金融街和工业开发区协调发展的格局。北京在扶持股权投资行业发展中付出的努力得到了有效回报，众多股权投资机构将北京作为注册地。目前，北京已成为私募股权投资中心，拥有中国最密集的私募股权投资网络。

北京地区的风险投资发展在全国都处于领先地位。根据CVCRI统计，从被投资企业所在的地域分布来看，北京地区的被投资企业的数量和获得投资金额都是最多的，其中，被投资企业有236家，占总的被投资企业的23.94%；北京地区获得的投资金额为219.66亿元，占总金额的21.15%。

从被投企业的行业分布来看，文化传媒业大幅降低，但北京的项目“青耕老年文化艺术大学项目”融资规模最大。2012年3月，北京青耕投资管理有限公司推出的“青耕老年文化艺术大学项目”，与深圳国粹红钻文化产业基金管理有限公司和深圳文化产权交易所签下协议，获得直接融资金额10亿元，涉及金额40亿元。国内最大的民营电视剧制作公司海润影视2012年从七弦投资和雷石投资获得的投资金额也达8亿元，宽带资本联合中金以4000万美元投资新型跨媒体公司东方风行的交易，成为影视音乐领域融资规模最高的两起。从行业来看，2011年，由于文化传媒行业在国家政策领域受到大力扶持，但是，2012年，由于一系列利空因素使得文化传媒行业VC/PE投资规模骤降，降低将近八成。文化传媒领域融资骤降的主要原因是，对于理性的 VC/PE 投资机构来讲，大环境不佳，投资策略趋紧，排队企业数量与日俱增，证监会对排队企业财务突击检查致使部分企业撤销上市申请等无利因素。其中，动漫、舞台剧、影视音乐领域虽有融资案例发生，但其不确定的赢利模式成为 PE 机构紧缩投资的主要原因。①

2012 年，受欧债危机和全球金融危机的负面影响，PE 通过 IPO 上市退出越来越难，PE 开始寻求新的退出渠道，使 PE 退出方式呈现多元化。2012 年 6 月 28 日，北京金融资产交易所与北京产权交易所、北京股权投资基金协会、北京股权登记管理中心共同发起设立“中国 PE 二级市场发展联盟”，旨在掌握市场的内在运行规律并建立一套适合中国 PE 市场发展特性的交易规则体系和交易服务体系，以完善 PE 退出渠道，在确保参与者私密性的前提下，规范 PE 基金份额及 PE 基金所投项目的交易行为，保障交易双方的合法权益，并提供了最大的流动性。②

2012 年 9 月 7 日，上海张江、武汉东湖、天津滨海及北京中关村园区的 8 家企业在京集体挂牌登陆“新三板”市场，京“新三板”扩容正式拉开帷幕。在宏观经济形势低迷、VC/PE 行业持续疲软、资本市场内外交困的背景下，“新三板”扩容的启动一方面可以提供大量可投项目供 PE 机构选择，另一方面也为其手中存量股权投资项目开辟了新的可靠退出渠道。③ 同时，PE 的上游行业——PE 母基金却进入了前所未有的活跃期，在北京，2012 年涌现了盛世投资、鼎晟天平、道合金泽、诺承投资等从事母基金业务的民营企业。

---

① 《文化传媒融资将近八成》，《经济导报》2013 年 1 月 16 日。

② 《每日经济新闻》2012 年 6 月 29 日。

③ 《2012 年中国 PE 行业“冬寒十景”》，《国际商报》2012 年 12 月 28 日。

（二）北京地区风险投资环境与政策

2012 年 11 月 22 日，北京市金融局正式印发了《北京市交易场所管理办法（试行）》（以下简称《管理办法》）。该《管理办法》的适用范围包括在北京市行政区域内依法设立的，从事权益类交易（如产权、股权、债权、林权、知识产权、金融资产权益等）、大宗商品交易（如钢铁、石油、棉花、粮食等）以及其他标准化合约交易的交易场所，包括名称中未使用“交易所”字样的交易场所。《管理办法》明确规定了交易场所的开设门槛：“新设交易场所名称中使用‘交易所’字样的，注册资本最低限额为人民币 1 亿元。其他新设交易场所注册资本，最低限额为人民币 5000 万元。”为了防范条文防控交易所的风险，加强对交易场所公司治理、管理人员与核心业务的监督管理，交易场所严厉规定，交易场所不得将任何权益拆分为均等份额公开发行，不得采取集中竞价、做市商等集中交易方式进行交易；不得将权益按照标准化交易单位持续挂牌交易，任何投资者“买入后卖出”或“卖出后买入”同一交易品种的时间间隔不得少于 5 个交易日；除法律、行政法规另有规定外，权益持有人累计不得超过 200 人；不得以集中竞价、电子撮合、匿名交易、做市商等集中交易方式进行标准化合约交易。

2012 年 12 月，北京市财政局同北京市经济信息化委联合出台了《北京市支持中小企业创新融资资金管理实施细则》，以此来缓解北京市中小微企业融资难，鼓励和引导中小微企业以及金融服务机构开展有效地融资创新，支持中小微企业通过集合债券、集合票据、集合信托、融资租赁、私募债等方式融资。

（三）北京市重点区域——中关村风险投资发展概况

1. 中关村风险投资发展现状

中关村是辐射全国科技金融创新体系的试验田，培育了大批高科技创新企业、集聚了大量科技金融服务资源，对推动北京地区乃至全国经济的发展均起到举足轻重的作用。“十一五”时期以来，中关村地区发生的创业投资案例和投资金额均占全国的1/3左右。中关村代办试点工作进展顺利，204家企业参与试点，挂牌企业达到134家，为建设同意监管下的全国场外交易市场积累了经验、奠定了基础。中关村上市公司群体加速壮大，上市公司总数达到224家，创业板上市62家，其中境内145家，境外79家，累计IPO融资额超过1900亿元，“中关村板块”效应增强。[①]

截至2012年10月31日，中关村经济总体运行保持良好的势头，总收入规模超过1.7万亿元，同比增长超过20%；工业总产值4732.3亿元，同比增长14.2%，约占北京市的40%，自2013年初以来增速一直高于北京市10个百分点左右。预计2012年全年，中关村企业实现总收入超过2.3万亿元，同比增长20%以上；实现增加值占北京市的比重有望达到20%，对首都经济增长的贡献在25%左右。[②]

在国家和北京政府的各项支持下，进一步推动者中关村股权投资的发展。背靠着众多具有上市潜力的高科技企业，众多VC/PE落户中关村，被投资企业的数量和投资金额快速上升。截至2012

---

① 《中关村建设国家科技金融创新中心意见正式发布》，中国创新网，2013年6月14日。

② 《中关村企业总收入预计将超过2.3亿万元》，千龙网，2013年6月14日。

年9月，在VC/PE支持的上市企业方面，中关村科技园区上市数量占北京地区达87.5%，融资额占北京地区55.7%[①]，其中2012年上半年，北京地区新增IPO企业21家，融资总额29.6亿美元，其中，仅中关村科技园区上市企业数量及融资额占比就高达85.7%及79.9%，分别为18家、23.65亿美元。另外，有VC/PE支持的上市企业方面，中关村科技园区上市数量及融资额在北京地区中的占比分别达87.5%及55.7%。

2. 中关村风险投资发展环境与政策

中关村被定义为国家科技金融创新中心和全国自主创新示范区，聚集了大量的科技金融服务资源。同时国家政府也出台了政策来支持中关村打造成科技金融创新中心。2012年8月，国家发改委、科技部、证监会等九部委同北京政府联合出台了《关于中关村国家自主创新示范区建设国家科技金融创新中心的意见》（以下简称《意见》），这也是我国首个科技金融领域的国家级指导性文件。《意见》中积极提出，参与建设统一监管下的全国场外股权交易市场，拓宽科技企业直接融资渠道，推动股权投资基金发展，积极支持在中关村设立和发展股权投资基金，有利于示范引领和辐射带动全国科技金融创新体系的形成，为抢占全球科技创新和高技术产业发展新的战略制高点提供有力支撑。近年来，中关村的科技企业在IPO和新三板的优势明显，该《意见》的出台，使VC/PE加快在中关村科技企业的投资布局。

2012年12月，中关村科技园已经从国务院获得批复，要从“一区十园”扩大为“一区十六园”。北京16个区县都将拥有一个

① 《中关村打造科技金融创新中心 VC/PE 加速布局》，中金在线，2013年6月14日。

分园，能够分享中关村科技园在重大项目、政策先行先试、体制机制创新方面的政策红利。并且，中关村以此扩容为契机，使制造业成为招商引资的重点，重新加大北京市制造业的发展。

2012 年，政府继续加大了对中关村的政策扶持，无论是国家政策，还是地方政策都对中关村的 VC/PE 发展起到了重大的支持促进作用。2012 年国家出台的支持政策有，8 月国家九部委同北京市政府联合发布了《关于中关村国家自主创新示范区建设国家科技金融创新中心的意见》；中国证监会、科技部联合出台《关于支持科技成果出资入股确认股权的指导意见》（2012 年 11 月 15 日）；2012 年 12 月《国务院关于同意调整中关村国家自主创新示范区空间规模和布局的批复》（国函〔2012〕168 号）等。北京市政府也出台了相关的政策，《关于中关村国家自主创新示范区建设国家科技金融创新中心的意见》（京政发〔2012〕23 号），北京市委、市政府出台了《关于进一步加快推进北京经济技术开发区发展的意见》（以下简称《发展意见》）（2012 年 12 月 9 日）。中关村示范区也从创业投资风险补贴、资金管理、融资租赁及人才方面出台了相关管理办法及政策。2012 年，国家及地方出台的与中关村相关的政策和法规具体见表 1。

表 1　2012 年国家及地方出台的与中关村相关的政策与法规

政策层面	出台时间、政策名称及出台方
国家相关部门出台的政策	8 月，国家发改委、科技部、证监会等九部委同北京市政府联合发布了《关于中关村国家自主创新示范区建设国家科技金融创新中心的意见》
	11 月 15 日，中国证监会、科技部联合出台了《关于支持科技成果出资入股确认股权的指导意见》
	12 月，国务院下发了《国务院关于同意调整中关村国家自主创新示范区空间规模和布局的批复》（国函〔2012〕168 号）

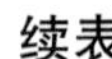
续表

政策层面	出台时间、政策名称及出台方
北京政府部门等出台的相关政策	《关于中关村国家自主创新示范区建设国家科技金融创新中心的意见》(京政发〔2012〕23 号)
	12 月 9 日,北京市委、市政府出台了《关于进一步加快推进北京经济技术开发区发展的意见》(以下简称《发展意见》)
中关村示范区出台的相关政策	3 月 6 日,《中关村国家自主创新示范区企业购买中介服务支持资金管理办法》(本办法自 2012 年 2 月 1 日开始实施)
	6 月 5 日,《中关村国家自主创新示范区创业投资风险补贴资金管理办法》(中科园发〔2012〕28 号)
	6 月 6 日,《中关村高端人才创业基地支持资金管理办法(试行)》(中科园发〔2012〕29 号,本办法自 2012 年 6 月 6 日开始实施)
	10 月 19 日,《中关村国家自主创新示范区大学科技园及科技企业孵化器发展支持资金管理办法(试行)》(中科园发〔2012〕55 号,本办法自 2012 年 10 月 19 日开始实行)
	10 月 15 日,《中关村国家自主创新示范区国际化发展专项资金管理办法(试行)》(本办法从 2012 年 10 月 1 日开始实施)
	10 月 29 日,《关于支持瞪羚重点培育企业的若干金融措施》(本措施从 2012 年 10 月 29 日开始实施)
	9 月 21 日,《中关村国家自主创新示范区融资租赁支持资金管理办法》(本办法从 2012 年 9 月 21 日开始实施)
	9 月 24 日,《关于中关村国家自主创新示范区促进融资租赁发展的意见》
	9 月 24 日,《中关村国家自主创新示范区融资租赁支持资金管理办法》
	11 月 5 日,《中关村国家自主创新示范区产业技术联盟专项资金管理办法》(本办法从 2012 年 11 月 5 日开始实施)
	12 月 21 日,《中关村战略性新兴产业集群创新引领工程(2013 ~ 2015 年)》

资料来源：中关村投融资网。

四 环渤海地区重点城市——天津市风险投资发展概况

（一）天津市风险投资发展现状

凭借国家和市政府对天津市的政策优惠和政策引导，天津近两年在风险投资行业实现了爆炸式的增长，一直是PE投资的热土。2012年，天津政府开始加强PE的监管，进行了风险投资行业整顿。根据CVCRI统计，2012年天津地区有被投资企业26家，占全国被投资企业总数量的2.64%；天津地区获得的投资金额为7.13亿元，占全国投资总额的0.69%。截至2012年7月，在天津新区注册的股权投资投资基金已达2177家，注册（认缴）资本突破4363亿元，基金数占全国的2/3。[①]

天津股权交易所，是2008年9月在天津滨海新区注册营业的覆盖全国的多层次场外交易市场体系（OTC），主要为成长型企业、中小企业和高新技术企业以及私募基金提供快捷、高效、低成本融资，已成为天津滨海新区乃至全国范围内金融创新的典范。截至2012年12月底，天交所已与26个省（自治区、直辖市）的36个城市签订合作计划，共计挂牌企业245家，总市值超过220亿美元，其中科技创新板共有94家挂牌企业，注册的投资人数达到16241人，创造总市值达2303863万元，平均市盈率达8.06[②]倍，

① 《新区鼓励融资机构落户，股权投资基金占全国2/3》，北方网，2013年6月14日。

② 天津股权交易所网站。

覆盖了节能环保、新兴信息产业、生物产业、新材料、高端装备制造业等行业。截至2012年，天交所市场已有15家企业摘牌并启动到创业板、主板或海外上市程序，2家企业被上市公司并购间接上市，1家企业被同行优势企业并购，14家企业完成了对同行业企业进行并收购重组。

为了充分发挥股权基金集聚发展的优势，缓解制约科技中小企业融资难的问题，2012年1月，天津市发改委联合市科委，成立了天津创投之家，作为搭建股权投资基金、各类创新型金融机构与科技型中小企业对接的市级服务平台，形成助推“科技小巨人”成长的长效机制。2012年9月7日，创投之家最终帮助甘肃敬业农业科技有限公司获得金粟股权投资基金等4家基金共计2.3亿元的投资，是创投之家自成立以来对接的首个重大投资项目。

天津股权投资基金中心，是中国国内第一家成立的专业从事股权投资基金服务的平台，是天津金融改革创新的重要组成部分。截至2012年底，通过天津股权投资基金服务中心落户的基金管理公司已达到366家，项目投资成功累计152个，涉及200多亿元的资金。①

（二）天津市风险投资环境与政策

近年来，天津市在私募股权投资方面的发展取得了巨大发展，同时，对股权投资企业和股权投资管理机构进行了规范管理，防范和化解行业风险。为了贯彻落实国家发展改革委办公厅的《关于促进股权投资企业规范发展的通知》（以下简称《通知》），结合

① 天津股权投资基金中心网站。

《天津股权投资企业和股权投资管理机构管理办法》（以下简称《管理办法》），天津市发改委、天津市人民政府金融办等五个部门于2012年3月联合制定了《天津股权投资企业和股权投资管理机构管理办法补充通知》（以下简称《补充通知》），在《补充通知》中，逐渐提高了PE的准入门槛，对股权投资企业和股权投资管理机构作出了进一步的规定；协作工商管理机构和托管银行，建立了股权投资企业和股权投资管理机构的信息统计制度；细化了《通知》和《管理办法》的相关规范操作和处罚措施，进一步明确了股权投资企业的备案制度；加强了对股权投资企业的资金进行全流程的监管力度。

2012年6月，根据国家关于资本市场改革发展的有关精神，天津市政府转发了市金融办等七个部门《关于进一步推动我市企业上市工作的意见》和《关于支持我市企业上市融资加快发展有关政策》，采取多项措施，加快天津科技型企业发展和打造科技“小巨人”企业，扩大直接融资规模和比重，促进经济持续快速健康发展。

（三）天津市重点区域——滨海新区风险投资发展概况

天津滨海新区位于天津东部沿海，依托京津两大直辖市，拥有中国最大的人工港、最具潜力的消费市场和最完善的城市配套设施。凭借着得天独厚的地理位置和资源，滨海新区已成为先进制造业产业区、滨海旅游区等著名的功能区。天津滨海新区拥有全国唯一聚集了国家级开发区、保税区、高新区、出口加工区报税物流园区和中国面积最大、开放度最高的保税港区。天津滨海新区一直作为全国加快开发开放的重大战略实验区，拥有优越的投资融资环

境，包括投融资优惠政策、地理位置等，都对风险投资的健康发展起到了促进的作用。

经过多年发展，截至2012年12月，滨海新区已经实现对外投资项目近百个，年产值近千亿元，年利润进百亿元，并且，依靠新区的产业研发平台，增加科研技术投资能力，实现良性的产业循环。2012年，滨海新区积极开拓国际市场，进一步实行“走出去”政策。新增对外投资项目达到24个，涉及粮油加工、机械制造、新能源、新材料、租赁融资等高科技含量、高附加值产业等，总额达到12亿美元，其中的11家高新企业参与了国际工程承包业务，达12.2亿美元，比2011年同比增长一倍多。

近两年，天津滨海新区风险投资的发展得到了蓬勃发展。2012年2月，为了进一步整顿风投行业秩序，防范区域性金融风险，提升天津风投行业的经营规模水平和质量，天津市滨海新区出台了新的PE注册政策。新政主要调高了两个方面的门槛：一是PE基金管理机构最低注册资本为1000万元人民币的货币资金，且须实缴；二是自然人（个人出资者）作为股权投资基金或基金管理企业出资人时，须向滨海新区工商部门提交由监管服务办公室认可的信用评级公司出具的《出资人出资能力征信报告》，以便于工商部门审核出资者的收入来源是否合法合规，并通过独立第三方机构了解其后续出资能力。这样避免了空壳基金注册为PE机构享受优惠政策，做实了合格投资人制度，杜绝了风险隐患。

为了加快发展科技金融创新，滨海新区出台了《关于加快科技型中小企业发展的实施意见》，旨在培育一批“顶天立地”的大型科技企业机关和自主创新能力强、市场占有率高的“科技小巨人”。滨海新区提出了《天津滨海高新技术产业开发区支持科技型中小企业发展的鼓励政策》对上一年度销售收入在5000万元以上，收入增速超过30%；销售收入1000万~5000万元，收入增速超过50%或连续两年平均增长超过40%的企业；给予20万~50万元的无偿资金支持。对符合上述增长条件，当年销售收入超过亿元的企业，给予最高60万元的一次性无偿资金支持。支持资金主要用于企业制定发展战略、提升企业家管理能力，打造品牌形象，提升企业文化，增强企业核心竞争力等，截至2012年8月，已支持10家企业，落实资金1291万元。

滨海新区已成为我国融资租赁业的集聚区和示范基地，处于全国融资租赁业中的领先地位。为了创新企业业务模式，降低融资租赁企业的运营成本，2012年7月，财政部、海关总署、国家税务总局又下发《关于在天津东疆保税港区试行融资租赁货物出口退税政策的通知》(财税〔2012〕66号文)，同意在天津滨海新区东疆保税港区注册的融资租赁企业的融资租赁出口货物试行退税政策。

参考文献

《文化传媒融资将近八成》，《经济导报》2013年1月16日。

《每日经济新闻》2012年6月29日。

《2012年中国PE行业“冬寒十景”》，《国际商报》2012年12月28日。

《中关村建设国家科技金融创新中心意见正式发布》，中国创新网，2013年6月14日。

《中关村企业总收入预计将超过2.3亿万元》，千龙网，2013年6月14日。

《中关村打造科技金融创新中心VC/PE加速布局》，中金在线，2013年6月14日。

《新区鼓励融资机构落户，股权投资基金占全国2/3》，北方网，2013年6月14日。

天津股权交易所网站。

天津股权投资基金中心网站。

B.3

国家区域发展规划中的文化政策问题研究

王晓静 *

摘　要：

区域文化政策主要分为保护与发展区域文化两大类，通过界定其不同功能得出区域文化政策无法上升为法律的原因在于管制功能太过强大。本文指出由于政策制定者存在“过客心态”与“旁观心态”导致了现有区域文化政策存在缺乏体系、内容及定位雷同、主观性太强、重硬轻软、多宏观及长期规划和政策效果不明六大问题，提出制定文化发展法规、构建区域文化政策体系及评价指标体系、组建专家队伍评估和指导规划编制、邀请民间文化工作者听证政策出台、以政府扶持或购买乡土文化品牌的形式提升区域文化品位和建立文化政策数据库等建议。

关键词：

区域发展规划　文化政策　区域文化发展

20 世纪 90 年代末，我国陆续出台了西部大开发、促进中部崛

* 王晓静，上海交通大学媒体与设计学院博士研究生，主要研究方向为都市文化、区域政策、文化产业等。

起和振兴东北老工业基地区域发展战略。自21世纪以来，特别是从第十一个五年规划开始，我国将“国民经济和社会发展计划”改为“国民经济和社会发展规划”，为加强对区域发展的指导，推进区域经济的科学发展，又陆续出台和批复了广西北部湾经济区发展规划、珠江三角洲地区改革发展规划纲要、黔中经济区发展规划、中原经济区发展规划等多个区域性政策文件。出现区域规划的编制工作从地方层面上升到国家层面的趋势，政府和学界将这些由国家批复实施的区域性规划称为“上升为国家战略”。区域规划作为区域管理中最有成效的一种协调手段，目前也越来越得到城市管理者与政策研究者的重视，但以往对区域发展规划的研究主要集中在对国外区域规划理论的引介及本土化应用（吴之凌，2009）、区域经济空间规划（刘乃全，2005）、区域政策内容演变（石碧华，2010）及区域资源、空间、管理体系（何丹，2011）等方面。

中国区域发展研究向来有“重富”传统，长期以来，区域规划以经济增长为中心，因此，促进区域协调发展、保持经济平稳增长及保护区域生态环境等具体内容的出发点都是为了培育和加强区域经济增长点。自国家“十二五”规划明确提出要“坚持社会主义先进文化前进方向，弘扬中华文化，建设和谐文化，发展文化事业和文化产业，满足人民群众不断增长的精神文化需求，充分发挥文化引导社会、教育人民、推动发展的功能，增强民族凝聚力和创造力”之后，从文化大发展大繁荣的角度切入区域发展规划的编制，成为近年来各级政府编制区域规划工作的重心，但从区域发展规划角度展开的文化政策研究还不多。“区域”作为一个地理学概念，常以地理和经济特征为划分基础。从“沿海”、“内地”的两分法，到东部、中部和西部的三大地带，再到最热门的“主体功能区规划”，鲜少有从文化角度进行的区域划分，但正如江南文化、岭南文化之于齐鲁文化、西域文化的显著区别，各区域在文化上的差异往往更深入人心，因此，对现有的国家级区域规划中文化内容的研究就显得尤为紧迫，只此，方可看出我们国家在“文化强国战略”下实施的系列步骤的合法性与合理性。

一　区域发展规划中文化政策的分类及特点

目前已得到国家有关领导部门批复的区域发展规划层出不穷、花样繁多，已基本覆盖全国各个省市。内容上主要是区域社会经济发展的总体规划，包括土地利用、城镇建设、基础设施和公共服务设施布局、环境保护等方面作出的总体部署，并且常把文化方面的内容和教育、体育、卫生、社会福利与社会保障等内容一起写入“社会事业”章节里，而按照“教科文卫体”的惯例划分，本文所涉及的文化政策内容仅仅是撇除了教育、卫生、体育、科技等其他领域政策的一种政策形态，另外，很多规划将文化产业政策放置在产业发展大类下，但是考虑到文化产业的特殊属性，本文也将其列入考量范围内。另外，文化政策作为公共政策的一个组成部分，在功能上基本可分为管制、引导、调控、分配四类。在不同的文化活动领域有针对性地偏向某一功能，是文化政策区别于其他政策的一个特点。具体来讲，文化政策的管制（制约、禁止）功能一般体现在“文化市场管理”、“文化体制改革”、“网络文化建设”等方面；文化政策的引导功能一般体现在“城市文化品牌”、“城市精神塑造”等方面；文化政策的调控（调节、控制）功能一般体现在“旧城改造”、“文物开发与保护”等方面；文化政策的分配功

能一般体现在"文化设施建设"、"文化资源共享"等方面。具体分类及功能见表1。

表1　区域文化政策主要内容分类及功能

一级分类	二级分类	三级分类及主要细目	主要功能
1. 区域文化保护政策	1.1 区域物质文化保护政策	1.1.1 文物保护:碑刻、建筑、历史风貌区保护等	调控
		1.1.2 城市格局保护:旧城改造与城市化建设等	调控
		1.1.3 生态环境保护:自然资源保护等	调控
	1.2 区域非物质文化保护政策	1.2.1 文化资源保护:扶持非物质文化遗产传承、保护名人资源等	调控
		1.2.2 民俗文化保护:举办节庆活动等	分配
		1.2.3 地方文化保护:城市品牌塑造、农村文化保护等	引导
2. 区域文化发展政策	2.1 区域文化事业发展政策	2.1.1 文化体制改革:文化事业单位改制、文化人才培养及引进等	管制
		2.1.2 公共文化服务:文化设施建设、提供公共文化产品、文化交流、共享及文化安全等	分配
		2.1.3 精神文明建设:公民道德教育、建设学习型社会、和谐社会、城市精神等	引导
	2.2 区域文化产业发展政策	2.2.1 文化市场管理:规范文化产品生产、消费等	管制
		2.2.2 旅游业及文化产业园区建设:各类型旅游业开发、文化产业园区(基地)建设项目等	管制
		2.2.3 新兴文化产业发展:扶持会展、动漫、网络游戏等产业	引导
		2.2.4 文化企业规范:监督影视、娱乐、媒体、印刷、艺术培训等文化企业活动等	管制

由表1可知，由于区域文化政策在功能上仍偏向管制与调控，引导与分配功能显得孱弱无力，显示了区域文化政策的可接受度较差、上升为法律的可能性也较低，因此，不利于政策效果的最大化实现。

另外，通过研究发现，区域规划中的文化政策在制定程序上存在两个特点。

（1）区域规划的上报主体一般是该区域首位城市的人民政府、区域各省省人民政府或两者联合上报。编制主体一般也是政府的相关政策研究机构，但一般不予对外公布，即政策的生产者实际上并不享受政策效果的正面影响，也不用承担可能的决策失误后果。

（2）出台或批复此类区域规划的部门一般是国务院，也有以国家发展和改革委员会或住房和城乡建设部等具体部委作为批复的发文机关的，但较多出现的是国家发改委，其他较少。这与国家发改委的职能密切相关，国家发改委有“组织拟订区域协调发展的战略、规划和重大政策”的职能。

在内容上又有如下四个特点。

（1）从历史演变来看，近几年的政策内容对于文化的关注度逐年提升，大致体现出从粗到细、从少到多的特点。“从粗到细”具体是指，文化政策内容从纲领性地提出发展目标丰富为对具体文化产业类别或文化设施的建设指导；“从少到多”指的是，关于文化建设的条目、范围逐年增加、细致、全面。

（2）“文化”与“产业”关系密切。大部分文化政策中将文化产业归入现代服务业提出实施目标与细则，主要为了强调文化产业对当地产业转型起到的带动作用，其中，发展会展业、旅游业几乎成为所有区域文化建设的必经之路。另外，数字出版、动漫游戏、移动多媒体等新兴文化产业也成为各地竞相追捧的热门支柱性产业。在全国一盘棋大力开展“文化强国”战略的当下，文化产业作为新兴产业成为转变各地经济生产方式的一种普适方式。

（3）强调文化事业建设。推进公共文化服务体系建设，加强非物质文化遗产保护与传承是每个区域在制定发展规划时普遍关注

的问题。由于文化又具有很强的意识形态特点，因此强调文化事业的社会效益，统筹考虑城乡之间的协调发展也是迎合了和谐社会建设的需要。各地都提出要大力推进文化信息资源共享工程，特别是对农村文化建设格外重视，除了加强县级图书馆和文化馆、乡镇综合文化站、社区文化中心和村文化室等的建设之外，还有诸如“十分钟文化圈”、“十里文化圈”、文化下乡活动、农村电影公益放映工程和农家书屋等具体惠农工程。

（4）注重文化资源的可持续利用与坚持文化创新成为推动区域经济发展的一大要素。“文化建设通过对反映社会群体利益、愿望和意志的理想信念以及价值标准、道德风尚、行为规范等的确立，有利于形成适应经济发展的先进文化理念和文化环境，支配人的行为，调节社会关系，为经济的发展提供强大的精神动力，激发起经济主体巨大的主动性、积极性和创造性，从而产生创造力，推动经济迅速发展。”[①] 因此，部分区域发展规划中开始重视地方文化的保护与可持续开发，以文化创新的形式推动区域经济整合。

二　区域发展规划中文化政策的主要问题

区域发展规划的初衷一般都是以“1+1>2”的美好理想以增强区域内各城市整体实力的提升，而在以“经济建设”为主要目标的规划中加入“文化”内容，也是出于这一“强强联手”的现实意图，正如被专家反复讨论的“中国式城市化”类似的，“中国式区域文化政策”也难免存在种种“生产过程中的阵痛”。仅以以

① 彭宗平：《区域文化与区域经济发展对策》，《区域经济与产业经济》2010年第5期。

上几个特点来说，一方面它们表现出了有关部门在制定政策时的普遍关注点；另一方面，也对应投射出了六个问题。

第一，文化政策缺乏体系。我国至今没有一部成文的文化法，导致各类文化政策没有可依据的法律支持，甚至连文化政策的内涵也不确定。虽然，国内外学者都对“文化政策”的概念做过一些界定，如吴鸣认为：“文化政策是国际组织和政府机构，在一定时期为实现文化发展特定目标，通过政策成本与政策效果的比较，对与文化发展相关的社会公私行为所作出的有选择性的约束和指引。”[①] 邱明正指出：“文化政策是一定社会特定时期文化运行规则的体现，是文化生长、发展的自我规范、自我约束机制，是国家对文化生产、文化流通、文化消费有目的有组织地自觉指导和有效管理、监督的重要依据，直接制导着文化发展方向、方针的贯彻执行，规定着文化增长的动力。”他还认为，文化政策是国家政策体系中的一个不可或缺的组成部分，是一个国家、民族特定时期制度文明的显现。[②] 胡惠林将文化政策界定为：“文化政策是国家在文化艺术、新闻出版、广播电视、文物博物等领域实行意识形态和行政管理所采取的一整套制度性规定、规范、原则和要求体系的总称，是有别于教育政策、科技政策的一种政策形态。”[③] 钱国旗认为，文化政策是统治阶级实施文化管理和意识形态统治所采取的规章制度、原则要求、战略策略的总称，直接表现了统治阶级在特定历史时期的文化自觉、文化意志与政治利益。[④] 毛少莹认为：“所

① 吴鸣：《公共政策的经济学分析》，湖南人民出版社，2004，第 4 页。

② 胡惠林：《文化政策学·序》，上海文艺出版社，2003，第 2 页。

③ 胡惠林：《文化政策学·序》，上海文艺出版社，2003，第 1 页。

④ 钱国旗：《历代文化政策及其得失》，《青岛大学师范学院学报》2007 年第 4 期。

谓文化政策，即社会公共权威在特定情境中，为达到一定的文化目标而制定的行动方案或行动准则。其作用是规范和指导有关机构、团体或个人的行动，其表达形式包括法律法规、行动规定或命令、国家领导人口头或书面的指示，政府大型规划、具体行动计划及相关策略等。”[①] Cunningham 认为文化政策研究指的是使用管理公共财物的方法来对文化进行管理。[②] 1988 年，联合国教科文组织在斯德哥尔摩召开的“文化政策促进发展”政府间会议指出：“文化政策是发展政策的基本组成部分。”但至今没有一个统一的表述与界定，许多区域规划中对于文化内容的规划比较随意，不仅没有统一的内容范围，而且分类也较混乱，如各区域规划将文化内容放在“社会事业”、“公共服务”、“社会建设”、“基础设施”等各种类别下面；如大部分区域规划将“文化事业”与“体育”归为一类等现象，表现了文化规划的制定者在缺乏系统理论指导的情况下逻辑不清、判断不明的现实困境。

第二，政策内容及定位雷同。“上有好者，下必有甚者。”《中共中央关于制定国民经济和社会发展第十一个五年规划的建议》的“加强社会主义文化建设”一篇，主要强调“加强思想道德建设”、“丰富人民群众精神文化生活”、“深化文化体制改革”；《中共中央关于制定国民经济和社会发展第十二个五年规划的建议》的“传承创新推动文化大发展大繁荣”，则强调“提高全民族文明素质”、“推进文化创新”、“繁荣发展文化事业和文化产业”。细读

---

① 毛少莹：《中国文化政策 30 年》，文化发展论坛网，http：//www. ccmedu. com/bbs35_75790. html。

② Cunningham, S. Cultural studies from the viewpoint of cultural policy//J. Lewis& T. Miller. Critical cultural policy studies: A reader. Ox-ford, UK: Blackwell, 2003: 13 - 22.

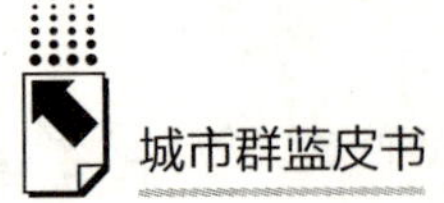

之后会发现，后者是在前者的基础上的深化与拓展，而“十二五”规划中文化政策内容中“建设社会主义核心价值体系、拓展群众性精神文明创建活动、营造良好的社会文化环境、创新文化内容形式、深化文化体制机制改革、大力发展文化事业、加快发展文化产业”，俨然成为区域规划中文化政策内容的编制模板，不仅没有跳出这个框架的可能性，而且发展到越来越相似的政策模式。甚至对于以经济发展为主要规划目标的区域规划而言，文化内容往往只是为了在大的时代背景下迎合中央政策的某种点缀，或者是一种变相的要地、要资金的方式。仅以“文化产业”而言，由于中央出台了一些鼓励文化产业的优惠政策，“上行下效”的结果就是地方蜂拥搞文化产业，如湖南、海南、安徽、河南、图们江、山东半岛、鄱阳湖、中原、黔中、福建、广州、桂林等地都将动漫游戏产业作为当地发展经济的一大支柱产业。甚至在区域内部，同类型的文化园区重复建设现象也非常严重，各地都有各种名目的历史文化名城名镇名村、民俗文化博物院等。区域间文化定位的差异性不突出，海峡两岸经济区、关中—天水经济区、长江三角洲地区、中原经济区、图们江地区、广州南沙新区等都提出打造全国重要的文化产业基地。另外，关中—天水经济区将西安作为中华文化之都推出，与中原经济区将河南打造成中华文化根亲祖地的定位本身也有同质竞争之嫌。

第三，政策制定主观性太强，多催生型少原发型定位。无论是经济较发达的沿海延边区域如图们江、海南、广州南沙新区、山东半岛等地，还是四面环山的内陆城市如西部地区、成渝经济区、黔中地区、川渝与中原等地都将文化发展目标投向国际，提出通过举办具有国际影响的文化交流活动，带动人员往来和经济技术合作。然而，文化不同于经济，文化品牌的打造光凭资金、技术是远远不够的，靠政府政策催生有竞争力的文化品牌并不一定成功，当地自身的强大文化创造与消费能力才是关键因素。随着“全能型政府”的诞生，制定者对于文化该如何发展、往哪个方向发展也近乎全知全能，“长官意志”与“官本位”思想在政策制定过程中尤其突出，甚至出现“换一届领导换一个规划”的情况。这一点也可从文化产业发展政策在数量上远远大于其他政策窥见一斑，关于文化产业发展的内容在各规划中占篇幅最大，条目最细，目标最具化，是否需要开发某一类文化产业、建造某一个文化产业园区、主打某一个文化品牌等，都基于它是否是当今主流，是否能得到最大收益，而非是否是当地市民最喜闻乐见的文化艺术形式。

第四，重硬轻软，公共文化服务水平不均。一方面，并且由于我国长期以经济建设为中心，许多经济欠发达区域依靠《全国地市级公共文化设施建设规划》的相关规定，以建设基础文化设施为由拿国家的经济补贴，既可拉动地方经济，又能恶补这一可量化的文化发展指标，但普遍缺少对公民精神文明建设的重视，(纵观以上各条文化政策，仅珠三角、长三角、中原经济区明确要求提升公民文明素质)，导致了文化设施空置率较高，文化发展目标缺少人文内涵的后果；另一方面，几乎所有的文化政策都提到加强对农村地区文化建设的力度，对农村地区的格外重视，恰恰说明了农村在享受公共文化服务水平方面的不公平待遇，而农民的精神文化需求仅靠送戏送书的施舍形式是很难真正得到满足的。《汉书》云：“乐者，圣人之所乐也，而可以善民心。其感人深，其移风易俗易，故先王著其教焉。”[①] 缺少对伦理和礼乐在

① 班固：《汉书·礼乐志》，中华书局，1962，第1036页。

构建精神生活中重要性的认识，导致公共文化服务“质”的严重不均。

第五，多宏观与长期规划，跟不上现实变化。正如我国目前流行制订中长期规划一样，区域文化规划往往也将时间跨度尽量拉长，动辄把目标定在2020年，或者是在全区域内统一标准、统一规划。由于文化领域的创意性与不可控性，过于盛大的项目与长远的目标其结果常常并不尽如人意，规划赶不上变化，创意不如随意也有可能。这一方面显示了区域文化规划的制定者对文化所特有的发展特性的把握不准确；另一方面也是中国在改革开放初期，城市化快速发展的特殊时代背景下，文化政策研究者缺乏实证研究的理论基础与个案研究的基本能力的真实写照。

第六，缺乏刚性，政策效果不明。由于政策没有法律的强制性，文化规划又不同于土地等规划，缺乏有力的硬约束，文化政策在执行过程中，虽然对政府的绩效考核早已跳出“经济GDP”的窠臼，出现了“绿色GDP”、“人文GDP”、“文化GDP”等系列新兴术语，表现出政府与学界对城市发展的全方位思考，但仍存在换汤不换药的老问题，即“以产出衡量发展实力”，如“文化GDP”片面以文化产业增加值为衡量标准即为一例。事实上，我们可以将文化政策分为生产型文化政策和消费型文化政策。生产型文化政策，最主要的目标是要建立一种低水平、高效率的文化生产力，以促进经济发展；消费型文化政策，目标是促进文化消费，提高社会文化福利，以提升全民文化水平。但无论哪一种，都缺乏有效的评估体系，如各地的文化产业投入产出率扑朔迷离，新建的各类文化场所实际使用情况不得而知等。

三　文化建设，需要从心态到实践的改革

由于我国有官员异地任职的传统，很多城市的管理者往往也会有“过客心态”，对地方事务的不熟悉与对地方文化的陌生感，很难让他们投入大的精力去研究没有短期效益的区域性文化政策的制定。另外，区域政策不同于国家政策或城市政策，它比国家宏观政策更强调区域的特殊性，比城市政策更强调区域间的协同性，而“区域”是没有最高管理者的，每个参与者（城市）常会以“旁观心态”来看待整个区域的文化发展。“过客心态”与“旁观心态”导致了以上诸多问题的产生。而相比较土地、资源、人口等可量化的硬性指标，文化的包容性、共享性使从文化角度促进区域经济协调发展成为更加温和、可行的一种方式。因此，对文化政策内容不能再仅限于照搬国家层面的文化规划，而是应该在积极思考的基础上提出真正有建设性的措施，因此，我们提出以下六点建议以改进目前存在的问题。

第一，建议全国人大在宏观层面制定指导文化发展的有关法律，对文化政策的内涵、外延作明确界定，为地方政府制定文化政策提供法律依据与政策引导，进一步完善我国的法律体系。

第二，建议由国家发改委牵头组织有关专家构建区域发展政策体系，厘清区域文化政策与区域发展政策的内在逻辑，并制定出区域文化政策制定流程与评价指标体系。

第三，建议国家有关部门组建专门的专家队伍，对每年上报的区域发展规划进行统筹协调、给予专业性修改指导，以鼓励各区域错位竞争，摈弃盲目跟风的陋习，抛弃贪大求全的心态。

第四，建议各地方政府在区域文化政策的制定过程中使用“听证制度”，邀请该地区的民间文化工作者献计献策，为对本区域文化发展有想法的普通市民广开言路，使文化政策真正“接上地气”。

第五，建议丰富农村文化建设的形式，在农村生活的传统伦理道德观与民风民俗仪式被不断西化、侵蚀的当下，变救助、补贴文化资源保护活动为扶持、购买乡土文化品牌，从而提升农村地区的整体文化品位及文化品牌影响力。

第六，建议建立文化政策数据库，为学术界提供一个全面的政策信息平台，鼓励、扶持专家学者对各类文化政策效果进行分析研究，以帮助政府部门监督与管理文化政策的实施效果。

区域发展规划中的文化政策内容往往是各所在城市制定文化发展规划的指导文件，直接关系到各城市在文化建设事业上的成败，“在当代中国，文化已超越了传统的作为政治附属物的观念，而被普遍认同为培育核心竞争力、竞争优势和提升软实力的核心价值要素之一”。[①] 特别是“十二五”规划出台以后，各地都提出建设“文化大省”、“文化强省”等宏伟目标，并坚信经济上的差距可以用文化弥补，实现弯道超车，缩短与发达城市的差距，但是“文化政策”作为政府指导和推进文化发展的长远谋划，不仅反映着城市的经济社会发展的水平和需要，同时也反映着公共管理主体对城市文化的深刻认识，“城市文化的衰落、城市形象的扭曲、城市生活方式的不和谐与精神生态的严重污染，是人们对城市产生怀

① 李宁：《国内区域文化发展战略比较》，《学海》2009 年第 6 期。

疑、不满、厌恶甚至怨恨的内在根源”[①]。合理、完善的区域或城市文化政策既是推动复兴城市文化的首要条件，也是结束各种“文化搭台，经济唱戏”局面的有效装备。

参考文献

王一鸣主编《中国区域经济政策研究》，中国计划出版社，1998。

周振华主编《体制创新与政策选择》，上海人民出版社，2009。

胡兆量：《中国区域发展导论》，北京大学出版社，2008。

① 刘士林：《中国城市发展的深层问题与文化自觉》，《文汇报》2011 年 8 月 8 日。

B.4

城市化进程中“鬼城”类型分析及治理研究

聂翔宇　刘新静*

摘　要：

“鬼城”在城市化进程中特指空置率过高，甚至被废弃的城市区域。鬼城分为灾难型“鬼城”、衰落型“鬼城”、规划型“鬼城”，规划型“鬼城”又可分为规划超前型“鬼城”、规划滞后型“鬼城”、房地产型“鬼城”。城市管理者和规划者既可以通过合理规划、注重城市的文化生态和谐等措施来预防，也可以对业已形成的鬼城采取植入新型产业、转变城市功能、完善配套设施等举措来恢复该区域的生命和活力。

关键词：

城市化　鬼城　城市治理

改革开放以来，为了缓解老城区人口拥挤、用地紧张、环境恶化等问题，我国很多城市也开始建设新城新区。但很多新城新区因

* 聂翔宇，上海交通大学媒体与设计学院硕士研究生，主要从事城市文化、文化产业研究；刘新静，博士，上海交通大学媒体与设计学院博士后，上海高校都市文化 E－研究院特聘研究员，上海交通大学“985”三期文科专项特色研究基地城市科学研究院研究员、院长助理，主要从事都市文化、城市科学、旅游文化研究。

为空置率过高而沦为“鬼城”，据不完全统计，全国661个建制市几乎都正在建设或者规划建设新城新区，使我国国土沦为“大工地”的同时，也引发了城市的无序增长和城市化格局的混乱，“鬼城”就是这种无序增长和混乱格局的“苦果”。

一 “鬼城”的语义变迁及类型

“鬼城”原指有神话色彩和灵异感突出的城市，最著名的是中国丰都和美国萨凡纳。但随着鄂尔多斯的出现，“鬼城”有了新的含义。在城市发展过程中，由于战争、自然灾害、城市规划等原因造成的空置率过高，甚至被废弃的城市区域，同时也包括大规模通勤造成的“卧城”被称为鬼城，其突出特点是空置率高。根据此定义，可分为灾难型“鬼城”、衰落型“鬼城”、规划型“鬼城”，规划型“鬼城”又进而分为规划超前型“鬼城”、规划滞后型“鬼城”、房地产型“鬼城”。

（一）灾难型“鬼城”

灾难型“鬼城”是指因遭遇自然或是人为因素的灾难型破坏，而形成的空置率极高的城市，可分为灾害型“鬼城”和战争型“鬼城”。灾难型“鬼城”古已有之，特点在于通过剧烈的外力对城市整体进行毁灭，其破坏性极大，后期恢复的难度也最大。

1. 灾害型“鬼城”

灾害型“鬼城”是指由于城市受到飓风、地震、火山爆发、核泄漏等非人为因素的破坏，而遗留下来的人口极其稀少的城市或街区。2011年5月底，一场破坏力极大的龙卷风袭击美国乔普林市，如今仍在恢复重建。[①] 2009 年 4 月 6 日，地震造成意大利圣安格罗村 17 人死亡，如今已是鲜有人在。位于里约热内卢州某个三角洲上的阿塔方纳镇，由于温度升高正逐渐被海洋淹没。[②] 切尔诺贝利核电站附近的小城普里皮亚季由于 20 世纪那种恐怖的核灾难，如今已成为一座真正的鬼城。[③] 位于日本东北部福岛县的日本福岛核事故撤离区，如今已是草木丛生，罕见人烟。由于温度升高加速侵蚀进程，位于里约热内卢州的一个三角洲上的阿塔方纳镇逐渐被海洋淹没，且在过去三十年中，该镇共有 183 栋房屋被摧毁。[④]

2. 战争型“鬼城”

战争型“鬼城”是指战争造成的空城。不仅直接发生战争的城市会变成“鬼城”，战争造成的人口迁移也会间接地使一些地区的城市成为“鬼城”。霍姆斯被美国有线电视新闻网封为叙利亚的“革命之都”，为叙利亚第三大城市。贯通大马士革、霍姆斯和叙第二大城市阿勒颇曾经车流如潮，但叙利亚国内出现动乱后，这条路上发生了不少袭击事件，导致一度无人敢走。[⑤] 战争对原有城市生态的破坏可见一斑。原有城市对各种资源的吸引作用在战争的持续影响下严重退化。2011 年 12 月 17 日，美军最后一批部队从埃德尔军营集结地撤离，集结地附近的伊拉克纳西里耶也俨然成为一座鬼城。[⑥]

① 《走进全球荒废鬼城》，新浪网，2012 年 3 月 21 日。

② 《走进全球荒废鬼城》，新浪网，2012 年 3 月 21 日。

③ 《走进全球荒废鬼城》，新浪网，2012 年 3 月 21 日。

④ 《走进全球荒废鬼城》，新浪网，2012 年 3 月 21 日。

⑤ 张倍鑫、郝洲：《叙利亚霍姆斯从“革命之都”沦为鬼城》，《环球时报》2012 年 5 月 10 日第 4 版。

⑥ 张倍鑫、郝洲：《叙利亚霍姆斯从“革命之都”沦为鬼城》，《环球时报》2012 年 5 月 10 日第 4 版。

灾害型“鬼城”的出现不受人力所控制，战争型“鬼城”则完全出于人为原因。虽然原因有所不同，但是灾难型“鬼城”的破坏性极大，即灾难型“鬼城”的灾后重建工作需要特别重视。

（二）衰落型“鬼城”

衰落型“鬼城”分为两种情况，其一是城市在从兴起到衰落的发展过程中，因资源耗尽、产业形式升级换代等原因产生明显的人口流失，其二是城市中心区由于产业转移，造成人口流失，由此形成空置率高的“鬼城”，即为衰落型“鬼城”。

第二次世界大战后美国由于产业结构的重大变动，东北部和中西部城市发展缓慢，步入衰退状态，虽然中西部城市采取了多种措施来调整和完善工业结构，试图扭转颓势，到目前为止中西部城市的经济虽有一定的起色，但效果尚未明朗。[①] 这一类型的“鬼城”同上一类型不同，它是城市发展所要经历的必然阶段。从单体城市来讲，每个城市在发展过程之中必然面对产业结构升级改造的问题，在城市发展的不同阶段，不同产业对城市化所产生的效果也不尽相同。从城市中心区来讲，城市的扩展、中心地价的升高、交通通勤成本的提升等因素必然会积攒成为“边际效应”，迫使中心城区产业向外扩展。之所以会形成鬼城，是因为在相关产业迁出或者衰落之后，城市出于某种原因并没有新的产业替代其位置，从而造成了“空置”问题。建造于1956年的Prypyat从建筑风格和建造时期来看与哈萨克的中部沙漠之城Arkhalyk十分相像，这个曾经的行政中心如今已经被废除，部分基础设施也已经转移出该市，除了

① 吴兵、王铮等：《城市生命周期及其理论模型》，《地理与地理信息科学》2003年第1期。

维护这个城市基础设施的那些企业外确实没有任何工业。[①] 柏林斯普里园曾经是东德地区唯一一家游乐园，现在是最诡异的东德时期废墟之一；[②] 利比亚班加西市“新班加西”项目因中国工人被迫撤离而被遗弃。[③] 有着“中国石油工业摇篮”美誉的甘肃省玉门市，由于石油储量减少等原因，20 世纪末作出迁城决定，2003 年 4 月得到国务院的正式批复。同年，玉门油田生活基地搬迁得到中国石油的批复。[④]

（三）规划型“鬼城”

科学的城市规划可以合理确定城市的发展方向、规模和布局，统筹安排各项建设，协调各方面在建设中的矛盾，对于城市的长期发展有重要的指导作用。然而不合理的规划对于城市的反作用也十分强烈。规划型“鬼城”是指城市发展过程中，因规划内容与实际城市需要差别过大所造成的空置现象，当下中国媒体曝光多的即为此类“鬼城”。规划型“鬼城”标志性特点是耗费巨资，豪华的政府建筑，行人稀少的街道，大量空置的住宅。此类鬼城涉及范围广、人为因素干预强、分类复杂，研究此类“鬼城”对城市发展有深刻意义，下文将进一步阐述规划型“鬼城”类型研究。

1. 规划超前型“鬼城”

规划超前型“鬼城”是指规划过于长远，所规划的基础设施

---

① 《一座鬼城的历史兴亡记》，译言网，2010 年 11 月 5 日。

② 《走进全球荒废鬼城》，新浪网，2012 年 3 月 21 日。

③ 《走进全球荒废鬼城》，新浪网，2012 年 3 月 21 日。

④ 周励：《危机乍现》，《西部大开放》2012 年第 3 期。

远超出规划人口的需求，导致入住过少、设施闲置的城市，此类"鬼城"在新城建设中出现较多。特别是我国近10年来，城镇化脱离循序渐进的原则，进程上"急速城镇化"。主要表现为人口城镇化率虚高；空间上建设布局出现无序乃至失控；耕地、水资源等重要资源过度消耗，环境受到严重污染；城市基础设施建设出现了巨大的浪费；大规模占地、毁地的现象令人触目惊心。①

鄂尔多斯市组建于2001年，建设之初其城市化率就达到了68.79%，远高于全国平均水平。根据城市化发展的规律，特定区域的城市化率达到70%左右时，其城市化进程就会进入缓慢上升通道。鄂尔多斯的城市化进程显然违背了这一规律，2003～2008年其城市化率一直保持在70%左右，但2009年突然跃升为99.05%，这其中难免存在"拔苗助长"的问题。同时，鄂尔多斯的建成区面积2007年由30平方公里一下子拓展为100平方公里，增长了2.33倍，总人口却处于平缓增长状态。康巴什新城始建于2003年，2006年下半年建成投入使用，一期规划面积32平方公里，这也是鄂尔多斯的建成面积在2007年暴增的原因。②

2. 规划滞后型"鬼城"

规划滞后型"鬼城"是指城市功能规划单一或城市规划落后而导致的人口稀少城市或仅承担单一居住功能的"睡城"。规划滞后型"鬼城"的代表是北京回龙观社区。较为完善的社区配套，应该是70%的商业、20%的服务设施与10%的文化休闲的有机结合。回龙观居住区作为当年北京市经济适用房建设的重点地区推

① 陆大道、叶大年等：《关于遏制冒进式城镇化和空间失控的建议》，《2008科学发展报告》，2008。

② 数据来源：根据《中国城市统计年鉴》整理获得。

出，其设置初衷是解决科教人员的住房问题。虽然住宅很快建成投用，但回龙观商业规划滞后，且距离北京市中心足足几十公里之遥，无法满足居民的正常生活需求。[①]

相较于规划滞后的回龙观社区，“睡城”出现的原因更为直接——规划功能单一、基础设施建设不完善。天通苑社区是北京市首批19片经济适用房建设项目之一。它被称为“亚洲最大的社区”，有着30多万固定人口，以及几乎相同数量的流动人口，数字几乎等同于浙江绍兴市或者宁夏银川市区的人口基数。通往北京城区的立汤路作为往返城市与住所的唯一一条主干道，清晨7点开始的车辆拥堵通常要到上午9点左右才能有所缓解。而这样的困局在国外一些同样的大型居住社区是不常见到的，这是因为政府会出台相关规定，如果相应的配套设施没能建设完备，那么住宅部分就不能上市，只有先有配套设施，然后才可以让其卖房。因此，开发商在配套建设上要比政府更急，更希望能够尽快验收，早日卖房。[②]

同是功能不足，由于望京处于一个尴尬的位置——北京东北四环与五环交界处，过于偏远的地理环境，众多商家望而生畏。[③] 望京社区商业性市场的严重缺失，已经让社区内居民消费需求与物业供应矛盾显露出来。在重庆北部新区经开大道板块，一度以其开发体量大、物业形态多样、开发水平高和品牌开发商多而闻名，在重庆楼市上可以说是空前的。但是，在各自为政追逐利润最大化的开发商手下，目前正出现两个极端：一方面，重复建设造成资源闲置

① 《三大著名睡城何去何从》，《中华民居》2011年第3期。
② 《三大著名睡城何去何从》，《中华民居》2011年第3期。
③ 《三大著名睡城何去何从》，《中华民居》2011年第3期。

和浪费；另一方面，又出现某些公共配套设施的稀缺。因此，重庆北部新区成为依附于母城的“睡城”。[①]

3. 房地产型“鬼城”

除了宏观上的规划因素，过分追逐房地产利益，通过炒房等手段造成的鬼城，也造成了独特的房地产型“鬼城”。

炒房是房地产型“鬼城”形成的重要原因，京津新城、鄂尔多斯的很多房产都被附近的公务员以及山西的富商所买走，身处远方的房主只是将房产作为投资手段，“以公务员为轴心，鄂尔多斯地下金融暗涌”[②] 的现象不仅仅只发生在鄂尔多斯。而一旦房地产的泡沫破裂，城市的经济将会遭受严重退潮，“鬼城”必将成为非理性狂热投资的牺牲品。

被房地产所拖垮的“鬼城”并不罕见。爱尔兰便是为房地产所累被迫宣布破产。银行被无法回收的房贷拖垮，一些新建成的小镇因无人买房居住变成“鬼城”，许多来自东欧和亚洲的员工因为工资、福利下降纷纷出走他国。[③] 2003 年，爱尔兰的人均 GDP 跃居世界第二。然而从 2008 年起，爱尔兰的经济增长率连续 3 年呈现负增长，到 2010 年底，失业率飙升。[④] 据都柏林大学的调查，截至 2010 年 2 月底，爱尔兰房屋空置率高达 17%。房地产业绑架了银行，银行又绑架了政府，这就是爱尔兰深陷债务危机的简单逻辑。[⑤]

---

① 邹玲：《公共配套设施滞后　重庆北部新区成“睡城”》，《中国房地产报》2006 年 7 月 10 日第 20 版。

② 王珊珊、方辉：《多方资金炒作成“鬼城”推手》，《中国经营报》2010 年 5 月 31 日第 A9 版。

③ 赵国贺：《爱尔兰，一个被房地产拖垮的国家》，《世界博览·海外卷》，2011。

④ 赵国贺：《爱尔兰，一个被房地产拖垮的国家》，《世界博览·海外卷》，2011。

⑤ 赵国贺：《爱尔兰，一个被房地产拖垮的国家》，《世界博览·海外卷》，2011。

城市之中被房地产拖垮的项目屡见不鲜。例如，广州花都区绵延的山前大道，共有 13 个别墅盘持续推盘，其中翠岭云天总共 9 条街，每条街 30～40 户，总共 300 户不到的规模，据某住户观察仅他家所在的 3 条街，日常居住的不超过 10 户，假日来人的不超过 20 家，大家都在小区的论坛上大呼“没人气”。[①]

从某种意义上讲，灾难型“鬼城”和衰落型“鬼城”是人力无法抗衡的，前者源于不可知的自然灾害和战争，后者是城市自身发展的规律，尽管可以采取一定的防御措施，但很多自然法则是无法预料和对抗的，所以这两种鬼城很大程度上只能“尽人事、听天命”。与这两者不同，第三种类型规划型“鬼城”完全是人为因素造成的，只要科学规划、合理控制，这种鬼城是完全可以避免的，因此本文主要研究的是规划型“鬼城”存在的问题与治理的对策。

二　我国规划型“鬼城”的现状及问题

随着城镇化进程的加快，我国城市空间出现了飞跃发展，1984 年我国城市建成区面积为 8842 平方公里，2010 年城市建成区面积为 41768.4 平方公里，增长率为 372%，城市空间的快速扩张和城市边界无限制地蔓延已经造成了严重的后果。据不完全统计，各地的新城新区建设中大都出现了“鬼城”，国内报道较多的有内蒙古鄂尔多斯市康巴什新区、京津新城、昆明呈贡新城、重庆北部新城等。而中国的“鬼城”现象远不仅仅于此，当下，有些地方即便不能以“城”相称，以烂尾楼为代表的“鬼楼”现象也极为突出，

① 卢雁：《广州花都》，《东方早报》2011 年 3 月 1 日第 A21 版。

虽然并不能构成“鬼城”级别，但也构成了资源的浪费，反映了管理不善的问题，甚至有可能是“鬼城”形成的潜在威胁，因此可以说“鬼楼”亦是“鬼城”现象的一种微观形式。

关注“鬼城”，一方面是因为“鬼城”是城市化进程中出现的重大问题；另一方面，“鬼城”对我国城镇化发展产生了严重的负面影响，主要表现在以下三方面。

1. 土地资源浪费

我国可供开发利用的土地资源并不富裕，尤其是耕地面积，“房地产用地和企业用地不断扩张，耕地一再受到侵蚀，目前中国耕地面积仅约为 18.26 亿亩，比 1997 年的 19.49 亿亩减少了 1.23 亿亩，中国人均耕地面积由 10 多年前的 1.58 亩减少到 1.38 亩，仅为世界平均水平的 40%。”[①] 空置率过高的“鬼城”却侵占了大量国土空间，造成土地资源的浪费。举例来说，京津新城规划面积达 258 平方公里，拥有 700 多个房间的凯悦大酒店即使在旺季入住率也不超过 15%，周围的上千栋别墅门庭斑驳，空置率超过 90%。[②] 另一个典型的案例是河南鹤壁的淇滨新区，依靠煤炭发展起来的鹤壁辖浚县、淇县、淇滨区、山城区、鹤山区和鹤壁经济开发区，其中山城区和鹤山区是老城区，而新城区是淇滨区。这座新城区始建于 1992 年，建设 20 年后，仍然是“睡城”，空置率较高。在这样的背景下，淇滨新区“开边意未已”，根据河南省委、省政府最新批复的《鹤壁新区建设总体方案》，鹤壁新区规划面积约 130 平方公里。而《鹤壁市 2011 年国民经济和社会统计公报》数

---

① 《中国耕地面积仅约为 18.26 亿亩逼近最低要求》，《南方日报》2011 年 2 月 25 日。

② 《揭秘各地“鬼城”迷局，京津新城门面房成仓库》，《东方早报》2011 年 3 月 2 日。

据显示，2011 年鹤壁三产比重为 11.0、71.5、17.5，其工业占 GDP 比重高达 71.5%，而其主要工业都集中在老城区，可以推测新城区几乎还是一座产业空城。[①] 此外，像江苏常州武进区、湖北十堰东部新城等成为中国“鬼城”新晋成员的报道也再一次提醒人们，当前城镇化过程中，各地的“造城”热潮造就了多座鬼城，也造成了我国土地资源的极大浪费和国土空间开发的无序。

2. 巨额经济损失

“鬼城”的空置率过高势必导致投入资源不完全利用，也必然会导致经济损失。举例来说，鄂尔多斯是内蒙古一个相对比较富裕的煤矿业中心，康巴什成吉思汗广场雕塑耗费了 400 多吨青铜[②]，却迷失在新型工业化之路上。[③] 其新城的基础设施可谓是一应俱全，有办公大厦、行政中心、政府建筑、博物馆、电影院和运动场，中产阶级式的复式公寓和别墅林立其中，道路基本都是 6～8 车道，但原本是用来安置 100 万人口的新城区很少有人入住。[④]

除利用过程中产生的经济损失外，改造“鬼城”也会付出巨额代价。“鬼城”改造主要依靠后期运作来完善与整改，政府部门常见的做法有人才引进、制定各种优惠政策，甚至不惜代价地进行招商引资。无论是采取何种办法，都须在原有建设的基础上再付出巨大的人力成本和财力可谓是交付了城市管理的“二次学费”，尝尽了“先造城后造市”的苦果。无形中又大大增加了这一城市区域的建设成本。

---

① 《河南鹤壁新区人烟稀少成新“鬼城”仍在继续扩张》，腾讯网，2013 年 5 月 21 日。

② 《揭秘各地“鬼城”迷局，京津新城门面房成仓库》，《东方早报》2011 年 3 月 2 日。

③ 李保平：《鄂尔多斯：“鬼城”还是“中国鲁尔”》，《中国经济和信息化》2010 年第 10 期。

④ 《实拍：鄂尔多斯“鬼城”》，新华网，2010 年 5 月 10 日。

3. 阻碍城市良性发展

如果按照城市有机发展的角度来看，城市本身也是一个整体，各个部分发挥着其应有的作用。而“鬼城”功能的不平衡性则不单单会造成本区域内的种种问题，而且造成各种资源的浪费，使城市的其他部分为其错误而承载困难，威胁着城市整体的良性循环。以烂尾楼为代表的“鬼楼”矗立在城市各个角落阻碍城市进步便是可举之例。在有“北京第一烂尾楼”之称的北京市朝阳区三里屯是高级写字楼聚集区的一座31层高楼，原名银企大厦，后改名为中宇大厦。它占地面积7000平方米，建筑面积52140平方米，楼高106米，于1997年动工，在完成主体结构并封顶之后的7年时间里，由于种种原因一直停工。即将被拆除的沃兰德游乐园是又一典型的“鬼城”项目，它始建于1994年，1998年停工，烂尾期长达14年之久。在北京、上海这样的大城市，烂尾项目并不少见，其背后的原因是多方面的，但结果和危害都是相同的，对于城市功能的协调和空间开发的秩序都造成了极大的影响。

三　规划型“鬼城”治理的探索和建议

规划型“鬼城”的出现，表明我国很多城市是存在假借城镇化浪潮圈地囤地、大兴土木，借级差地租换取GDP和政绩的问题，忽视了人的城镇化，更没有意识到“鬼城”带来的严重后果。预防和治理规划型“鬼城”，对我国城镇化的可持续发展意义深远。

1. 强化科学规划，预防“鬼城”出现

自2000年以来，我国各个城市几乎都有新城新区在建，在一定时期内已经能够满足城市的发展需求，当下应该暂停新城新区的

审批，一方面梳理反思新城新区中的问题与矛盾，谋划未来新城新区发展的方向和顶层设计，另一方面可以给在建的新城新区一定的缓冲时间，等它们建设成形后再考虑是否需要更多的空间。新城开发规划上造成的先天性不足与缺陷，只能靠后期运作来完善与整改[①]，减少“鬼城”的出现数量，降低已有“鬼城”的负面影响。对于已经形成的“鬼城”，要着重从规划和管理上吸取教训，即形成反面案例教学，从中指导各地城市建设少走“鬼城”的弯路。以康巴什新城为例，新城新区建设是城市化发展到一定阶段的必然产物，在优化空间结构、解决环境压力、实现功能协调等方面具有重要作用，英、美等发达国家都经历过新城建设的高潮。因此，建设新城新区的前提是老城区人口密度过高、功能过于集聚，已经超过其承载量，需要新的城市空间来疏散人流和功能，但是鄂尔多斯市自组建之日起其人口密度一直保持在 100 人/平方公里左右，最高峰值只有 102.85 人/平方公里，像北京、上海等城市的人口密度达到 1195 人/平方公里[②]、3631 人/平方公里[③]，中心城区尤其严重，像北京中心城区的人口密度超过 23000 人/平方公里[④]，上海中心城区最高峰值超过 40000 人/平方公里。[⑤] 从这个角度而言，鄂尔多斯市不存在人口密度过高、城市功能超负荷的问题，建设新城新区缺乏科学的论证和必要性。

2. 强调因地制宜，防止规划“一刀切”

我国区域差异很大，区域发展不能搞“一刀切”，新城新区建

---

① 百度百科，2013 年 4 月 28 日。

② 《北京人口分布极不均衡核心区密度是涵养区 109 倍》，中国新闻网，2011 年 5 月 5 日。

③ 杨群：《上海人口密度：3631 人/平方公里》，《解放日报》2011 年 9 月 24 日。

④ 百度百科，2013 年 4 月 28 日。

⑤ 《北京人口分布极不均衡核心区密度是涵养区 109 倍》，中国新闻网，2011 年 5 月 5 日。

设是实现城镇化的重要内容，应该从全国的高度进行城镇化格局的顶层设计，因地制宜。例如东北地区沃野千里，适合发展农业，但是一系列的工业考核指标使当地官员不得不弃农从工，在“攥得出油”的黑土地上建工业园却收效甚微，西北地区土地贫瘠，亩产不满百，但囿于18亿亩耕地的红线，不能实现产业转型。这些现象与鄂尔多斯现象一同证明，我国急需出台城镇化格局的顶层设计，不搞“一刀切”，不搞形式主义，才能促进城镇化及新城新区建设的有序健康发展。根据经济学的规律，经济发展可以推动城市化进程，反之城市化并不一定带来经济发展，而目前很多城市管理者颠倒了二者之间的逻辑关系，大肆兴建投资巨大、规模巨大、建筑豪华的新城新区，认为栽下梧桐树，就能引来金凤凰，这无疑是“鄂尔多斯”现象最大的危害之处。我国正处于快速城镇化的进程之中，到2020年，中国还将有1.5亿人口从农村转移到城市，如果按城市建设标准100平方米/人计算，还将有15000平方公里的非城市地区纳入城市区域。这些人口的城镇化的确需要相应的城镇空间和产业来匹配，但不能各个城市搞“一刀切”，不顾区域的现实情况，都大肆跑马圈地建设新城新区，在人口密度本来就不高的中西部城市，再投入大量的人力物力搞“造城运动”，无疑是对土地资源和财力的极大浪费。

3. 重视文化传统，建设特色文化城市

城市生活中的很多矛盾与问题，仅靠规章制度和法律是无法解决的。其深层次原因在于城市规划设计的理念问题、价值关怀问题。古希腊哲学家亚里士多德对城市的一个经典定义：“人们为了生活来到城市，为了更好的生活而留居于城市。”美国著名城市理论家芒福德说，在任何时代，城市都代表着一种文明水平，代表着更有价值、更有意义的生活。刘士林教授认为，在城市不仅有更多追求财富、个体发展的机会，同时也包含着人们在心理、情感和价值上的更大满足。[①] 单纯追求政绩或者经济指数的城市化必然无法长久，不以人的尺度为考量标准的城市化必然不是完整的城市化。某种程度上说，“鬼城”是这种畸形城市化模式的恶果之一。如果不在文化层面上给城市建设注入人文关怀，没有在城市化的过程中突出人的城市化，没有以城市人的角度设身处地地对各种方面进行考量的话，即使解决了“鬼城”问题，在未来还会有其他问题接踵而至，城市建设将永远停留在“治标不治本”的循环之中，进而加强城市市民对自身城市的不认同感。因此在救活“鬼城”的硬件操作之外，文化关怀的注入也是不能忽视的。在过分追求经济外在成绩的今天，城市发展过分重视指标和硬件，精神和软件的建设相对滞后。“鬼城”的复活一方面要更好的发挥硬件的作用；另一方面要尽可能地将软件因素考虑在内。既可以从复活发展之初保证经济和文化齐上阵的双腿行走模式，又能为“鬼城”的复活之路带来新的思路。

4. 植入新型产业，带动“鬼城”发展

归根结底，城市化不应当是无源之水、无本之木，必须要有相当的产业背景作为支撑和保证。将产业纳入工业区，只有产业才有造血功能，整个城市才能形成循环系统，才能进而形成螺旋式成长，新城才不至于变成鬼城。[②] 以房地产为抓手，推动地方经济发展曾经是北京周边某些地区的发展路径。[③] 位于河北廊坊辖区内的

---

① 刘士林：《应防止文化建设“罗马化”》，《天天新报》2012 年 2 月 13 日。

② 刘洋、张钊、温锋华：《如何拒绝鬼城》，《中国经济和信息化》2010 年第 14 期。

③ 胡雅清：《不做“睡城”，河北固安探路新城模式》，《中国经营报》2011 年 5 月 2 日 A7 版。

固安县，如今越来越像是美国小镇雷斯。当环绕北京的各区域以“睡城”闻名之时，固安开始探寻以产业集群为主导的城市发展模式。固安同其他的背景周边卧城相比，其独特路径就在于靠的是将产业与城市融合发展模式。有多个国内外知名企业纷纷投资固安，而这些企业之所以选择在固安投资，除了其优越的区位优势之外，与固安的城市发展模式有直接关系。总投资达 15 亿元人民币的青岛锦绣前程玻璃有限公司固安项目正式签约，标志着中国北方最大的环保节能玻璃企业在固安工业园区设立产学研基地，而这只是固安众多项目中的一个。[①]

综上所述，规划型“鬼城”是我国城镇化进程中出现的独特问题与矛盾，它引发了国土资源浪费、房地产泡沫、通勤成本上涨等诸多问题，是阻碍我国城镇化可持续发展的痼疾，违背了“城市让生活更美好”的初衷。因此，各个城市应该强化科学规划、强调因地制宜、注重文化传统和植入新兴产业，预防“鬼城”的出现，促使“鬼城”复活。

参考文献

《一座鬼城额历史兴亡记》，译言网，2010 年 11 月 5 日。

周励：《危机乍现》，《西部大开放》2012 年第 3 期。

陆大道、叶大年等：《关于遏制冒进式城镇化和空间失控的建议》，《2008 科学发展报告》，2008。

刘洋、张钊、温锋华：《如何拒绝鬼城》，《中国经济和信息化》2010 年第 14 期。

王珊珊、方辉：《多方资金炒作成“鬼城”推手》，《中国经营报》2010 年 5 月 31

---

① 胡雅清：《不做“睡城”，河北固安探路新城模式》，《中国经营报》2011 年 5 月 2 日 A7 版。

日第 A9 版。

赵国贺:《爱尔兰，一个被房地产拖垮的国家》，《世界博览·海外卷》，2011。

《三大著名睡城何去何从》，《中华民居》2011 年第 3 期。

邹玲:《公共配套设施滞后　重庆北部新区成“睡城”》，《中国房地产报》2006 年 7 月 10 日第 20 版。

吴兵、王铮等:《城市生命周期及其理论模型》，《地理与地理信息科学》2003 年第 1 期。

张倍鑫、郝洲:《叙利亚霍姆斯从“革命之都”沦为鬼城》，《环球时报》2012 年 5 月 10 日第 4 版。

胡雅清:《不做“睡城”，河北固安探路新城模式》，《中国经营报》2011 年 5 月 2 日 A7 版。

卢雁:《广州花都》，《东方早报》2011 年 3 月 1 日第 A21 版。

《中国耕地面积仅约为 18.26 亿亩　逼近最低要求》，《南方日报》2011 年 2 月 25 日。

《走进全球荒废鬼城》，新浪网，2012 年 3 月 21 日。

《揭秘各地“鬼城”迷局，京津新城门面房成仓库》，《东方早报》2011 年 3 月 2 日。

李保平:《鄂尔多斯:“鬼城”还是“中国鲁尔”》，《中国经济和信息化》2010 年第 10 期。

《实拍:鄂尔多斯“鬼城”》，新华网，2010 年 5 月 10 日。

案 例 篇

Report of Case Studies

西江经济带民族文化设计产业发展研究

于 炜*

摘 要：

西江经济带独特的地理与区位优势，使其在国家经济转型与层级经济格局构建战略中地位凸显。西江经济带的文化发展、文化设计产业应当成为重要驱动力量。西江经济带文化设计产业的发展，民族文化资源与现代工业设计的融合是基本出发点。西江经济带文化设计产业发展，必须立足于西江经济带独具特色的文化生态、文化资源及文化地缘优势，以创新驱动为灵魂的现代设计为引擎，通过民族文化设计产业创新发展的

* 于炜，副教授，华东理工大学艺术设计系主任，主要从事工业设计、城市设计和艺术设计研究。

强大促推作用，提升其核心竞争力，打造西江经济带乃至广西的知名设计品牌，塑造提升和有效传播西江经济带及相关城市的综合实力与美好形象。

关键词：

西江经济带　民族　文化设计产业

现代文化设计产业已成为社会发展的巨大引擎。据联合国统计，2004 年文化设计创意产业已经占世界 GDP 的 11%。目前，全世界文化设计创意产业每天创造的产值高达 320 亿美元，并以每年 5% 的速度递增，其中美国的速度最快，达 14%；英国次之，达 12%。韩国，现代设计创意产业 10 年前已经超过汽车，成为国民经济的六大支柱之一。

我国十七届六中全会“关于加强社会主义文化大发展大繁荣”的国家战略为现代设计与文化设计创意产业发展提供了前所未有的机遇与要求。近日《国家“十二五”文化改革发展规划纲要》提出，到 2015 年，将使文化设计创意产业成为国民经济支柱产业。大力发展文化设计产业，“创新驱动，转型发展”正成为推动城市和地区经济社会可持续发展的历史必然。

西江经济带独特的地理与区位优势，使其在国家经济转型与层级经济格局构建战略中地位凸显。因此，作为国家及广西壮族自治区党委、政府促进广西全面发展的又一重大战略部署，发展西江黄金水道，打造西江经济带，以“文化发展带动经济繁荣”为中心，以“沿江城市群建设”为载体，通过文化规划、文化建设、文化研究及文化观念更新等转型发展的思路，来开拓广西实现科学发展、和谐发展、跨越发展的战略构想具有深远意义。

西江经济带的文化发展，文化设计产业应当成为重要驱动力量。西江经济带文化设计产业的发展，民族文化资源与现代工业设计的融合是基本出发点。西江经济带文化设计产业发展，必须立足于西江经济带独具特色的文化生态、文化资源及文化地缘优势，以创新驱动为灵魂的现代设计为引擎，通过民族文化设计产业创新发展的强大促推作用，提升其核心竞争力，打造西江经济带乃至广西的知名设计品牌，塑造提升和有效传播西江经济带及相关城市的综合实力与美好形象。

一　西江经济带民族文化设计产业发展现状与突出问题分析

西江经济带属多民族文化聚集区，民族文化资源非常丰富，设计元素多样化，尤其是民族手工艺文化发展很快。

根据调研，在民族文化设计开放方面，西江经济带的民族文化设计主要体现为以下几种形式：一是作为艺术家或艺术团体的个人艺术创造，而进行的艺术设计实践，这主要集中于艺术家工作室或高等院校中；二是作为旅游产品、纪念品而进行生产发售，这主要是在流动摊贩或小成本作坊中生产；三是珠三角或东南眼的大型设计产业厂商进行的订单采购，其主要生产主体同样大多是手工生产作坊，生产布局分散，缺乏品牌效应。

就其发展定位而言，当前西江流域民族文化资源的开发，主要还是以观光旅游为依托，民族、民间、民俗文化与手工艺文化的产业转化仍存在突出问题：一是设计千篇一律，成本很高，缺乏现代设计理念与技术；二是本土乃至整个东盟地区设计意识和技术落后；三是西江民族文化产业的开发，缺乏以区域发展为本位的统筹设计理念，该地区民族文化设计产业呈现割裂发展的趋势；四是该地区民族文化设计产业的发展，没有纳入珠三角和东南亚地区的多元需要尤其是高端需要，目前该地区发展动力和思路都较为单一；五是过于微观，多集中于具体产品，没有与中观地标设计和宏观城市形象品牌等进行有效系统整合与策划设计。

因此，西江经济带民族文化设计产业未来发展，必须针对历史与现状，利用已有设计与传统，结合时代发展要求和创意产业规律及设计艺术原理，进行新的战略思考与布局。调整产业布局结构，转换产业发展思路，以区域发展和区域互动为发展本位，建设西江经济带民族文化设计产业的战略格局，这是本区域民族文化设计产业发展的必然出路。

二　西江经济带民族文化设计产业创新发展的六大战略

（一）西江经济带设计形态层面的战略界定

1. 宏观形态层面

西江经济带宏观形态层面应以城市特色文化挖掘、特色城市气质的表达营造为设计重点。

首先，西江流域的城市形态，独具天然气质与田园风格，与地方生态之间的共生性非常强，这种城市风貌天然地表达了霍华德“田园城市”的城市发展理念，这是西江经济带得天独厚的城市形态设计资源优势。其次，西江经济带与珠三角及东盟地区一样，都是多民族聚集地区，民族风格凸显是城市形象与个性形成的重要方式，这是该地区个性鲜明的又一城市形态设计资源。

西江经济带宏观形态层面的设计理念，可以通过城市视觉营造、听觉营造和全媒体打造三个方面来完成，视觉营造上呈现具有民族特色的绘画雕塑建筑，听觉营造上呈现出民族特色民歌小调戏曲，全媒体打造上则以承载更多民族文化内容的影视网络游戏节庆来实现。

2. 中观形态层面

西江经济带中观形态层面应以城市特定空间打造、文化空间品质的时代提升为设计重点。

根据调研，西江大多数城市原有的博物馆、纪念性建筑、文化广场等造型陈旧，设计理念陈旧，几乎没有数字化多媒体等现代设计技术艺术手段运用。因此必须打造“西江文化地理标志”的标志性设计。就其形象形态而言，可以是一个在西江流域具有最大文化公约性和认同感的文化符号或设计元素，也可以是一系列能够凸显西江文化独特性的文化符号或设计元素，或二者兼有，但必须能够唤醒西江文化的认同感。就单个符号与元素而言，其中在整个西江流域中广泛存在，而在中原文化与百越文化中并不凸显的“龙母”形象在较大程度上能够符合这一要求；就系列符号与元素而言，可以通过设立博物馆、纪念性建筑、文化长廊等形式以空间集合的方式凸显西江文化的整体存在。这些必须纳入数字和互联网物联网统领的智慧城市设计体系。

3. 微观形态层面

西江经济带微观形态层面应以城市特色创意产品为设计重点，

具体分为以下几方面。

第一，民族民间工艺与现代设计艺术的优势互补结合——土加洋。如以壮（瑶、苗等）锦绣工艺品，要嫁接艺术资源，做正版的艺术授权产品；同时运用现代技术提升效率降低成本，打造西江民族服饰用品创意设计产业链；让西江地区丰富的小微企业产品乃至民间民族工艺品有机会进入现代生活和国际视野。

第二，绿色生态资源与金色创意点子的增值低碳结合——石成金。如利用竹子林业开发打造可循环的竹制品创意设计产业链；传统精美农副特产食品的现代设计包装提升推广。

第三，实体空间与虚拟世界的有机交融结合——小变大。使传统实体空间与信息技术和智慧城市互联物联，使有限实体小空间变成无限虚拟大世界。

以上三个方面，有机互动，点线面综合构成，互补集成，是西江经济带设计从宏观到微观的有机载体与系统呈现。

（二）西江经济带设计元素挖掘的战略导向

1. 面向民族文化传统的设计战略

民族文化传统是设计产业元素挖掘的首选。西江经济带的民族文化发展历经几千年，民族文化资源形态丰富、蕴藏丰富，并且西江流域大部分的民族民俗文化资源历经数千年而仍然以活态存在，因此是设计产业要素挖掘的首选。主要可从以下几个方面着手。

第一，挖掘整理本地民族文化传统设计元素。其中主要包括客家服饰、黄姚古镇民居、江头村和长岗岭村古建筑群、桂林砖石雕刻、临桂傩舞面具、桂东南木偶、桂平汉族陶瓷、全州民间剪纸、苍梧丝竹挂帘、五通“农民画”、阳朔画扇、玉林羽毛画、金秀茶

山瑶银饰、《评皇牒券》图绘、苗族刺绣蜡染、侗族百鸟羽衣等。在对本地民族文化传统资源要素挖掘时，要特别注意加强对其中非物质科学设计原理性元素的挖掘运用，如黄姚古镇的布局设计原理、黄姚古井结构的循环使用设计原理、容县真武阁隼铆挑梁防震设计原理、灵渠大坝结构和砖木扣合原理等，其生态自然性、科学合理性、低碳环保性，在今天的城市创意设计中仍有极高的学习利用价值。

第二，挖掘整理东盟民族文化传统设计元素。西江流域连接起了具有丰富少数民族资源的中国西南与华南地区，还是中国内地实现西南出海的关键通道，是连接北部湾与东南亚各国与中国内地的大通道。因此挖掘、整理、利用该地区和北部湾与东南亚各国民族民间、民俗文化符号与设计元素既得天独厚又责无旁贷。

第三，融入东西方民族现代优秀设计理念、借助发达地区设计人才。在设计产业日益全球化的时代，东西方设计理念与文化的融合已成趋势。在浙江海宁中国皮革城，皮革品牌风尚中心，已成功通过“脑体分离”，打造出一个专门融合东西方、国内外设计最新进展的智慧高地。

西江经济带民族文化设计的发展，同样应该从自身丰富的文化资源出发，创造平台、机制创新，打造能够融合东西方、国内外的智慧高地，使西江民族文化设计达到新境界。

2. 面向文化事业的设计战略

“智慧城市”是高科技时代“科技服务生活”的城市模式。城市设计在高科技时代的必然趋向，应是纳入智慧城市构建体系，实现智慧城市的设计。西江经济带的设计战略应积极利用数字化、信息化提升西江经济带城市文化发展水平与质量。

智慧城市的规划设计主要包括智慧政府、智能交通、智慧能源、智慧物流、智慧环保、智慧社区、智慧楼宇、智慧学校、智慧企业、智慧银行、智慧医院、智慧生活以及这些智慧行业之间的跨行业应用等方面。这些与城市文化事业发展水平、生活质量、区域竞争力紧密相关，并推动城市文化可持续大发展大繁荣，因此未来西江经济带面向文化事业的设计战略必须融入智慧城市构建之中，尤其加大多媒体、全媒体、交互设计、用户体验等设计力度。

3. 面向文化产业的设计战略

主要分为三个方面。

一是设计提升物质性产品，具体包括：对源（元）生态元素（原汁原味无须加工）的包装推广；对元素或传统产品进行改良升级设计；结合市场和本地优势进行概念性创新开发设计。在对具体产品进行设计提升的同时，持续进行品牌策划并同步进行传播推广。

二是设计立市，即使宏观设计政策与具体创意产业的驱动引领相结合。建议在西江经济带导入体现“政商产学研用”有机对接的“设计立县”或“星火燎原”计划，借鉴江苏宝应等经验——如上海高校专业教师与设计师帮助江苏县级手工作坊，打造自主设计品牌：过去水晶只用来生产廉价旅游纪念品，现在水晶能与红木结合，成为时尚的家具用品。这种输出本土设计力量、与全国制造业对接、实现跨区域、跨行业联动发展的发展模式可称为“设计立县”计划或“星火燎原”计划。

三是设计维和，即通过设计实现文化交流与沟通，最终实现文化认同。打造西江民族设计产业的目的，在于以西江文化带丰富多样的民族手工艺文化资源为发展前提，借助西江经济带的经济平台与通航便利条件，服务于珠三角与东盟十国的多元需求尤其是高端

需求，发展西江民族设计产业的同时，更能通过文化设计与创意产业的交流来维护、促进本地区包括东盟地区的和平稳定与共同发展繁荣。

（三）西江经济带设计造型元素归纳选取的战略原则

（1）以“山、水”为生态造型元素：该地区有蟠龙山、都峤山、立鱼峰、象鼻山等名山秀峰30余座；有南盘江、红水河、黔江、浔江、郁江、柳江、桂江、贺江、漓江等知名江、湖、泉、瀑近40个。这些山水资源充分彰显诠释了该地区“山水甲天下”的美名与内涵，更是进行城市形象创意设计的生态造型元素。“印象刘三姐”就是成功案例。

（2）以“人、仙”为人文造型元素：近山者仁、近水者智，一方水土养一方人。西江经济带养育或造就了众多历史名人、丰富少数民族人物传说或神仙故事，如刘三姐、龙母等。以此为元素可以开发大批新媒体创意系列产品——可开发设计动画《刘三姐》、新媒体《龙母传说》等及其相关衍生文化设计创意产品，以免将来又被西方拿去改编成如《功夫熊猫》、《花木兰》之类。这也是涉及民族和国家文化安全的大问题。

（3）以“数、码”为现代造型元素：运用多媒体电子技术与艺术，把山歌等传统视听元素以电子手段融入新产品设计开发，把数码技术与艺术融入传统工艺。

（四）西江经济带城市设计核心内容的战略原则

西江经济带城市设计核心内容，即该区域城市发展总体设计的核心与宗旨。“民生、文化、交流”为西江经济带城市群城市设计核心内容，具体体现为：一是民生设计表达体现在吃、穿、住、行、用、休、医、安8个方面；二是文化设计表达体现在听、说、读、写、观、演、锻、欢8个方面；三是交流设计表达体现在微观方面是人与人和谐交流模式设计，中观方面是城乡和谐交流模式设计，微观方面是宏观区间乃至国际和谐交流模式设计。

西江经济带城市设计，其宗旨应是通过对城市“交流”的设计而促进“宜居”、“和居”乃至“大同”。我国近现代史上著名的教育家雷沛鸿论述“西江文化（广西地方文化）”的“特质”时，指出“在同化力开展中，广西地方文化就表示出一种伟大精神，这就是大同精神”。西江经济带城市群城市设计核心战略就是要表达体现并促进这种合和与大同精神的发扬光大。当然，这种交流设计是非物质事理性设计。

（五）西江经济带城市结构设计布局的战略原则

西江经济带的城市结构设计，应兼顾“老城”、“现城”与“新城”三个层面，使三者在同一城市空间达到结构协调。具体而言，一是要“老城保护”，以过去“历史传统优势”的保护来体现城市文脉与记忆；二是要“现城微调”，以现在“目前发展实况”的优化来保持城市活力与景象；三是“新城建设”，以未来“和谐宜居幸福”的理念来描绘城市愿景与希望。

西江经济带的城市结构设计，还应注意处理西江经济带各城市型、色、质的不同特色定位与设计表达，避免造成经济带内部城市定位的结构冲突。

（六）西江经济带设计区域推进梯次联动的战略原则

设计区域是以设计资源、产业需求以及区域发展的不同目标而

产生的空间区划，其目的在于更好的实现设计产业发展的针对性发展与梯次联动。

西江经济带中的柳州、桂林、梧州、玉林、贵港、贺州、来宾7个地市在设计区域上可以划分为三个梯队。

一是以柳州、桂林为第一梯队进行城市设计总体策划设计，因为这两个市建市历史悠久，在经济、文化、社会发展方面多年来都居于全区前列，是广西的传统强市，是西江经济带的中心城市。二是以梧州、玉林为第二梯队进行总体规划设计，这两个市是广西老牌地级市，这两个市的社会经济发展在广西处于中上水平，是西江经济带的副中心城市。三是以贵港、贺州、来宾为第三梯队进行总体规划设计，贵港、贺州、来宾三市是西江经济带的新兴城市，它们与梧州、玉林、柳州本来是一体的，彼此之间在各个领域相互渗透相互合作，有着天然的共同体优势。

西江经济带设计区域之间应按发展重点、形态布局、战略步骤等进行合理统筹，错位竞争、优势互补，梯级推进，协同发展。在西江文化地理中，梧州是重中之重，宜在打造“西江文化地理标志”中给予特别强调和凸显；以梧州为西江文化的地理门户，桂林为堂奥，而柳州与贵港则分别为西江文化地理之两翼，四个城市形成了西江文化地理的完整轮廓。应以梧州为“西江文化地理标志”打造的龙头，引领桂林、柳州与贵港，设置相同的标志符号，以此凸显与划分出西江文化的地理轮廓。

西江经济带设计区域的发展，可实现“上中下”梯次联动发展。从“上”引进先进人才和理念技术，如对接学习沿海地区城市甚至发达国家；对“中”激活设计产业园区、城市联合体、城市CBD等合理布局与联动机制；向“下”挖掘整理设计元素资源整合联动，民族、民间、民俗资源或东盟国家民族、民间、民俗资源，解决就业，保护民粹，引领文化，推动地区和平稳定。

三　西江经济带民族文化设计产业品牌建立与人才培养的六大战略

设计产业的两大核心是“品牌”与“人才”，成熟的设计产业应以打造知名设计品牌和拥有一批高素质设计人才为主要标志。西江经济带设计产业的发展正面临从“无”到“有”，从“有”到“优”的转型时期，而转型发展取决于创新驱动能力，创新驱动能力源自设计艺术等创新人才质量，设计艺术创新人才质量体现于其艺术创意设计能力与创新事业创意产业的成功与否；而大批高质量设计艺术创新人才极其成功，则取决于我们设计产业品牌与人才战略举措是否高度重视和切实可行。在欧洲，设计师则是第一个要考虑的元素，只有设计师形成自己的独立风格，才会有投资人来打造这个品牌。因此，必须打破过去“往往是先有老板，再开工厂，接着创品牌，最后才会想到设计师”的模式。

为打造知名城市形象和产品品牌，构筑西江经济带设计人才高地，营造西江经济带民族文化设计产业发展的良好环境，推动西江经济带经济社会健康协调可持续地科学发展，必须通过政府主导、专家主持、相关企业支持以及社会各界广泛参与的一系列政策的规划与实施，来重点着力打造西江经济带的优秀设计品牌和一流设计人才多级梯队。具体而言可通过以下 6 个方面的主题板块打造来实现。

（一）打造“西江经济带优秀设计奖 GDG”（Good Design of Guangxi）

1. 大赛组织

“西江经济带优秀设计奖 GDG”（Good Design of Guangxi）的组织方式参照四大国际设计大赛（IDEA、iF、red dot、G-mark），主要由独立于政府、企业外的第三权威组织来主办；政府可提供政策平台与服务支持，企业以赞助形式加入。第三方权威组织可由政府牵头，在全国或世界范围内招标产生。

2. 大赛目的

“西江经济带优秀设计奖 GDG”（Good Design of Guangxi）设立的目的，是通过大赛的方式鼓励制造商不断创新设计，并向广大旅游者推荐最优秀的消费品和纪念品，鼓励商业界和公众更多地认识优秀的文化设计给生活质量和经济带来的影响，使西江经济带成为珠三角、东南亚设计产业发展的智慧高地与创新高原区。

3. 大赛范围

要建立广泛而明确的大赛范围，譬如将设计概念产品类和企业产品类分开，明确各个不同类别之间的评奖标准，争取在三年内持续扩大参赛范围，将包装设计、数码媒体和平面设计等也融入评奖系统中。

大赛产品范围主要包括旅游纪念品开发设计，可涵盖整个西江经济带乃至整个广西与东盟地区。此外也包括先进制造业范畴的各类工业设计作品，促进柳州工业基地的产品开发设计；数码类产品及高科技含量的电子产品，促进桂林的数码产品开发设计等。借鉴国际权威设计大赛，大赛范围如表 1 所示。

表1 “西江经济带优秀设计奖GDG”（Good Design of Guangxi）大赛范围

大奖名称	IDEA	iF	red dot	G-mark	GDG
范围	作品不仅包括工业产品，而且也包括包装、软件、展示设计、概念设计等，包括9大类、47小类。2005年的“工业设计优秀奖（IDEA）”包括商业及工业产品类、电脑产品类等13个奖项，共有148个作品获奖	每年都会吸引超过30个国家的1800多件参赛作品。设计奖分为六个类别：产品设计，包装设计，交通设计，公共设计，交流设计（数码媒体和平面设计）以及概念设计（专为学生而设）。两年一度的iF公司设计奖也在这一天揭晓	主要分为产品设计、传达设计和概念设计三个部分。2006年共有来自43个国家的2548件作品参赛	评选范围涉及建筑、家电、交通等各行各业，参加范围覆盖全球。日本政府颁发该奖，对获奖产品授予国际最高设计荣誉，并授予G-Mark标志的使用资格	以旅游产品（纪念品、旅游工具装备、旅游消费品以及相关的包装、海报等）设计为主，兼具机械工业产品和数码产品设计

（二）开展“西江经济带小微企业设计支援计划”

小微企业已逐渐成为国家产业转型、体制重构的工作重点，发展西江经济带的小微设计企业是发展本区域设计产业的重要内容。

开展“西江经济带小微企业设计支援计划”，旨在加强西江经济带相关政府对设计和创新的支持，鼓励各中小企业更广泛地采用设计与创新的成果，以协助各企业走高附加值的发展路线。具体分为两个不同的资助计划，分别为企业资助计划和设计师海外研修计划。通过对设计机构或企业的资助，帮助中小企业明确设计的观念，鼓励它们通过设计和创新提高产品的附加值，一方面促进企业的发展，另一方面提升设计在产品开发中的作用。该项资助主要向缺乏设计资金的中小企业倾斜，对它们的自主开发实施政策上和资金上的鼓励。企业资助计划目的在于提高中小企业的设计兴趣，包括采用设计、同时把设计转化成可出售的商品或服务，并鼓励它们在设计方面做出投资。这项计划的管理权和最终解释权归广西创意设计协会（中心）或西江经济带创意设计协会（中心）所有。

（三）创立“西江经济带‘三民’（民族、民俗、民间）设计系列博物馆”

博物馆将收藏西江经济带、广西全境乃至东盟地区的民族、民俗、民间工艺美术设计元素，这些既是反映本地区悠久历史、灿烂文化、生态多样、文化多元的特点，又真实地反映出该地区的城市与乡村文化记忆、历史文脉，尤其能成为转型发展创意设计的资源宝库与灵感源泉。

（四）打造“西江经济带设计中心”和“西江民族设计高端产业园区”

西江经济带设计产业的发展，单靠政府与企业的推动是不行的，行业协会的作用应当被积极发挥出来。在国外，韩国振兴设计院、日本设计促进会等设计行业协会起到了很好的产业推动作用，在上海设计中心也在发挥着相同的功能。

打造“西江经济带设计中心”。旨在推进西江经济带设计产业的发展，促进设计与产业的互动，增强企业产品及品牌的竞争力，构筑西江经济带设计服务产业链和设计人才高地。西江经济带设计中心作为一个公共服务平台，将整合团结本地区及海内外设计力量，发挥各类设计机构政、产、学、研、用各方面的作用，把面向国内外的设计提升到一个崭新的水平，进一步发挥设计在产业发展中的作用。

打造“西江民族设计高端产业园区”。一是体现民族特色的城市设计。城市设计与城市规划相匹配，是通过设计凸显城市风格的重要手段。西江流域、珠三角及东盟地区是多民族聚集地区，民族风格凸显是城市形象与个性形成的重要方式，“西江民族设计高端产业园区”可针对这一发展趋势，聚集艺术设计、城市规划与民族民俗文化人才进行城市设计的开发。二是体现民族特色的高端消费品设计。高端消费品包括高端生活用品、奢侈品与礼品等，当前国际高端消费市场发展迅速，但产品开发缺乏特色的、具有民族特色的高端消费品前景广阔。三是民族手工艺产品的创意开发。西江流域民族手工艺建筑文化非常发达，特色鲜明，比如玉林市容县真武阁构思精巧，但大部分被限定在日常生活的实用文化体系之内，缺乏与现代生活需求相匹配的表现形式，“西江民族设计高端产业园区”可大量开发西江流域丰富多彩的手工艺建筑文化，通过现代创意的形式，利用 DIY 积木模式开发孩子的手脑并用能力，使之走入人们的日常生活、打开其产业发展道路的同时，也弘扬了中华民族优秀建筑智慧与文化。还要特别注意加强对其中非物质科学设计原理性元素的挖掘运用，如黄姚古镇的布局设计原理、黄姚古井结构的循环使用设计原理、容县真武阁隼铆挑梁防震设计原理、灵渠大坝结构和砖木扣合原理等，其生态自然性、科学合理性、低碳环保性，在今天的城市创意设计中仍有极高的学习利用价值。

（五）打造“西江经济带设计名师智造计划”

从制造大国跨越到设计大国，从生产中心演变成创意基地，从科学技术转化为生产效力乃至生活方式与“新文化运动”，设计创新是必由之路。而沟通这条必由之路的关键或核心所在是设计师，尤其是设计名师与设计精英。他们是市场竞争制胜法宝和首要因素，是发展模式转型成功与否的决定力量。

而设计名师或设计精英的产生，虽然有其自身的成才规律，但其所在的创新环境、政策导向、扶持力度甚至策划打造、包装传播，对大批设计名师能否快速成长并脱颖而出直至具有品牌效应，具有十分重要的促进或阻碍作用，有时甚至是决定作用。有必要通过相关政策措施的制定和落实，来打造“广西智造”或“西江智造”的设计英才，促进本土设计名师或民族工艺美术名师的快速成长，并能吸纳荟萃（世界）各地设计群英来此八仙过海各显神通，不仅要西江山水甲天下，而且要西江设计甲天下，进而促进西江经济带乃至全区的科学发展。

（六）创新设计及相关学科的教育、普及和社会化管理

创新设计普及教育旨在创造力的开发和文化设计素质的培养，其目的是使社会的每个成员都能够理解设计，只要通过交流能够达成理解和共识，就会提高生活质量，营造文明、亲切与和谐的环境。

具体措施可从以下方面着手：一是借鉴发达国家与地区经验，尽快确立设计作为兴区强市的战略政策，并制定可持续发展的设计兴市发展纲要与落实举措、运行机制等，如类似“设计立县”模

式的构建与推广。二是抓紧普及设计知识，让设计启蒙课程逐渐进入当地中小学的课堂，内容应包括：普及设计的概念、特点、本质、发展历史；与制造、商业、发明、建筑、工程以及日常生活的密切联系；展示设计对于经济和科技进步、社会发展和生活水平提高的重要作用；加强年青一代对于设计的了解，为该地区以及整个广西设计产业的发展奠定良好基础。三是加紧调整基础教育（大众化教育）的体制与内容，最好在幼儿园、小学、中学、大学开设相应的设计创新类型发明制作课程，以取代或优化原有的《手工课》、《劳动技能课》等形式与内容，并作为中考乃至高考的必须选项或加分条件。四是有关相应的设计激励机制的设立。成立诸如乒乓球、围棋、乐器等类似的培训考级制度和相应的群众性创新团体与民间设计专题（行会）组织。五是经常举办各种形式和规模的设计交流、展示、表彰活动，以此鼓励创新发明，促进成果转化，弘扬设计典型，培育宽厚的设计队伍基础。六是建立设计网站、博客、报纸设计专栏、电台电视设计创意频道、主题栏目（如日本 NHK 创意大比拼节目）等。七是探讨面向全社会广大消费者的设计教育机制，这将是一种多种形式、多种渠道的教育，进行审美素养、创新能力、设计知识、专利意识、生活方式等的普及。八是设计西江经济带“市县设计大讲坛”——将由地方政府和省级协会主办，联结迫切需要设计提升的县级中小制造企业和优秀设计机构、院校。“市县设计大讲坛”以系统的传播和普及艺术设计和创意产业知识为主轴，将源头活水引入干涸的农田，也将丰收的硕果带回繁华的都市。

设计是全社会的事。这一方面因为所有的设计都是为社会、为大众的设计；另一方面，人人都受惠于设计，并有可能参与设计，

为设计献计献策。一个好的设计要被社会和受众认可，不仅取决于设计本身的好坏，还取决于设计受众的经济条件、文化素质、审美欣赏水平乃至价值观。提高整个西江地区社会大众对设计的认知水平和审美欣赏水平可以看做是提高设计水平的一个重要的方面，从而最终让社会大众参与到各种设计中来。在西江经济带乃至广西全社会对设计的认知和审美欣赏水平的提高，将极大地促进本地区文化设计艺术创意产业的大发展大繁荣。

B.6
桂西资源富集区文化旅游业创新发展研究

刘新静*

摘　要：

作为资源吸引型旅游目的地，桂西资源富集区具有强吸引力价值的文化旅游资源，发展文化旅游业具有明显的优势，当前的形势和各项规划也为其发展提供了保障和条件。就其现状而言，桂西文化旅游业在区域合作、开发模式、社区参与和信息化等方面还有很大的发展空间，要实现创新发展，不仅要从这四方面导入新的要素，深化区域旅游合作的范围和力度、培育和引进大型旅游企业、建立旅游服务质量标准体系、加大基础设施投入和建设、建立旅游目的地营销系统，而且要创新体制机制，从理念与保障体系、规划与发展机制、文化与地域特色等方面实现突破。

关键词：

桂西　资源富集区　文化旅游创新

一　桂西资源富集区文化旅游业创新发展的必要性与可能性

作为旅游目的地，桂西资源富集区显然属于资源吸引型，与经

* 刘新静，上海交通大学城市科学研究院院长助理、博士、研究员，《中国城市群数据库》负责人，上海交通大学媒体与设计学院博士后。

济吸引型、需求吸引型、综合驱动型三类目的地相比，此类型的特点在于具有强吸引力价值的自然和人文景观，桂西独特的自然景观和丰富的民族民俗文化正是其最具魅力的吸引物，文化旅游业无疑是其最好的发展路径之一。与此同时，多方面的利好也为桂西文化旅游业发展提供了条件和保障。从国家层面来看，从《文化产业振兴规划》、《关于加快旅游业发展的意见》到《关于促进文化旅游结合发展的指导意见》、《西部大开发"十二五"规划》都为文化旅游业的发展提供了优惠政策和利好机会，像《西部大开发"十二五"规划》中提出要在河池等市建立机场，会打通桂西同国内其他地区的空中通道，极大提升桂西地区的可进入性，从而为当地带来大量的客流。从区域层面来看，《广西"十二五"规划纲要》、《桂西资源富集区规划》等区域规划也纷纷为桂西文化旅游业的发展提供了政策依据。例如《广西"十二五"规划纲要》提出了"十二五"期间加快壮大中心城市，南宁、柳州、桂林都会建成人口在百万人以上的大城市，梧州、贵港、玉林要建成人口在 50 万人以上的中型城市，河池、百色、崇左的城市人口也分别达到 45 万人、30 万人、20 万人，根据旅游学理论，城市是主要客源地，广西区内众多大中城市的出现以及桂西自身城市化的提升将为桂西文化旅游市场提供大量的客源，随着当地经济的增长，文化旅游消费也必定会呈现较大幅度增长。最新通过的《桂西资源富集区规划》提出了"五地一区"的概念，即将桂西打造成为"资源深加工基地、特色农林产品基地、养生长寿健康基地、区域性物流基地、国际旅游目的地、民族文化产业集聚区"，其中"国际旅游目的地"和"民族文化产业集聚区"的交集就在于发展文化旅游业。在这样的背景下，桂西资源富集区发展文化旅游业是十分必要的。

桂西拥有丰富的文化旅游资源，其长寿文化、铜鼓文化、红色文化、布罗陀文化和边关文化底蕴深厚、内涵丰富，发展文化旅游业具有先天的优势。一般而言，产业发展会遵循渐进发展的轨迹，桂西作为后发展地区，一味地模仿东部沿海地区的文化旅游发展模式，其发展速度和态势势必会缓慢而滞后，只有不断创新，才能实现跨越式发展。创新是文化旅游业的灵魂，人才是创新发展的关键，桂西地区已经意识到人才的重要性，也加大了人才培养和引进的力度。例如《百色市中长期人才发展规划（2010～2020年）》把人才作为经济社会发展的第一资源摆在突出位置，提出“到2020年我市人才发展的总体目标是培养造就数量充足、素质优良、结构合理、富有创新活力的人才队伍，逐步缩小与发达地区的人才差距，初步形成具有自身特点的人才竞争优势，成为桂西地区重要的人才聚集区和铝产业、现代农业和现代服务业人才高地”，并且实施“人才小高地建设提升工程、特聘专家工程、企业家培养工程、党政人才素质提升工程、重点产业高技能人才培养开发工程、科技创新团队建设工程、宣传文化领军人才开发工程、农村实用人才开发工程”八大工程，“集中有限的人力、财力和物力，加大吸引高层次人才的力度，对高层次人才在待遇、税收、工作环境、生活条件等方面予以特别照顾”。[①] 人才的集聚势必会为创新发展带来创意策划能力、管理服务水准、人才队伍建设等方面的极大提升，桂西文化旅游业创新发展也成为可能。

---

① 《关于印发〈百色市中长期人才发展规划纲要（2010～2020年）〉的通知》，百色党建网，2011年10月19日。

二　桂西资源富集区文化旅游业创新发展的理论依据和现实基础

作为后发展地区赶超先发展地区的路径，经济学家熊彼特提出了“创新理论”，这一理论认为只要导入一种新的生产函数，就能促使该地区脱离渐进发展的轨迹实现跨越式发展，新的生产函数可以是新产品、新生产方式，也可以是新原料、新市场或新的企业组织形式。另外，一位经济学者格申克龙则提出了“后发优势学说”，区域经济增长速度取决于技术创新和产业升级的速度，而经济相对落后的区域可以享用先进区域开发出来的技术，并且采用当代“最优做法”，这样可以快速实现技术创新和产业升级，从而实现该区域的跨越式发展，像日本、韩国、中国台湾地区和新加坡等亚洲四小龙的崛起就是很好的案例。“创新理论”和“后发优势理论”都为桂西资源富集区的跨越式发展提供了理论依据，具体到文化旅游业，实现创新发展的关键就在于导入新的生产函数。

桂西资源富集区自然资源和文化资源都极为丰厚，但经济、社会及旅游业发展基础都相对薄弱。从经济指标来看，河池、百色和崇左三市 2010 年的人均 GDP 分别为 13912 元、15812 元和 18583 元，尚未达到我国 2010 年的人均 GDP 29748 元（见图 1）。根据世界银行的标准，人均 GDP 在 3000 美元以下属于中下等收入地区，根据其他国家的经验，人均 GDP 达到 3000 美元后，经济社会生活会出现一些新特征：经济结构上，三次产业优化升级，服务业将加快发展，经济增长的质量和效益都会明显提高；消费结构上，更加注重生活质量，消费呈现多样化，社会事业将全面发展；社会结构上，生活宽裕人群将成为社会主体，社会总体收入分布形态向“橄榄型”转变。社会学认为，这是比较成熟、稳定的社会形态。[①] 另外，根据英格尔斯的现代化指标参数，人均GDP 3000美元是进入现代化社会的必要标准。因此，从这一重要指标来看，目前桂西资源富集区仍处于中下等收入水平和前现代社会阶段。

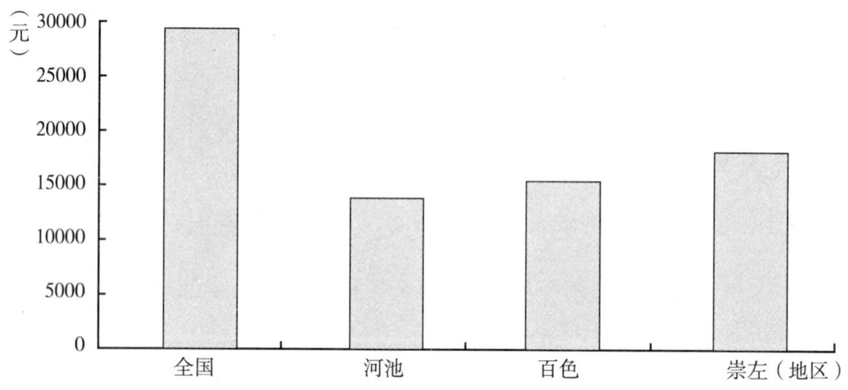

图1　2010年全国与三市人均GDP比较

从旅游业本身来看，桂西资源富集区的旅游业发展也处于起步阶段，2010年河池、百色和崇左的旅游收入分别为44.1亿元、57亿元、37.62亿元，广西有14个地级市，三市从数量上占了1/4强，而其旅游收入总量却达不到广西旅游如收入的1/6（见图2）。虽然不能简单地给各个城市的旅游收入排名，因为各个城市的旅游业发展水平和阶段不同，但是这可以直观地看出桂西资源富集区的旅游业在全自治区所占比重较小。与北部湾经济区和西江经济带相

① 《人均GDP3000美元意味着什么?》,《时事报告》2010年5月20日。

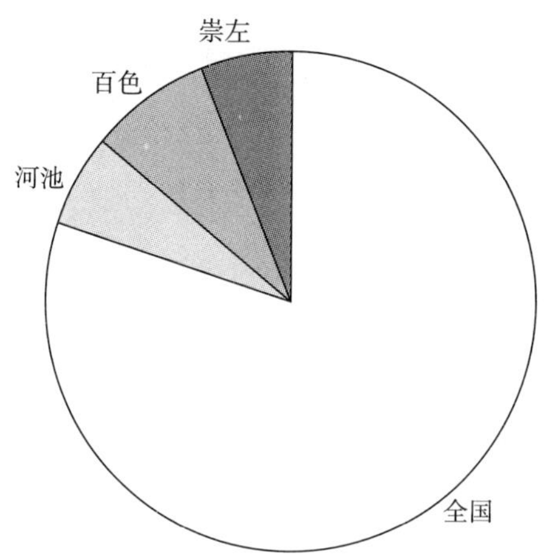

图 2　2010 年广西与三市旅游收入比较

比，桂西旅游业还有极大的上升空间。

从产业结构的角度来看，目前桂西资源富集区处于第二产业占比重较大的态势，2010 年河池、百色和崇左的第二产业占比分别为 46.14%、54.14% 和 38%（见图 3）。比较有趣的现象是，观察 2002～2010 年桂西地区的第三产业占比情况发现，河池、百色和崇左的第三产业占比出现了逐渐降低的趋势（见图 4）。根据英格尔斯的现代化指标体系，农业产值低于 12%～15%，服务业产值高于 45% 的产业机构是现代化社会的重要标志，由此可见，桂西资源富集区的产业结构还需要进行调整。

通过这些指标的比照，可以得出以下结论：第一，桂西资源富集区处于前现代化社会，人均 GDP、产业结构都具有前现代化社会的明显特征，这意味着本地旅游消费还处于沉寂期；第二，从旅游业本身来看，桂西地区的旅游业还处于从发展初期向中期过渡的阶段，目前应该实现从增长极战略到轴线战略的转变；第三，从产

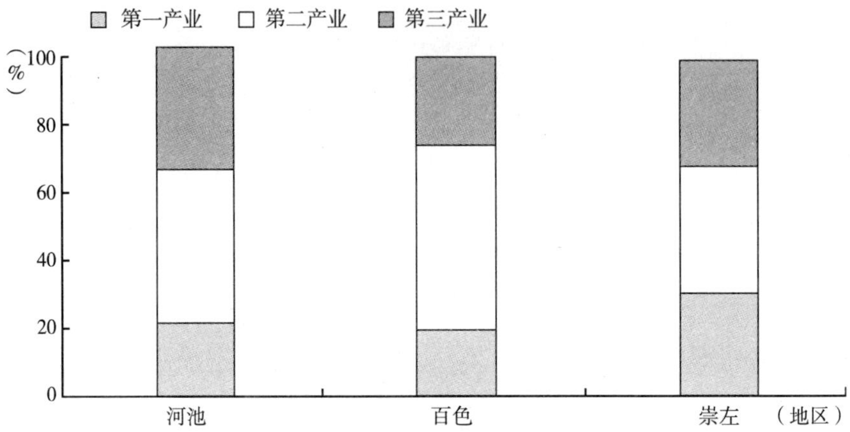

图3　2010年三市产业结构

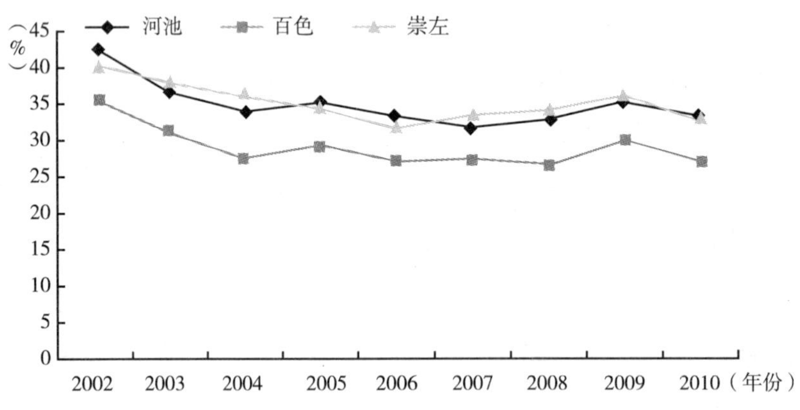

图4　2002～2010年三市第三产业占比趋势

业结构来看，目前桂西地区的发展重点是第二产业，作为第三产业的旅游业并非主导产业；第四，从旅游业发展动力模式来看，桂西地区是典型的资源驱动型目的地，其主要的动力因素是当地自然和文化的独特性和综合品位。

三　桂西资源富集区文化旅游业发展现状与问题

桂西资源富集区包括河池、百色和崇左三个地级市，这三个地级市地处西南，人文风情与自然风光均极具魅力，因为工业化和城市化的较少侵扰，其生态环境保持较好，这些因素都是开发旅游业的重要基础。但是目前桂西资源富集区的旅游业发展还处于起步阶段，虽然三市2010年的旅游收入占GDP的比重均在9%以上，按照惯例旅游业已经是桂西三市的支柱产业，但是从全区、全国及全世界的视野来看，桂西资源富集区的文化旅游业还有很大的发展空间。经过实地调研和资料整理发现，桂西文化旅游业的问题主要表现在以下几个方面。

1. 区域合作

文化旅游业的发展已经从景点竞争、城市竞争、线路竞争进入了区域竞争的阶段，区域旅游合作已成为大势所趋，区域合作的各成员相互协调、共同发展，利用各自的优势旅游资源来吸引旅游者，形成综合优势，这就体现了劳动地域分工理论中的比较优势原理。[①] 国家将广西化解为北部湾经济区、西江经济带和桂西资源富集区的初衷也在于将经济、社会和文化较为接近的区域联合起来，提升其竞争力。但是目前桂西文化旅游业的区域合作进程显然还没有全面展开，各个城市和各个景点各自为政，单打独斗，显得有些势单力薄。区域合作包括区域内各个城市、各个景点的合作和该地区与其他地区的合作，区域内合作会实现区域旅游资源的差异互补

① 邹统钎：《区域旅游合作模式与机制研究》，南开大学出版社，2010，第2页。

和优化配置，消除行业壁垒和地方保护，扩大影响力和竞争力，区域间的合作会实现客源的互动、地方壁垒的消除以及互惠关系的建立。长三角是目前国内区域内合作做得较好的区域，从 20 世纪 80 年代开始先后实现了联合宣传促销、联合旅游教育培训、交通合作、旅游联网经营、旅游产品和线路合作、企业互动联合等，其合作势头和效果是良好和明显的。这些经验都可以为桂西的区域旅游合作提供借鉴，目前桂西的区域旅游合作处于起步阶段，广西西部旅游联盟的城市标志着桂西区域旅游合作的开始。广西西部旅游联盟是在“十二五”时期旅游业实现转型、升级，创新发展，旅游业竞争加剧的大背景下，为了整合资源，推动桂西旅游实现跨越式发展，经自治区旅游局批准，由百色旅游局牵头，崇左市、河池市旅游局配合共同组建的紧密型旅游联合体。广西西部旅游联盟立足于旅游资源最为丰富独特的桂西地区，以“神奇桂西，人间美丽的养生天堂”为统一宣传口号，强势打造“桂西山水，养生福地”旅游品牌，精心推出感恩祈福红色之旅、养生长寿体验之旅、世界地质公园乐业天坑群之旅、桂西少数民族风情之旅、中越边关探秘之旅、异国风情越南之旅六大特色旅游主题产品。联盟下设旅游景区、旅行社、旅游酒店、餐饮、旅游车队和旅游商品销售六大分联盟。目前，桂西地区的旅游企业非常踊跃，加入联盟的已达 130 多家，使联盟成为广西最大的紧密型旅游合作组织。广西西部旅游联盟将努力实现三大目标，一是让所有加入联盟的企业得到快速发展，培植一批超亿元旅游企业；二是把桂西打造成为全国红色旅游目的地和国际山水生态旅游目的地；三是让旅游业成为地方经济发展的支柱产业，成为带动三产、推动二产的中坚力量。从长远发展的眼光来看，广西西部旅游联盟的成立是及时而必要的，桂西的资源非常丰富，但是这些资源都比较分散，景点与景点之间的距离较长；有些可进入性较差，例如那坡的黑衣壮山寨；有些所处位置独特，较难开发，例如靖西的三叠岭瀑布，就在公路边上，没有空间供给开发；有的景区主题模糊、规划不科学，例如敢壮山的布罗陀文化景区；有的体验性较差，例如友谊关景区，只有一些静态的陈列和展示，游客们到此一游但不能留下来。除此之外，共同的问题就是基础设施和旅游接待设施尚不够便利，目前旅游业已经进入了体验经济时代，休闲度假游也成为主要趋势，但是当地因为这些基础设施的缺乏，导致很多散客没办法实现自助游，更多的是接待团队客人，导致游客停留天数和旅游收入等指标都不理想。广西西部旅游联盟的成立使这些问题有望得以解决。当然，旅游联盟刚刚成立，百业待举，桂西的区域旅游合作仍是任重而道远。

2. 开发模式

开发模式涉及管理模式、市场模式和资金模式，管理模式主要涉及体制机制问题，即所有权、管理权与开发权、经营权的关系问题。桂西有很多珍贵的文化遗产，例如花山岩画、百色手斧等，这些瑰宝具有较高的艺术、历史和科学价值，但是其管理权和开发权、经营权分属文物系统和旅游系统，如何协调两者之间的关系，避免出现双方或多方因博弈而导致的责权不对称问题就是此类文化旅游资源特别要重视的问题。其次是市场模式，市场主要是指客源市场，上文通过数据统计分析认为桂西地区的旅游消费市场仍处于沉寂期，所以目前桂西的主要客源主要来自区域外。《桂西资源富集区规划》提出了将桂西打造为“国际旅游目的地”，但从目前的客源情况来看，国内市场仍占主导地位，例如河池 2010 年接待游客731.03万人次，其中入境游客为3.02万人次，仅占0.4%；百色旅游业的主题是红色旅游，这对境外游客的吸引力不大，只能以国内游客为主要目标市场；崇左毗邻越南，但是越南的旅游资源与桂西地区的旅游资源雷同度高，同时越南的经济发展水平、人口数量也决定了它不可能成为主要客源市场，边关游、民族风情游相较而言对国内客人的吸引力更大。因此，桂西短期内的市场模式还应是以国内为主，国际旅游目的地只能是远景目标。资金模式主要包括政府资金和民间资金，政府资金更多地流向基础设施建设，旅游开发的资金只能依靠民间资金，目前桂西地区的旅游开发工作明显资金紧张，很多景区景点连基本的接待设施都没有，旅游营销工作也因为资金而捉襟见肘，这就需要引进民间资本来激活旅游开发工作。

3. 社区参与

1985年，Murphy首次在旅游研究中引入了社区参与概念。他在《旅游：社区方法》一书中指出："旅游业从其一产生，就有着巨大的经济效益和社会效益，如果能够将它从纯商业化的运作模式中脱离出来，从生态环境和当地居民的角度出发，将旅游考虑为一种社区的活动来进行管理，那么一定能够获得更佳的效果，这就是社区方法。"社区参与旅游发展是指目的地在旅游业发展中，将社区居民作为旅游业发展主题，通过对旅游规划、开发、运营、管理和监督等决策与执行体系的广泛参与，在保证区域旅游业可持续发展的同时，实现社区全面发展的新模式。社区参与机制，其实质是社区居民在旅游开发决策与执行过程中，其意见、需要和诉求能够得以充分表达的渠道或平台。社区参与旅游发展，是一种可持续的旅游扶贫开发模式，是针对资本力量和知识优势引起的对旅游目的

地社会弱势群体权利的挤压所作的一种调和。[①] 社区参与具有几方面的功能：对文化遗产起到有效的维护和传播作用，缓解矛盾、保证社区安全，提高旅游地居民心理承载力促进利益的合理分配，实现旅游地合理有序开发。桂西资源富集区的旅游资源中非常重要的一部分就是民族风情，这一资源的载体主要就是当地居民，无论是那坡黑衣壮景区、白裤瑶原始村落、巴马长寿村还是靖西旧州绣球街、敢壮山布罗陀文化等，没有当地居民的参与，这些景区点也就失去了灵魂。社区参与失败的典型案例像龙脊梯田、黄姚古镇等景区，当地居民世代相传的文化遗产和生存方式成为个别旅游公司谋利的工具，社区居民被排斥在外，失去了参与权和应得的利益，最后酿成了矛盾冲突，成为旅游发展的绊脚石。那坡黑衣壮山寨、旧州绣球街、鹅泉等景点的开发不仅要占用当地居民的生存空间，还要借助其传统技艺、生活场景、生产技能，因此社区参与是必不可少的内容和途径。

4. 信息化

从发展的进程来看，旅游业经历了几次大的信息技术应用变革。第一次是美利坚航空公司和 IBM 公司于 1959 年联合开发了世界上第一个计算机定位系统（SABRE），这是旅游业信息化萌芽的标志。第二次是 1978 年美国推出航空管制取消法案（Deregulation），游客购买机票的选择范围增大，并使电脑预定系统延伸到旅行代理商，到 1982 年，几乎有 82% 的代理商都在使用电脑预定系统（Computer Reservations System，CRS）。到 1985 年，电脑预定系统业务进一步得以发展，包括订购机票、预定客房、租车等，其销售也不断扩大。

① 邹统钎：《遗产旅游发展与管理》，中国旅游出版社，2010。

第三次是建立专门的旅行社银行结账法（也称饭店清算系统）（Bank Settlement Plan，BSP）来完成支付结算。信息高速公路出现后，民航旅游界又研究利用互联网（Internet）来取代 CRS 并最终取代 BSP，使之以极快的速度完成查询、预定和支付等全部工序。与此相应，传统的一些经营、营销、管理方法也因信息技术革新而改变，逐渐向高智能化、网络化、集团化转变。如 1994 年底，美国开始出现新式的“电子机票”，实行“无票旅行”（Ticketless Travel）方式。旅游企业营销策略也发生转变，出现了集团化和各种战略性联盟的趋势。酒店通过管理合同，转让经营特许权形成遍布全球的酒店连锁店，以 FFP（航空公司的经常乘客项目）为纽带的航空公司与酒店、度假村游船公司以及各种俱乐部和租车公司等结成的销售联盟几乎为常客提供了所能想到的一切优惠。而且，现代信息技术的应用，可以更好地了解旅游者的个性特征及需求偏好，更好地对客源市场进行统计分析和市场细分，这些无疑都对旅游业发展具有深远的意义。另一方面，国外旅游目的地信息系统（Destination Information System）也正得到迅猛发展，新系统能提供食、住、行、游、购、娱六要素的综合信息，其功能也逐渐集查询、检索、预订于一身。信息化已成为影响文化旅游业发展的重要因素，近年来我国旅游业在旅游营销信息化、旅游接待服务信息化、旅游交易信息化以及客户管理信息化等方面取得了较大进展，例如旅游交易信息化，海航旅业推出了国民旅游卡，该卡将旅游目的地的门票、住宿、餐饮、交通、娱乐、购物等多种服务集成在一起，用户持卡可以享受旅游全程一卡通行的便利、折扣优惠和特定权益，以及旅游消费信用担保等专属服务，其中庐山如意卡就是非常成功的案例。此外，随着散客旅游时代的来临，越来越多的游客开始选择自助出游，这就要求旅游目的地建立快捷方便的旅游营销信息系统、旅游接待信息服务系统等。目前桂西文化旅游业的信息化程度还比较低，还有很长的路要走。

四　桂西资源富集区文化旅游业创新发展建议

正如创新理论的概念所说，创新就是导入一种新的生产函数，桂西资源富集区的文化旅游业要实现创新发展，就必须导入新的要素，从区域合作、开发模式、社区参与、信息化等角度看，应该从以下几方面入手。

第一，深化区域旅游合作的范围和力度。可以由广西西部旅游联盟牵头，联合桂西地区的旅游行政部门、旅游企业、行业协会、旅游民间组织共同参与文化旅游联盟，旅游宣传促销、旅游市场规范、旅游项目投资、旅游人才培养等方面合作，打造旅游精品和品牌。同时文化旅游联盟还可以代表桂西地区的旅游界与其他区域的旅游组织建立广泛合作关系，扩大桂西地区文化旅游业的人脉和影响力。

第二，培育和引进大型旅游企业。旅游企业是市场的主体，旅游企业是旅游业的媒介，一手抓资源，一手抓客源，通过自身的营销能力，可以解决目前桂西地区旅游开发中的资金、人才、营销、客源等问题。目前桂西地区的旅游行业仍处于“小、散、弱、差”的阶段，我国旅游业飞速发展，旅游市场竞争不断加剧、旅游消费心理日益成熟、越来越个性化的市场需求都对旅游企业的品牌经营和管理提出了新的要求，桂西地区如要实现文化旅游业的快速发展，培育和引进大型旅游企业是必由之路。

第三，培育旅游精品线路，实施轴线战略。桂西地区的文化旅游业处于初级阶段向中级阶段转变的过程，初级阶段实施的是增长极战略，旅游开发呈现点状，即增强节点的集聚能力和扩散效应，形成旅游目的地的增长极，做好旅游吸引物的营造，如德天瀑布、巴马长寿村等旅游点的成功开发都是这一战略的体现；而中级阶段应该实施轴线战略，即旅游开发呈现线状，培育旅游精品线路，形成该区域旅游开发的增长轴线，这些轴线一般是交通线，这一战略也被称为“TOD”战略，这是今后桂西资源富集区文化旅游业发展的趋势和方向。

第四，建立旅游服务质量标准体系。桂西的旅游服务水平较低，旅游服务质量是一个地方旅游产业综合竞争力的重要标志，是展现地方历史文化内涵、宣传地方文化、增强景区景点吸引力的最有效的方式。建立旅游服务质量标准体系，健全管理制度，建立考核、奖励机制，加大培训力度，建立培训工作长效机制，建立旅游服务质量督察制度，加大旅游服务设施的配套建设，提升桂西文化旅游业的行业质量和服务水准，是当务之急和重中之重。

第五，加大基础设施投入和建设。旅游业涉及食、住、行、游、购、娱六大要素，任何一个环节的缺失都会造成旅游服务质量和游客满意度的下降，桂西地区原来的基础设施条件比较落后，尤其是一些新开发的景区景点，连基本的接待设施都难以保障，即使能把游客吸引过来，也很难把游客留下来。即使是已经形成品牌的德天瀑布景区，配套的食、住、购、娱等设施也不尽如人意，不能满足游客的需求，所以很多旅游团都是匆匆到此一游，然后再到其他城市去住宿、购物和娱乐，这就极大地影响了当地旅游收入。

第六，建立旅游目的地营销系统（DMS）。世界旅游组织（WTO）认为旅游目的地营销系统（DMS）应该是一个旅游目的地营销机构的基础设施，并已将其列为“世界最佳目的地”评比中的一个标准。按照WTO的定义，旅游目的地营销系统（DMS）包含吃、住、行、游、购、娱六大旅游要素，它是一个采用开放式的体系架构，通过互联网旅游信息服务，将网上旅游营销、互联网电子商务、旅游行业管理融为一体，并紧密支持跨媒体宣传营销方式的完善、高效、低投入的综合应用系统。我国国家旅游局则将其定义为“旅游目的地城市旅游信息化建设的完整解决方案，它通过一系列的信息技术产品和相应的支持服务来实现城市旅游信息化，并在此基础上利用全国性的跨媒体营销自愿为目的地城市旅游提供高消费比的宣传和推广”①。桂西地区建立旅游目的地营销系统，可以极大地提高营销的有效性，并且降低旅游营销的人力、物力成本。

五　桂西资源富集区文化旅游业创新发展的保障机制

创新发展文化旅游业，旅游管理部门的角色至关重要，创新体制机制，增强发展活力要加大扶持力度，完善激励机制，加大旅游市场开放力度都需要旅游管理部门的主导和参与，完善旅游管理部门的保障机制是文化旅游业创新发展的重要前提。主要表现在以下几方面。

① 邹统钎：《旅游目的地管理》，北京师范大学出版社，2012，第230页。

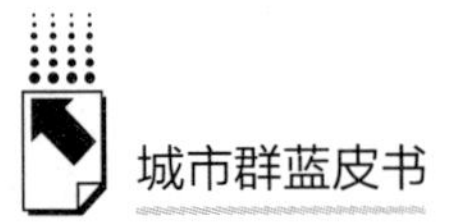

第一，树立科学发展的理念，健全支持保障体系。首先是健全金融支撑体系，通过国际贷款、政府贷款、外商投资、项目融资和创建旅游产业基金融资等渠道，积极开发专项旅游产品，保护旅游资源；其次是完善财政支撑系统，加大财政投入，完善基础设施，加强旅游资源的保护，构建良好的投融资环境；再次是建立税收优惠措施。完善税收制度、提高税收起征点，对于特定旅游项目实施减免税收政策，例如农家乐等示范点，不仅可以减免税收，还可以适当给予奖励。

第二，统筹规划，完善发展机制。科学制订各级旅游发展规划，坚决反对“一哄而上”的无序开发模式，聘请旅游规划专家，通过科学论证制定有序开发模式，反对“开发第一，保护第二”的模式和观念，坚持保护与开发并重，创建良好的发展环境。

第三，强调文化内涵，突出地域特色。坚决反对盲目照搬照抄西方和东部沿海地区的文化旅游发展模式，强调桂西独特的文化内涵，建设具有桂西特色的文化旅游品牌和文化旅游项目，形成“桂西品牌”。

参考文献

邹统钎：《区域旅游合作模式与机制研究》，南开大学出版社，2010。

邹统钎：《遗产旅游发展与管理》，中国旅游出版社，2010。

邹统钎：《旅游目的地管理》，北京师范大学出版社，2012。

《人均 GDP3000 美元意味着什么?》，《时事报告》2010 年 5 月 20 日。

《关于印发〈百色市中长期人才发展规划纲要（2010～2020 年）〉的通知》，百色党建网，2011 年 10 月 19 日。

B.7

论中原城市群新城新区建设的创新机遇

孔 铎*

摘 要：

中原城市群的建设扩大和丰富了中原经济区建设的内涵。在后发现代化的背景之下，中国城市建设自然发展与外在规划之间的关系问题首当其冲，即为城市自身在发展过程中不断扩大规模、演化功能、吸取资源的内在诉求，本地所能承受的发展的极限与外部的优惠政策、发展规划、可调配的资源之间的关系。创造后发发展良好局面的方法必然是一般性经验与实地状况结合的产物，是外部的规划政策、规划与城市的自然生长及自主性之间的良性互动。中原经济区的城市化建设恰巧反映了中国城市化进程中的一些普遍性困难与矛盾，其解决也有一定普遍性意义。

关键词：

中原城市群 中原经济区 城市群

一 中原城市群建设的必然性以及中国城市化的深层矛盾

（一）中原城市群建设的历程及其同中原经济区的关系

早在 2003 年，河南省就在建设小康社会的规划中提出了由 9

---

* 孔铎，上海交通大学媒体与设计学院博士研究生，上海交通大学城市科学研究院兼职研究员，主要从事都市文化、城市科学研究。

个城市组成中原经济区的方案，其概念为“以郑州为中心，以洛阳为副中心，开封、新乡、焦作、许昌、平顶山、漯河、济源等地区性中心城市为节点构成的紧密联系圈”[①]。2009 年，河南省又提出中原城市群“一极两圈三层”的总体框架，将郑州以及 8 个省辖市纳入“半小时交通圈”以及中原城市群的核心层和紧密层；并将其他 9 个省辖市纳入“一小时交通圈”，纳入中原城市群的辐射层。[②] 其后，中原经济区的规划逐渐浮出水面，这并未否定中原城市群的价值，从我国各个地区建设的经验来看，很多经济区在开始规划时都被称为城市群。[③] “但从长远看，由于城市群的框架内容和发展目标更加丰富和科学，特别是在我国转变经济发展方式的宏观背景下，这些经济区必定要选择城市群的发展模式。”[④] 2011 年 9 月国务院颁发的《关于支持河南省加快建设中原经济区的指导意见》(国发〔2011〕32 号) 中提出，“中原经济区是以全国主体功能区规划明确的重点开发区域为基础、中原城市群为支撑、涵盖河南全省、延及周边地区的经济区域”[⑤]，同时在指导意见中将新型城镇化单独挑出，同新型工业化和新型农业现代化的协调一同简称为“三化”，作为中原经济区发展的核心任务。而在 2012 年 12 月国家发改委通过的《中原经济区规划》中也提出，中原城市

① 中国河南省委宣传部：《中共河南省第九次代表大会报告关键词解读》，河南人民出版社，2012，第 22 页。

② 中国河南省委宣传部：《中共河南省第九次代表大会报告关键词解读》，河南人民出版社，2012，第 22 ~ 23 页。

③ 刘士林：《城市群的全球化进程及中国经验》，《学术界》2012 年第 6 期。

④ 刘士林：《城市群的全球化进程及中国经验》，《学术界》2012 年第 6 期。

⑤《国务院关于支持河南省加快建设中原经济区的指导意见》，中华人民共和国中央人民政府网站，2011 年 10 月 7 日。

群是中原经济区的支撑。[①] 由此可以看出，中原经济区的建设和中原城市群的建设之间是相辅相成的关系，并不存在“非此即彼”的矛盾，中原城市群的建设扩大和丰富了中原经济区建设的内涵。

（二）中原城市群建设的深层问题及其普遍性意义

中国作为后发城市化国家，已不可避免地出现了城镇化、城市化和都市化并举的局面。这在表面上给城市建设规划提供了相当大的自由度。在路径选择上可以越过逐步发展的过程直接以“大都市”或者“城市群”为目标实现跨越式发展。但事实上实现有序发展所要考虑的因素并没有减少，反而更加复杂。“大都市”或者“城市群”在当代中国并不能仅仅作为一个口号而存在，其内部逻辑在于，以“城市群”为中心的都市化进程，代表了现今世界发展的主流和趋势。“大都市”或者“城市群”为标准的一大特点就在于“在功能与形态上和主要作为单体城市的后者有了本质的差异。其最突出的特征是与周边城市在交通、经济、社会与文化发展的一体化和层级化水平越来越高，甚至很难与周边广阔的城市化地区区别和隔断，或者在一些方面强行区别拆分以后，人们发现两者又会在其他层面重新交织起来”[②]。这就要求不仅仅本地的发展要科学合理，在“城市群”建设的客观要求下还需要慎重考虑在城市群之内是否有明确的层级关系和分工体系，能否能同周边地区协调发展。更加需要以科学的理论、深刻的现实认识辨明本地的优势，认清本地在区域范围之内的恰当功能，从而在看似多样的发展

---

① 《中原经济区规划（2012～2030 年）》，《河南日报》2012 年 12 月 3 日第 3 版。

② 刘士林：《从大都市到城市群：中国城市化的困惑与选择》，《江海学刊》2012 年第 5 期。

定位中找到符合本地现状的内在要求的最终路径。而对照我国“后发现代化”、“后发城市化”的现实，则需要在城市发展水平未到达这一层面的情况之下以人工规划和政策对城市化进程进行推动，强调在产业的升级、新城新区建设提速、城市空间的扩大过程中的明晰城市间层级结构，使城市间诞生出更加和谐的共生共存关系。

在实践中我国城市在不顾客观规律，无视周边地区发展现实上已经付出了昂贵的“学费”。如果说推行科学城镇化是河南解决农村人口数量多、农业经济比重大、农村劳动力转移潜力大、基本公共服务水平低的核心问题的话，那么未来更大的挑战在于，怎样在当下以较为合理的层级体系、政策规划来确立中原城市群内部各个城市的分工，而同时又能保证各地区未来的发展空间。中原城市群由于依托中原经济区这一国家规划的平台，在各种规划、战略方针、优惠政策之上势必会有长足的发展，但某一地区的未来发展在某种程度上是无法完全被计划的。这一问题可以进一步阐释为，如何协调处理好先期规划、战略设计和政策推动与城市群建设中自然成长和演化的内在规律之间的关系。

二　中原城市群新城新区建设的现状及制约因素

由于中原经济区包括河南省全境以及河南省周边部分地区，这里以河南省为主进行分析。改革开放以来，我国的城市纷纷以建设各种类型和功能的新城新区的形式来进行城市的扩展和经济的提升。这一经验也在中原经济区的各个城市中采用。中国对片面“经济型”城市的建设反思必然伴随着对产业布局、经济指数以外城市建设的探究，希望走出简单化、片面化和粗暴化的阐述而将其推向前进。同时 2011 年城市扩张进入减速通道，内涵建设的提出也呼唤城市在盲目扩张的狂热中逐渐加入其他因素以进行平衡。[1]具体到中原城市群的建设现实上来，主要将其总结为建设实践以及发展观念问题两点。

（一）河南省新城新区建设成果

《中国都市化进程报告发布的 2012》、《全国新城新区报告》中对于新城新区面积的统计如图 1 和图 2 所示。

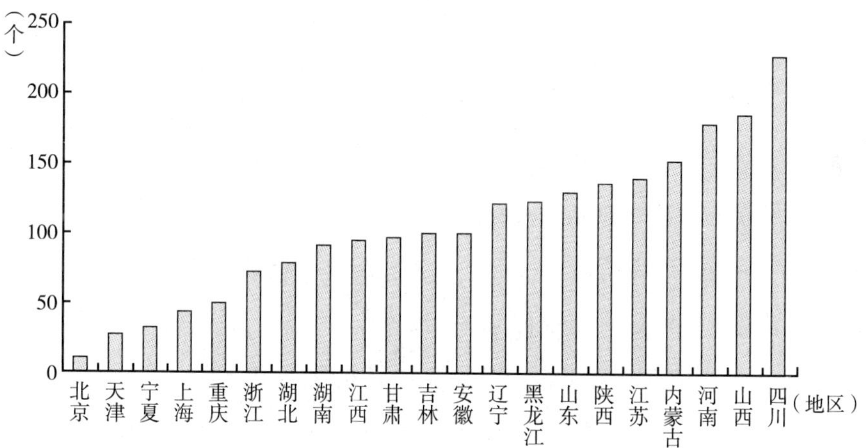

图 1　21 省市新城新区数量统计

资料来源：见刘士林《中国都市化进程报告 2012》，北京大学出版社，2013，第 29 页。

建设新城新区是我国改革开放以来推行城市化的重要手段。从不完全的统计数据中我们可以看到，河南省的新城新区（广义）

① 刘士林：《中国都市化进程报告 2012》，北京大学出版社，2013，第 9 ~ 10 页。

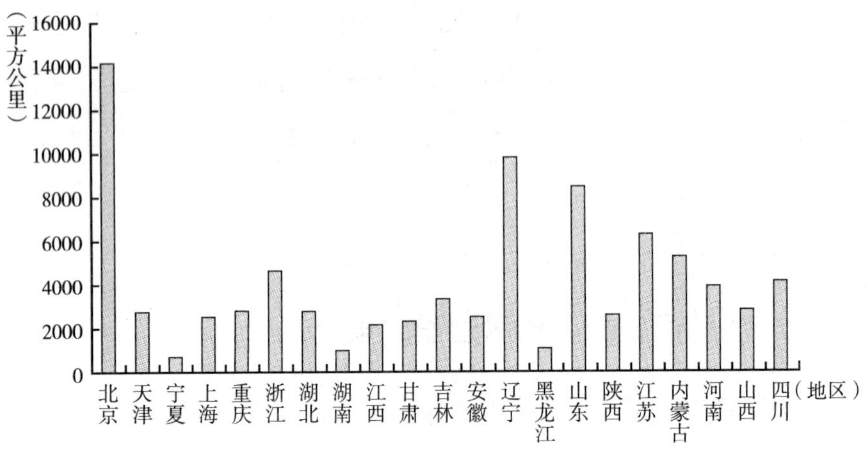

图 2　21 省市新城新区建设面积统计

资料来源：见刘士林《中国都市化进程报告 2012》，北京大学出版社，2013，第 30 页。

面积处于全国 21 省市的第 8 位，数量为第 3 位。根据上海交通大学城市科学研究院的新城新区数据库信息①，从开发区级别上来看，河南省的新城新区中，国家级占 3%、省级占 15%、市级占 17%、县级占 49%、级别不明占 16%，出现了级别高的新城新区面积较大，功能较全，数量较少。级别低的新城新区面积较小，功能较单一，数量较多，普遍为制造业工业园区的现象。前者因为级别较高，调配资源的能力较强，功能较为完备，可以说是本省新城新区发展较好的部分。但级别较低的新城新区由于功能单一，级别较低，资源调动能力较低，未来发展的前景可能并没有前者乐观。虽然说这些新城新区在当下只是一些集中调配和管理资源而建起的初级制造业工业园区或者居住区，可以预见的是这些园区的功能不

① 河南省数据由河南省级各政府网站、新城新区官方网站、河南省统计年鉴、河南省各大报纸报道整理而成。

可能永远停留于单一的功能和较小的规模，在其发展的过程中城市要素将会积累，必定经历一个规模由小到大的过程，最后逐渐形成功能上独立的城市新区。而当这些数量较多，较为分散的新城新区在河南省逐渐成长起来的时候，其发展质量的好与坏可以说在很大程度上决定了河南新城新区的发展质量，更加直接关系到中原经济区或中原城市群的建设质量，具有十分重要的意义。

中原城市群的建设同中国其他城市群的建设一样具有“时不我待”的迫切，无法绕开和牺牲的农业基础和较少的人均资源量等现实因素已经不允许中原城市群在相当长的时间之内自然发展，自由摸索或者“走弯路”。当今最需要的是先在概念上对各种定义进行预先辨明的基础上，充分借鉴国外的城市化经验，结合当今本地优势，明确促进城市建设的各种因素之间的相互作用关系以因势疏导，尽力避免单体城市在实践中的“各自为战”和规划设计与建设实践上的错位现象。处理好先期规划和政策推动之下和城市建设中未来发展的不确定性之间的关系。

（二）文化以及发展观念上的问题

如果说以上的问题尚属于可见、可量化的硬性指标的话，中原城市群所在地的文化问题则更加需要在发展前期需要予以重视。刘士林教授在《中国社会科学报》的《中原经济区是我国城市化的一面镜子》中指出，中原文化在当代显现了文化积淀深厚但产出和服务能力不高的问题。[①] 这不仅牵扯传递的知识背景、价值观

① 李玉：《中原经济区是我国城市化的一面镜子》，《中国社会科学报》2012 年 7 月 11 日第 B06 版。

念、心理结构是否在当代城市生活中为人的全面自由发展提供有益的支撑，还体现在河南省新城新区建设的实践活动之上。在城市群的长期建设中，不能只依靠规划“顶层设计”以及政策的扶持，在规划和政策无法完全顾及的角落势必会出现一些空白与问题需要运用本地经验进行解决，甚至实践活动的经验和地方性规章的出台是规划与政策未来修改参考的重要方面。对城市化新现实的不了解，对建设的新规律、新规则的不熟悉都是这些发展问题无法替代的短板，其危害性最大的后果就是，出现对不重视规章条款，甚至绕开基本规则进行非正常处理的不良现象，如果没有合法的引导和治理，极有可能出现不健康的势头，可能会导致规划与现实实践的巨大差距而造成资源浪费，甚至是“政策失灵”。

在中原城市群发展一段时间之后，这一问题势必走向前台：在人工规划、战略设计和政策成为推动城市化的始动力之后，如何在城市逐渐生长的过程中协调好政策、规划的规定性与城市自身发展的不确定性及其生成丰富性之间的关系。如果将城市比喻为有机体的话，这段时间的有机体仍处于初级的形成阶段。虽然说河南省相当一部分的新城新区在当下只是一些集中调配和管理资源而建起的初级制造业工业园区或者居住区，可以预见的是其功能不可能永远停留于此，城市及城市群会依照其自然成长和演化的内在规律进行演化，使新城新区经历一个由小到大，彼此的联系和交流不断巩固的过程，功能逐渐突破单一的产业或者分流人口等其他功能，开始向综合功能靠拢，最后逐渐形成功能上独立的城市新区。其建设的质量好坏、功能分配的科学与否，是否促进了土地资源和人才资源的优化配置等问题，则直接关系到日后整个区域发展的整体质量。经过改革开放 30 余年的发展，我国新城新区在数量和面积上已十分可观，较早建成的新城新区已经开始展现“磁体”的作用，综合功能完善和独立性诉求开始体现。可以想见在较长的时间之后，更多的新城新区必然走上这一道路，而“在粗放发展中已建成的功能单一、混乱无序的新城新区，必然要面对更大的压力、更多的困难和更严峻的挑战”①。

三　新城新区建设的中国经验分析

这一命题提出的意义还在于，先前的人工规划、政策疏导与城市自身的自主性矛盾是中国城市化进程中一直存在的“幽灵”。在静态理论研究中，城市的各种因素可以依照理性分类的原则归纳出来，但中国的城市化实践对理论的需求却远不能使分析止步于此。在中国由于后发现代化的迫切性，“很多紧迫性、当下性的需要和愿望很容易混入并主宰我国的都市化进程”②，经济建设虽然是河南这一中部地区迫切需要解决的问题，但是这也不能代表经济建设应该在发展规划与建设思想中完全“脱嵌”于整体社会而存在，单纯以经济建设的思维统领现代化建设结果必然造成片面发展。在城市化动态发展的任何一段中，政治、经济、社会、文化等因素势必是无法完全分开的综合性过程。研究这一问题首先要从将其还原过程进行考察。

（一）城市发展经验的一般过程与中西方现状

以现代城市扩展的重要方式——新城新区建设就可以很明显地

① 刘士林：《中国都市化进程报告2012》，北京大学出版社，2013，第34页。

② 刘士林：《城市群的全球化进程及中国经验》，《学术界》2012年第6期。

看出中西城市化之间的差异。新城新区建设的一般规律在于，郊区土地首先用于被开发为某一种或几种有限的用途，通过一种或几种有限的功能带动了人口的积聚。在一段时间之后，城市初具规模，在此居住的城市人开始以自身各种需求为参照要求本地功能综合化，这一需求的逐渐明确和强烈可以通过城市自主性的不断确立而概括出来。同时在城市内部开始培养其自身解决问题，管理自身的方式，“城市磁体”的功能开始发挥作用，最后形成一个拥有独立功能的城市单元。

西方新城新区建设大多是一个城市内部各个要素在市场条件下通过私有制的推动，特别是土地开发商和主要的机构投资者的活动形成的，是城市内部或者城市之间不断依靠自身资源和外部资源，在一个相对自然的自由竞争环境中城市不断完善自身，谋求更高层次发展的过程。其功能往往首先是解决住房问题，此后其他功能逐渐完备起来。在美国，尽管在建设初期地产商想尽办法对居住者实行限制，以保证居住者在社会阶层、种族上的纯洁性以维护居住区的高品位，但是这一地区人口数量的提升，人口结构的复杂化，各种功能的完备在一个相当长的时间段来看是无法阻挡的。[①] 在英国战后的三次新城建设中，城市功能愈加向注重新城自身功能的完善和平衡发展，在此之中新城的独立性也愈加彰显。其建设目标越来越不再着眼于吸收和分流大城市人口，转为考虑本地综合发展问题，特别是在第三代新城建设时，英国政府认为已建的新城作用不大而主张建设一些规模较大的有吸引力的“反磁体”城市，人口

① 罗伯特·M. 福格尔森：《布尔乔亚的恶梦——1870～1930 年的美国城市郊区》，朱歌姝译，上海人民出版社，2007。

由第一代的不大于3.5万人变为第三代的15万~25万人。[①] 在欧美城市化一两百年的时间里，一方面没有“后发现代化”发展的巨大压力与急迫诉求，另一方面其工业革命积累的物质财富，自由贸易制度的相对健全，城市共同体的出现以及打破传统束缚的“非正当性支配”[②]，意识形态、思想价值方面的变革，实际上都为现代城市化的推进设立了有利条件。而这些可能在西方人看来并不是十分显著，甚至是自然而然的因素实际上成为西方城市化特有的核心经验以及中国城市化所不具有同时又不能“强求”的历史条件。当然在此之中也伴随着因城市畸形蔓延、资源浪费、交通阻塞、环境恶化等“城市病”。这是城市的最大发展空间。近年来美国所推行的“精明增长”（Smart Growth）概念以及实践中的“城市增长界限”（Smart Growth Boundaries）就是意识到此问题而采取的实践。

受特有的历史条件和社会政治制度的影响，中国城市化势必需要一个具有相当资源占有量的主体来对城市化资源进行整合，并以一定的计划实行。“政治体制和社会制度构成了推进我国城市化的核心机制。”[③] 在当代中国，常见的例子是，在外部的政策调配管理下，利用资源的调配整合能力，政府通过规划的建设区域首先安排基础设施建设进行开发，或者通过利用行政垄断权的优势和城市行政、商业、文化等功能区的转移，或者引导市场力量进行前期的相关投入等方式，将郊区土地首先用于被开发为某一种或几种有限

① 张冠增主编《西方城市建设史纲》，中国建筑工业出版社，2011，第258~265页。

② 马克斯·韦伯：《非正当性的支配——城市的类型学》，康乐、简惠美译，广西师范大学出版社，2005。

③ 刘士林：《“巨型特征”呼唤中国式城市化道路》，《光明日报》2012年12月13日第14版。

的用途（大多是高新技术开发和工业生产）。“与英国追求职住平衡的新城和日本以居住功能为先导然后逐步导入其他城市功能的开发方式不同，中国当代新城的相当一部分开始主要是以生产功能为主体，呈现明显的工业经济先导的特点。”[①] 通过这一始动力逐渐培育城市的形成要素，带动了人口的积聚。虽然在发展的现实局限性和特殊性上中西城市化进程存在显著的差别，但是从城市化的一般规律和发展阶段上，新城功能完善，重视独立性的诉求是中国新城新区未来必须解决的问题。当历史的进程走到中国现代化、城市化时，已经不允许中国拥有一个同西方相似的“自然”历史进程。城市内部所形成的合力较弱，无法在短时间内自发完成跨越式发展的客观要求。从时间上来说，距离西方现代城市化的起步已经过去了数个世纪，这要求中国必须将城镇化、城市化和都市化同时进行。从空间上来说，“巨国效应”所造成的低人均资源占有量也无法使中国以“试错”的方式缓慢发展。“对于像中国这样发展中国家的城市化，从一开始就丧失了城市发展的‘自然历史进程’，尤其是不可能再循序渐进、按部就班地走西方曾经的城市化之路，这是当下很多基于西方理论和模型的研究频频被中国城市化进程嘲弄和遗弃的主要原因。”[②]

在这里可以说，城市化的各个因素之间的相互关系与相互作用的方式已经无法同西方相比。突出特点就在于城市以及城市群的优势政策、依据各种理论制定的总体规划，甚至是某一重大事件、当

---

① 刑海峰：《新城有机生长规划论——工业开发先导型新城建设实践的理论分析》，新华出版社，2004，第273页。

② 刘士林：《“巨型特征”呼唤中国式城市化道路》，《光明日报》2012年12月13日第14版。

下需求所带来的吸引和利用的各种资源机会，已经突出地成为城市化体系中各种因素中的重要一级。随之而来的问题在于，怎样处理好城市的内在自然生长演化与外在的人工规划、政策之间的关系。本身城市发展就有一定的不可预知性，同时由于中国城市发展与规划、管理经验的有限性，短时间内期望中国城市外在的规划与政策完全能够指导中国城市建设的实践活动是不现实的。这里不是说中国的城市化中没有城市建设与本地区资源环境承载能力之间的矛盾，几年来我国普遍性的“城市病”即昭示了城市资源环境承载量的紧张局面；而是说，城市化的各个因素之间的相互关系与相互作用方式的改变已经使得问题并没有如此简单。刘易斯·芒福德将不健康发展的死亡之城比作贪得无厌的胃囊①，用以隐喻城市需求与本地资源环境承载能力之间的紧张关系。而当今中国很多地区的环境恶化，出现的原因并不是简单的在建设过程中资源消耗过量或者是环境承载能力超出预期，而是在“换一届政府换一张规划图”中被“折腾”掉，或者是在人工规划、战略设计同本地实际需求不对接的缝隙中被消耗或浪费掉。我国城市中频繁出现的“鬼城”就是这一问题的真实写照。当下的中国城市为何会出现规划过度的问题实际上也是指向了这一深层次的问题：在经济欠发达地区必须有一个主体调动各方资源才能够实现经济社会的变革，而相比于长期逐步发展而来的城市，完全或者大部分经由外在因素进行人工引导的城市在未来是否符合城市建设的规律，是否能在城市发展到一定程度之后顺应城市自身的发展诉求。

---

① 刘易斯·芒福德：《城市发展史——起源、演变与前景》，中国建筑工业出版社，2005，第 244 页。

（二）中国特殊性问题的理论借用与思考

关于外在规划同城市内部逐渐形成的自发性之间的关系问题并不是中国所独有的。美国建筑理论家克里斯托弗·亚历山大和加拿大作家简·雅各布斯在研究中就关注了长期逐步发展起来的城市所形成的复杂性和多样性对于城市的影响。亚历山大将逐步发展起来的城市定义为“自然城市”，将规划创建的城市定义为“人工城市”，并将人工划分的街区称为“树”，他认为后者缺乏一些关键性要素，那就是复杂叠合的联系。[①] “城市是生活的容器。假如因为此容器是树形结构，从而割断了在其间生活流的互相交叠，那么这样的城市就像一个盛满直立刀片的碗一样，随时准备切断任何交赋予它的物体。”[②] 简·雅各布斯认为这是大城市同城镇不同的关键之处，她认为大都市是“有序复杂”的，既不像小城镇那样自然封闭且组织结构简单，也不是全然无规律可循。片面强调以明确的功能分区、乌托邦式包揽一切的规划行动以及城市结构秩序只能使城市越加失去活力而走向衰败。她在《美国大都市的死与生》中写道“只知道规划城市的外表，或想象如何赋予它一个有序的令人赏心悦目的外部形象，而不知道它现在本身具有的功能，这样的做法是无效的。把追求事物的外表作为首要目的或主要的内容，除了制造麻烦，别的什么也做不成”[③]。雅各布斯这一观点的核心在于，城市通过自然生长所形成的多样性和丰富性是无可

---

① 尼格尔·泰勒：《1945 年后西方城市规划理论的流变》，李白玉、陈贞译，中国建筑工业出版社，2006，第 47 ~48 页。

② 克里斯托弗·亚历山大：《城市并非树形》，严小婴译，《建筑师》1986 年第 24 期。

③ 简·雅各布斯：《美国大城市的死与生》，金衡山译，译林出版社，2005，导言第 11 页。

替代的，这也是城市保持活力和自我管理能力的秘诀，规划如果缺乏对这种有本地化色彩的特殊经验的了解，只能使规划流于简单化而在客观上野蛮地破坏这一城市自身管理自身的方式，而把城市引向“单一、僵化和粗俗”[①]。“在城市建设和城市设计中，城市是一个巨大的实验室，有试验也有错误，有失败也有成功。在这个实验室里，城市规划本该是一个学习、形成和试验其理论的过程。但恰恰相反，这个学科（如果可以这么称呼的话）的实践者和教授者们却忽视了对真实生活中成功和失败的研究，对那些意料之外的成功的原因漠不关心，相反，他们只是遵循源自小城镇、郊区地带、肺结核疗养院、集市和想象中的梦中城市的行为和表象的原则——这一原则源自除城市之外的一切。”[②] 纵观这些观点，其共同特点在于，认为城市发展的自然生长是重要的，通过自然生长城市的发展遵从了其内部发展的诉求。最后其实践活动的丰富性在城市物质空间形态中体现为规划无法形成的混合型利用方式，同时带来了城市生活上的重叠、复杂、彼此之间的相互支持联系的多方位文化生活，从而同乡村生活明显区分开来；在城市管理上形成了“大城市管理自己的方式，交流思想的方法，政治运作的形式，开拓新的经济部署的方式”[③]。其核心就在于，强调通过规划并不能穷尽或者完全符合城市未来发展的可能性，认为通过政策、规划所对各地发展的规定有可能会破坏已然形成的和未来可能形成的城市独特性，从而破坏城市内部生长的活力。

---

① 简·雅各布斯：《美国大城市的死与生》，金衡山译，译林出版社，2005，导言第5页。
② 简·雅各布斯：《美国大城市的死与生》，金衡山译，译林出版社，2005，导言第4页。
③ 简·雅各布斯：《美国大城市的死与生》，金衡山译，译林出版社，2005，导言第15页。

在这里并不是将欧美某种城市规划观念放置到中国来进行简单的移植而得出简单的结论，前文提到，中国城市化的历史背景就使其失去了“自然发展”的可能性。而是通过这一观点的借用以揭示当今中国城市化的特点在未来的建设实践中可能会出现的隐性问题，从而在预见的基础之上更好地加以克服。如果将这一问题放置到中国的语境之中，那么这一命题可以转换为：在人工规划、战略设计和政策成为推动城市化的始动力之后，如何在城市逐渐生长的过程中协调好政策、规划的规定性与城市自身发展的不确定性及其生成的丰富性之间的关系。主要以政府为主导推动的发展模式，在发展之初拥有相对宽松的环境和相对集中的资源，以及 GDP 考核的风向标，这些在追求速度和推动新城新区的建成上有一定的优势。而在城市变复杂之后，“十几或者是几十个不同的变数互不相同，但同时又通过一种微妙的方式互相联系在一起”①，此时必须呼唤更大范围的实验和修正。城市研究专家刘易斯·芒福德曾指出，城市建设并不是一个单纯意义上的机械推断和数理逻辑，而当城市集聚到一定程度的时候，自身内部所形成的复杂体系可能会超出管理的理性所能够把握的范围，即使日常物质手段的公共组织再理性化也无法解决这一问题。② 简·雅各布斯在《美国大城市的死与生》中指出，城市在发展到一定阶段时，事实上是无法继续延续原有的管理方式进行管理的。“城市所有的实际生活方面的需求（且不提经济和社会方面的需求），以及对这些需求的解决方案——常常是一刀切、死板僵硬、造成很大浪费的方案，都需要通过这种管理

---

① 简·雅各布斯：《美国大城市的死与生》，金衡山译，译林出版社，2005，第 397 页。

② 刘易斯·芒福德：《城市文化》，宋俊岭等译，中国建筑工业出版社，2009，第 280 页。

体系来处理，但问题是这些管理机构并没有那种理解、处理和估量城市独特、复杂和互相关联的无穷无尽的细节的能力。”①

（三）中国城市化进程中的内外因素考量

中国城市化，尤其是中原城市群这样的后发发展地区，势必会出现内外两种因素不断相互分离合并，相互博弈的综合结果。外部因素造成城市内部各种资源的流动、生产要素的调整、产业格局的变化，通过这些关键因素的重组构成了新城新区建设初期的基本特点。外部因素首先发生作用，逐渐培养出内部因素，并同外部因素在一个复杂的空间内相互影响与博弈的过程。必须看到的是，任何建设实践和未来前景都不是一个完整的理论、规划或者数据分析方法所能够完全概括和预测的，城市未来的发展是充满变数的，某种程度上同“创新”一样涉及未知领域，更需要城市本地的建设者们发挥主体的能动性，依据现实而行使理性思考判断和选择权，而非在目标确定化的基础上失去应有的复杂性和不可预见性。涉及方方面面的协作归根结底是呼唤一个更加开放而协作的城市管理体制。这个问题可以阐释为：在以资源、政策的良好配合下培植出新城新区自身及各个城市之间的发展诉求，并在适当的时候探索和形成城市自身发展现实、发展诉求同政府政策、行政审批、外来资金等外部条件相互协调发展的通道，现实的局限性可能会限制发展道路的多样性，但这不代表就要否定一种多元开放的管理以及规划体制。一方面不断将城市化过程中新生发的新城新区的功能纳入规划之中，调动各种资源将其引向正轨；另一方面继续引导新城新区内

① 简·雅各布斯：《美国大城市的死与生》，金衡山译，译林出版社，2005，第458页。

部自然发展的条件的不断形成。由于这一问题较新城新区的建成问题更加具体和本地化，更加依赖本地的现实情况进行实地化考察和验证，其中的相互牵连的各种关系只能在建设的实际中逐渐辨明并加以良性引导。所以这可能更大量现实实践个案的推动才能实现下一步的一般状况总结。因而中原城市群如果需要进行发展，某种程度上说正需要在短时间内探索出这一“中国经验”。如果不在城市生长到较高等级之前对规划管理方式进行必要的探索和创新改造，协调好内外因素的关系，那么中原城市群在未来受到的阻力和困难将更为猛烈。

四　中原城市群的创新机遇

中国城市化面临的资源、人口、环境压力和发展的迫切性是西方城市化进程无法比拟的，这注定了其艰巨性和独创性。中国的城市化在发展上也必须有一个逐渐认识自身，逐渐走向科学发展的过程，在预见城市化发展大方向的基础上，无法将其他地区的经验生硬搬用。现实呼唤通过发展理念自觉和发展路径规划，尽可能地缩短某些阶段或环节，但绝不能完全破坏城市内部自然发展的过程。在中国的城市化建设中，中西部地区肩负着更加艰巨的跨越发展压力和更严苛的环境空间局限。现实条件决定了城市群建设只能通过资源量掌握较多的政府进行主导，运用各种研究方法制订规划，再通过政策等外部因素作用于城市各个要素进行建设。创造后发发展的良好局面，规避弊端的具体方法必然是其他地区经验与实地状况结合的产物，必然是外部的规划政策、城市发展规划与不同城市的自然生长及其城市自主性之间的良性互动。河南地区在全国的状况

同中国在世界中的状况有几分相似：都有数量较多的人口，十分有限的人均资源占有量，同时都不能在牺牲农业的基础上实现城市化，都要在借鉴其他地区实现发展的经验基础上实现跨越式发展。从这个角度上讲，中原经济区的城市化建设恰好反映了中国城市化进程中的一些困难与矛盾，其解决也拥有一定的普遍性意义。这将是中原经济区新城新区建设契机以及创新机遇，如果这一问题能够在实践中较好地进行解决，将不仅仅是中原经济区，也会是城市化中国模式的重要突破。

参考文献

中共河南省委宣传部：《中共河南省第九次代表大会报告关键词解读》，河南人民出版社，2012。

刘士林：《2012 中国都市化进程报告》，北京大学出版社，2013。

卡尔·波兰尼：《大转型：我们时代的政治与经济起源》，冯钢、刘阳译，浙江人民出版社，2007。

刘易斯·芒福德：《城市发展史——起源、演变和前景》，宋俊岭、倪文彦译，中国建筑工业出版社，2005 年 2 月。

刘易斯·芒福德：《城市文化》，宋俊岭等译，中国建筑工业出版社，2009。

马克斯·韦伯：《非正当性的支配——城市的类型学》，康乐、简惠美译，广西师范大学出版社，2005。

罗伯特·M. 福格尔森：《布尔乔亚的恶梦——1870 ~ 1930 年的美国城市郊区》，朱歌姝译，上海人民出版社，2007。

尼格尔·泰勒：《1945 年后西方城市规划理论的流变》，李白玉、陈贞译，中国建筑工业出版社，2006。

邢海峰：《新城有机生长规划论——工业开发先导型新城规划实践的理论分析》，新华出版社，2004。

简·雅各布斯：《美国大城市的死与生》，金衡山译，译林出版社，2005。

张冠增主编《西方城市建设史纲》，中国建筑工业出版社，2011。

刘士林：《城市群的全球化进程及中国经验》，《学术界》2012 年第 6 期。

刘士林:《城市科学建构与中华民族的城市启蒙》,《学术研究》2012 年第 10 期。

刘士林:《从大都市到城市群:中国城市化的困惑与选择》,《江海学刊》2012 年第 5 期。

克里斯托弗·亚历山大:《城市并非树形》,严小婴译,《建筑师》1986 年第 24 期。

刘士林:《“巨型特征”呼唤中国式城市化道路》,《光明日报》2012 年 12 月 13 日。

《中原经济区规划(2012~2030 年)》,《河南日报》2012 年 12 月 3 日。

李玉:《中原经济区是我国城市化的一面镜子》,《中国社会科学报》2012 年 7 月 11 日。

《国务院关于支持河南省加快建设中原经济区的指导意见》,中华人民共和国中央人民政府网站,2011 年 10 月 7 日。

专　题　篇

Special Report

B.8 北部湾经济区文化发展一体化研究

刘士林　耿　波*

摘　要：

北部湾经济区的主体结构是南、北、钦、防城市群，尽管由于城市化水平比较低，城市之间的联系与合作机制相对缺乏，但受世界都市化进程和中国快速城市化进程的双重影响，特别是北部湾经济区上升为国家战略之后，各城市之间的交通与经济联系越来越密切，彼此之间在发展质量与效率上的相关

* 刘士林，上海交通大学城市科学研究院院长、首席专家，教育部哲学社会科学发展报告首批建设项目“中国都市化进程年度报告”负责人，上海交通大学媒体与设计学院副院长、博士、教授、博士生导师，上海高校都市文化 E－研究院特聘研究员，《中国城市科学》主编；耿波，博士，中国传媒大学文学院副教授，主要研究方向为区域发展与城市文化研究，非物质文化遗产保护与传承研究，城市审美文化研究。

度也随之增高，城市群的一体化进程成为决定北部湾经济区科学发展的关键所在。

关键词：

北部湾　城市群　一体化

城市群战略的实质是区域一体化进程，涉及环境、资源、经济、市场、交通、科技、社会、文化等方面。借助于城市共同体提供的环境资源与经济社会框架，可有效地实现“系统大于部分之和”这一系统发展理念，使相互邻近的城市避免发展趋同于恶性竞争，并在优化资源配置和发展结构的基础上，实现区域内的高效与优质发展。城市群一体化作为区域合作的重要形式，始于经济领域，之后迅速扩展到政治、文化、社会、资源、环境、商贸等方面。北部湾经济区的主体结构是南、北、钦、防城市群，尽管由于城市化水平比较低，城市之间的联系与合作机制相对缺乏，目前仍主要处于单打独斗、各自为战的松散状态，但受世界都市化进程和中国快速城市化进程的双重影响，特别是北部湾经济区上升为国家战略之后，各城市之间的交通与经济联系越来越密切，彼此之间在发展质量与效率上的相关度也随之增高，城市群的一体化进程成为决定北部湾经济区科学发展的关键所在。在交通缩短距离、经济互动性明显增强的背景下，城市间原本相对松散的社会联系和文化交往必然要升级换代，同时，对以北部湾经济区为特定空间的北部湾文化圈进行研究与阐释，也可为北部湾城市群的经济社会一体化进程提供必需的文化支撑，这是提出北部湾经济区文化发展一体化研究的根本原因。

一　经济区文化发展一体化的背景

1. 明确强调北部湾经济区发展的一体化原则

《广西北部湾区经济发展规划》（以下简称《规划》）明确指出："充分发挥区位优势，实施以面向东盟和泛珠三角为重点的对内对外开放合作战略。扩大开放合作领域，提高开放合作质量，构建内外联动、互利共赢、安全高效的开放型经济体系，形成经济全球化、区域经济一体化条件下参与国际国内合作和竞争的新优势。"文化发展是经济社会发展的重要内容，因而，上述要求也是北部湾经济区文化发展一体化的政策背景。提出和实施经济区文化发展一体化的研究，是对《规划》的进一步补充和深层次推进。

2. 珠三角与长三角的相关文化发展参照

北部湾城市群起步晚，发展程度不高，应积极向发展在先的中国或世界城市群学习，在有效防范"重蹈覆辙"的同时，努力提高自身发展的起点，为实现跨越式发展积累家底。泛珠江三角洲实施的"无障碍旅游带"发展战略，是通过一体化模式对区域旅游产业进行整体提升的成功范例。泛珠江三角洲"9+2"省区的旅游资源占全国的1/3，是中国最具活力的区域旅游产业带之一。自2004年6月泛珠江三角洲区域合作发展协议签署以来，"9+2"省区按照协议中重点发展区域旅游合作的要求，全力打造泛珠江三角洲"无障碍旅游带"。如2004年9月上旬，香港旅游发展局联合泛珠江三角洲区域内的业界到日本参加"日本旅行代理商协会旅游展"，推介泛珠江三角洲的旅游业。同年10月上旬，再次邀请泛珠江三角洲省区相关旅游部门和业界到香港参加"美国旅行社协会

旅游展”，介绍泛珠江三角洲区域的旅游特色。此外，泛珠江三角洲相关旅游企业（公司）还纷纷签订联合开发旅游资源、利益共享的协定，极大地促进了泛珠江三角洲区域旅游业的国际化发展。[①] 长三角地区一直是我国最发达的经济区，但在相当长的时期内，由于一体化战略意识薄弱，一直存在“产业趋同”与“恶性竞争”的问题，以致人们感慨“长三角的圈总是画不圆”。在经历了诸多经验教训后，一方面是经济社会发展极大地推进了现实中的一体化进程，如杭州湾跨海大桥、苏通大桥、南京长江四桥、泰州长江大桥、金塘跨海大桥等重大基础设施建设的完成或动工，使长三角城市群的概念日趋“村庄化”；另一方面，则是相关政策不断得到强化和强调，引发了两省一市政府管理部门的高度重视。如2007年国家发改委《长三角产业发展定位与布局》出台，同年12月1日，以“提升长三角地区整体国际竞争力”为主题的长江三角洲地区发展国际研讨会在上海举行，上海市委书记俞正声，江苏省委书记梁保华，浙江省委书记赵洪祝等全部出席，共同研讨如何打造具有强大整体竞争力的长三角。长三角的“一体化战略”与实践，目前已渗透到社会发展的各个方面，值得北部湾经济区予以特别关注。

3. 北部湾经济区文化发展一体化的问题与契机

由于经济区的一体化水平低，“同质竞争”一直是北部湾城市群的症结。在《规划》出台之前，南宁、北海、钦州、防城港四座城市“互不相让”——防城港、北海港、钦州港都要打造大西南面向东盟市场最便捷的出海口，以致各港口为获得货源，纷纷打起

① 陈广汉、袁持平：《全球化和区域经济一体化中的香港经济》，中山大学出版社，2006，第65页。

“价格战”，造成严重内耗。在对外招商引资方面，城市之间也出现了“让利竞赛”，直接导致了低水平的恶性竞争。同时，经济上的“同质竞争”延伸到文化发展上，在旅游开发、文化产业、现代服务业、非物质遗产申报等方面，不当竞争的态势有增无减。《规划》于2008年初出台，为北部湾经济区一体化发展提供了三个契机。

第一，《规划》将北部湾划分为城市地区、农村地区和生态地区三类，并规划了南宁、钦（州）防（城港）、北海、铁山港（龙潭）、东兴（凭祥）5个功能组团，明确每个功能组团的发展重点和方向，以实现错位发展。作为首府中心城市，南宁组团将重点发展高新技术产业、加工制造业和商贸、金融、会展、物流等现代服务业，成为面向中国与东盟合作的区域性国际城市、综合交通枢纽和信息交流中心。拥有深水大港优势的钦州和防城港两市，组成了“钦防组团”，以建设保税港区、发展临海重化工业和港口物流为主要方向。北海组团，发挥亚热带滨海旅游资源优势，重点发展电子信息、生物制药、海洋开发等高新技术产业和出口加工业。铁山港（龙潭）组团和东兴（凭祥）组团分别侧重于承接产业转移、发展临港型产业和建设边境经济合作区、发展边境出口加工、商贸物流。从根本上明确了北部湾城市群错位发展的一体化战略。

第二，交通、信息等城市基础设施建设极大地推进了北部湾城市群的一体化进程。近年来，北部湾以沿海港口为龙头，高等级公路、内河航运和其他基础设施相配套的沟通东盟各国、周边省份以及出海的交通运输通道总体框架基本形成。2005年，北部湾经济区内防城港、北海、钦州三大港口总吞吐能力突破3400多万吨，铁路通车里程505千米，公路通车历程11805千米，形成了通达西南、中原各省以及珠三角等区域便捷的交通网络。国家交通部副部长翁孟勇表示，“十一五”期间，国家将进一步加大投资，支持北部湾构建便捷、畅通、高效、安全的公路水路交通运输体系：一是规划建设国际大通道和区域性国际交通枢纽，二是支持泛北部湾沿海港口建设，三是支持北部湾出海出边公路通道建设，包括南宁—防城港—东兴口岸—越南河内通道，南宁—友谊关口岸—越南胡志明市通道。交通是城市群发展水平的一个重要指数，对于北部湾城市群发展具有重要的作用。

第三，北部湾城市群一体化发展合作机制的进一步完善。为避免同质竞争造成的港口和土地资源浪费，广西设立了专门的北部湾经济区管委会，根据城市不同的发展条件和基本趋势，实施差别化战略，构筑多层次、多样化的城市发展新格局，实现优势互补、良性互动、产业对接、错位发展。

以上契机的出现以及机制的建立和完善，将对北部湾经济区文化一体化发展有重要的规约和引导作用。

4. 核心是走城市群文化建设之路

北部湾经济区一方面有北部湾文化圈的传统资源；另一方面又有北部湾城市群的现代框架，因而，其文化发展的核心应是走城市群文化建设之路，目标是建设一个经济发达、社会文明、文化繁荣的文化城市群。

以长三角城市群文化建设为例，不是靠一个城市和一个省市独立承担，而是两省一市共同将文化发展列入长三角区域各城市党和政府的重要议事日程，共同参与建设文化大省、文化大都市的发展推进体制，加强宣传，提高认识，实施沟通和工作方案、协调机制，并在文化服务体系、文化市场、文化企业、文化资源配置、文化政策制定、文化体制改革等方面采取共同推进的城市群文化战略。

北部湾文化圈发展的整体建议：在中央和自治区有关政策指导下，借鉴世界与中国城市群文化发展的成功经验，根据文化发展理论与区域文化现状，探索适合北部湾城市群文化发展模式，其核心是，共建文化服务体系、共建文化市场体系、共建文化企业体系、共同配置文化资源、共同制定文化政策、共同实行文化体制改革，为国内中西部地区的文化发展起到示范与引领作用。

二　北部湾城市群文化一体化发展的八项建议

1. 政府引导，明确定位，构建北部湾文化圈多元互补的文化发展格局

城市群文化一体化发展的基础是在政府大局统筹下，各个城市明确自身的文化发展定位。依据各个核心城市文化资源基础、文化发展现状以及优势增长分析，南、北、钦、防四城市的文化发展定位如下。

南宁组团，主要包括南宁市区、周边城镇以及重点开发区。作为区域内首位城市，南宁应发挥中心城市及区域性国际城市的作用，在文化产业方面重点发展会展博览业、国际演艺业、民族工艺设计业、新闻出版业、教育培训业以及数字内容产业，将之打造成为广西南部的“国际演艺之都”，与北部的“国际演艺之都”桂林南北呼应，共同构成横跨整个广西的桂林—南宁—北海的“国际演艺娱乐走廊”。

北海组团，主要包括北海市区、合浦县城区及周边重点开发区。核心城市北海应发挥亚热带滨海旅游资源优势，重点发展泛旅游产业、高层论坛产业、数字内容产业以及休闲娱乐产业，打造北海成为北部湾“休闲娱乐之都”。

钦州组团，主要包括钦州市区、周边城镇以及重点开发区。钦州组团与南宁组团相邻，在文化产业总体布局上是南宁组团向南延伸扩展的重要平台和通道，主要分担南宁组团的部分文化产业发展功能，重点发展教育培训与文化推广业、民族工艺设计业以及新媒体产业。

防城港组团，主要包括防城港市区、东兴市区以及周边城镇、重点开发区以及十万大山生态公园。防城港组团是北部湾与东盟陆路交通的唯一通道，民族文化与自然生态资源极其丰富，应重点发展民族文化与自然生态保护性开发产业，打造防城港成为“民族文化及生态文化产业开发的模范城市”。

城市群文化发展既需要有单体城市的高度发展，又需要城市群内部有及时、便捷的信息交流。政府间高效的协调机制，建立多层级联席会议协调机制，是城市群文化一体化发展的重要特征。因而可考虑建立北部湾文化发展年度论坛，以经常性的对话与交流，及时协调文化发展中的矛盾与问题，提供新的发展思路和谋划共同发展的途径。

2. 求同存异，科学发展，营造北部湾城市群文化发展的良好竞合态势

区域竞争与合作关系是区域发展的核心问题，北部湾经济区文化一体化发展应从三个方面着手解决其竞合问题。

（1）完善城市群文化发展竞合体制。

要解决单体城市之间的无序竞争，体制建设是解决问题的关键。《规划》出台以后，经济区专门成立北部湾经济区管委会，以协调各个城市和利益集团之间的关系，这是有重要现实意义的举措。但由于管委会只是一个协调结构，并不具备权威性的决策能力，因此发挥的协调作用有限。经济区文化一体化发展应吸取这一教训，进一步完善文化管理体制及相应的法规建设，为经济区文化

一体化发展提供强有力的体制保障。首先，深化和完善北部湾经济区管委会的体系定位，使之具有权威性的行政力量，同时应将文化管理纳入其中；其次，实行重大政策一体化决策与监管制度，在涉及城市群整体利益时，应跨越行政、地域区隔，实现多方共同参与决策程序，以最大限度地维护整体和长远利益；再次，建立共同参与国家战略和重大文化活动的联动机制，如中国－东盟博览会、南宁国际民歌节，应在总体协调的前提下实行多方参与，做到城市群内的资源共享和机会均等；最后，建立文化资源协作开发机制，重点明确各方面利益和责任关系，以提高资源的优化配置和开发效率，尤其应以制度的建设力避重复建设和低效率开发。

（2）深化区域间合作，最大程度实现区域内优势共享。

区域竞争的不良态势主要来自区域资源和市场的畸形发展，最大程度实现区域内优势共享是建设区域良好竞合态势的重要途径。经济区内在文化资源上具有较大的类似性，在文化发展思路和建设项目上的重叠性也很明显。这是北部湾城市群区域合作面临的主要问题。但如果放开视野，会发现北部湾经济区与相邻的“三南”文化圈相比，具有多方面的错位与互补性。因此，经济区应发挥自我优势，积极需求区域间的合作与联动，以实现区域内各城市之间利益关系的整合。目前，北部湾已出现几个区域间文化发展合作的成功品牌，如泛北部湾“无障碍旅游”的德天旅游模式，跨越中越实现异地项目迁移的《印象·刘三姐》等。对此应进一步总结经验，提升为文化发展模式，以便推广和借鉴。

（3）扩展文化产业链，在深化文化资源开发的层面上规避同质竞争。

区域竞争的焦点是同质文化资源的竞争。经济区文化资源丰富，但由于观念上的问题，资源争夺成为文化产业发展的主要内容，造成了文化资源在不良竞争中的浪费。观念转变能极大地改善文化资源的恶性竞争。从先进的文化发展观念看，文化资源只是文化发展的基础，文化开发链条的深度开发才是文化发展的关键。深化文化发展链条，使有限的文化资源产生更多的文化成果，是规避同质竞争的重要途径。以旅游资源为例，经济区文化旅游资源丰富，但如果仅仅局限在单纯的景观观赏，就会由于内容的贫乏而逐渐丧失客源。革新旅游观念，从泛旅游理论看，旅游本身包含着休闲、体验的深层诉求，从这个角度出发进行旅游创意，如进行“文化讲看”旅游，突出文化资源的“可看性”，既是对已有文化资源的深度开发，同时也有效地延伸了文化产业链。

3. 城市发展，文化整合，打造“南北钦防一小时文化圈”构想

现代交通在区域发展中的作用越来越凸显，“1 小时城市通勤圈”是其重要的成果之一。城市通勤圈是指市民从家到工作地点所经过的地域，也是衡量城市群规模与发展水平的重要指标。目前，国内城市群开始有意识地打造“1 小时城市通勤圈”，以减轻通勤圈中各单体城市的交通与服务压力。2007 年，铁路第六次大提速为京津冀 1 小时经济圈的形成创造了条件。国产化“和谐号”动车组的开行，极大地缩短了北京至天津、石家庄、秦皇岛的旅行时间，对京津冀经济圈的物流、人流的沟通起到了重要作用。此外，同处湘江下游的长洲潭城市群，则是以长沙、株洲、湘潭为中心，规划了一个半小时城市通勤圈，形成了包括岳阳、常德、益阳、娄底、衡阳在内的“3 +5”城市群。2008 年 12 月，湘桂铁路暨广西沿海铁路南宁至钦州段扩能改造工程开工动员大会在南宁举行。其中南宁至钦州段线路全长 99.1 公里，为新建国家 I 级双线

铁路，设计时速200公里。广西沿海铁路扩能改造项目全面建成后，南宁到钦州、北海、防城港三市的铁路行程将控制在1小时左右，为实现北部湾1小时通勤半径提供了可能。北部湾城市群应以此为契机，谋划“南北钦防1小时文化圈”的战略。“南北钦防1小时文化圈”的出现会有效实现文化资源、文化从业人员、文化产业等的畅通交流，对优化北部湾文化圈的资源配置及提升其综合竞争力，以及实现北部湾经济区文化一体化发展将发挥重大的作用。

4. 明确自身文化圈属，构建北部湾城市群整体文化形象，增强“北部湾文化圈”面向“三南”文化圈的辐射力

区域文化形象是区域文化一体化发展的无形品牌，也是实现区域内城市群文化聚焦的重要载体。《规划》指出，北部湾要“立足北部湾、服务‘三南’（西南、华南和中南）、沟通东中西、面向东南亚，充分发挥连接多区域的重要通道、交流桥梁和合作平台作用，以开放合作促开发建设，努力建成中国—东盟开放合作的物流基地、商贸基地、加工制造基地和信息交流中心，成为带动、支撑西部大开发的战略高地和开放度高、辐射力强、经济繁荣、社会和谐、生态良好的重要国际区域经济合作区”。打造鲜明文化形象、彰显北部湾文化圈的文化主体，是立足北部湾科学发展、提高对三南地区的服务水平，同时也可更好地承担其作为“沟通东中西、面向东南亚，充分发挥连接多区域的重要通道、交流桥梁和合作平台作用”。北部湾经济区的文化主体是北部湾文化圈。北部湾文化圈以铜鼓文化、稻作（那）文化和海洋民族文化为主要内容，因为地势偏僻等历史原因，北部湾文化圈受中原传统文化影响较小、保持自身文化传统较多，其特点可以概括为生态性、民族性、多样性。北部湾城市群文化一体化发展应首先明确自身文化圈属，形成文化主体上的向心力，打造富有影响力的文化形象，实现文化发展上的一体化，为北部湾的科学与全面发展提供支撑。

5. 从文化“服务生”到文化“专家”，打造北部湾高层次文化服务队伍

公共文化服务是文化发展的重要内容，公共文化基础的建设、公共服务观念的改进以及公共文化服务体系的布局等是公共文化服务的重要内容。从北部湾公共文化服务现状来看，最薄弱的还是高素质的文化服务人才队伍。北部湾经济区公共文化服务有自身的特殊性。首先，经济区属于文化服务后发展地区，文化服务意识和观念与东部发达地区仍有不少差距；其次，经济区文化资源丰富多样，层次细腻，如何将丰富的文化资源转化成公共文化服务资源难度很大；再次，经济区以加速度被推上国际文化发展舞台，外部条件极其优越，与内部发展现状形成了极大差距。在此情况之下，北部湾公共文化服务应当摈弃“渐进式”发展观念，坚持城市作为公共文化服务的信息资源中心对区域发展整体的带动作用，实行跨越式发展，公共文化服务人才队伍的建设要一步到位，打造一批具有“专家”身份的文化服务人员。这些文化“专家”熟知地方文化资源，有现代服务意识，与北部湾的高速发展相匹配，将成为北部湾公共文化服务的最好诠释者。

6. 合理开发，高效利用，尽快实施《北部湾经济区发展规划》编制工程

合理规划是合理开发、高效利用的前提。《北部湾经济区发展规划》为北部湾经济区的整体发展明确了形势和方向，经济区文化发展要在对《北部湾经济区发展规划》忠实把握的前提下进行规划制订。通过规划，摸清经济区文化资源的家底，明确目前文化

发展现状与格局，并对经济区未来文化发展给予超前指导，为文化发展的决策部门和一线实践部门提供重要依据。对此可考虑成立文化发展工作小组，作为政府文化管理与发展的智囊，为经济区文化一体化发展提供理论与咨询。

7. 点式思路，集约发力，以优势项目、品牌建设带动文化产业发展大局

文化发展优势项目与品牌是经济区文化一体化发展的凝聚载体和发力点。在长期的发展中，北部湾已形成一些有较大业内影响力的文化发展优势品牌与项目，如中国－东盟博览会、南宁国际民歌艺术节、德天旅游模式、山水歌剧《印象·刘三姐》、民族传统工艺坭兴陶等。这些文化发展优势品牌与项目影响力较大、运作成熟、可持续发展特点明显，是区域文化发展版图上闪亮的“点”，经济区文化发展在总体布局方面应以这些“点”为基础，从深度和广度两个方面进行拓深，使之优先发展，并成为引领一方文化产业发展的示范榜样。同时，以文化城市群建设为目标，以先进的文化观念与创意技术手段，在城市群整体框架中对已有文化资源与产业等进行改造、更新与创意性重组，如在北部湾多点分布的独弦琴文化、汉代文化、歌舞文化、美食文化、滨海军事文化与红色文化、中外文化交流文化等，都可以考虑做整体式开发，以达到整合促销、强势促销、重塑区域积极形象、提升城市群综合软实力的目的。

8. 连点成线，优势聚集，建设北部湾城市群大文化产业城市新干线

文化发展优势项目和品牌是“点”，连“点”成“线”，即是文化产业城市新干线。文化产业城市新干线是文化发展优势项目、品牌的产业凝聚点相互连接，凝练成勾连起整个城市群甚至多个城市群文化产业发展线的高级产业聚集形态。在文化产业城市新干线的链条上，每一个城市都是某一产业发展的“节点”，起到产业凝聚、辐射，提振整个区域产业发展大局的作用。北部湾城市群应主要建设六大文化产业城市新干线：

（纵向）桂林—南宁—北海—深圳：国际演艺娱乐产业城市新干线；

（横向）深圳—北海—钦州—南宁—防城港：民族工艺设计产业城市新干线；

（横向）大西南城市群—防城港—南宁—长株潭城市群：民族文化与生态文化产业城市新干线；

北部湾城市圈—长株潭城市圈—珠三角城市圈—东盟城市群：旅游产业开发城市新干线；

南宁—钦州—北海—珠三角城市群—东盟城市群：传媒信息产业开发城市新干线。

参考文献

陈广汉、袁持平：《全球化和区域经济一体化中的香港经济》，中山大学出版社，2006，第65页。

B.9

提升西北城市群品质的主要问题*

朱逸宁**

摘 要：

当前西北地区城市群的品质提升，面临一些问题，其中最主要的是四个：生态、交通网络、中心城市发展和城镇化、文化和历史传承。西北地区同沿海的城市群相比，在很多方面有显著差异，因此，西北地区的城市群应当从以下几个方面入手：把环境保护、生态治理同城市的产业结构调整结合起来；加快交通网络等基础设施建设，使城市间的联系更为紧密；发挥西北中心城市优势，使城镇化有序推进，充分保护和挖掘西北地区的历史文化资源。只有重视城市群的品质，提升管理效率和水平，在新一轮的城市化浪潮中，西北城市群才能真正获得发展并成熟起来。

关键词：

西北城市群生态　交通　中心城市　历史文化

1957 年，法国地理学家戈特曼首次提出了大都市圈概念，用

* 本文为教育部哲学社会科学研究发展报告资助项目（项目批准号：10JBG011）：《中国都市化进程年度报告》的研究成果。

** 朱逸宁，博士，南京信息工程大学语言文化学院讲师，上海交通大学媒体与设计学院博士后，主要从事城市文化、文化产业研究。

以概括一些国家出现的大城市群现象。他所说的大城市群具有以下特征：区域内城市高度密集，人口规模巨大，城市间具有建立在分工明确、各具特色、优势互补基础上的密切的经济联系，是一个国家和地区经济最活跃、最重要的区域。随后，世界各地纷纷出现了城市群，中国也不例外。进入21世纪以后，随着中国各地都市圈的陆续构建和成熟，现在，国内已经形成了长三角、珠三角等较为成熟的大都市圈，京津冀、中原、长株潭、北部湾等城市群也正在向大都市圈转化。与此同时，西北地区的城市群的发展也开始提速。从2010年开始，随着都市化进程持续深化，西北地区也加速了城市群建设。作为古代丝绸之路上重要驿站的西北地区，在城市化的发展道路上，西北的城市群有着鲜明的地区特征。目前，西北各省的城市群均在建设中，但除了关中城市群和天山北坡城市群相对较为成熟外，宁夏、甘肃、新疆、青海以及内蒙古邻近西北的很多城市和沿海相比差距仍比较大，西北各城市群的发展均存在不同程度的问题，包括关中、天山北坡在内，兰白西、呼包鄂、银川平原、酒嘉玉等西北城市群与成熟的现代都市圈尚有不小的差距。因此对其问题需要仔细梳理，寻找适合自身的发展道路。在这一过程中，相对于速度而言，更为重要的是提升西北城市群的品质。

一　西北地区城市群的总体状况

西北地区城市群的基本情况是：首先，西北地区地广人稀，和人口稠密的长三角、珠三角都市圈有较大的差别。在都市圈发展的各要素中，人口的高度聚集是最重要的因素之一。据统

计，西北地区（五省，不含内蒙古自治区）的人口如表 1 所示。[①]

表 1　西北地区（五省，不含内蒙古自治区）的人口状况

单位：人，%

地区	人口数	比重	
		2000 年	2010 年
陕西省	37327378	2. 85	2. 79
甘肃省	25575254	2. 02	1. 91
青海省	5626722	0. 41	0. 42
宁夏回族自治区	6301350	0. 44	0. 47
新疆维吾尔自治区	21813334	1. 52	1. 63

也就是说，西北五省的面积占全国陆地面积的 31. 7%，人口却只占全国人口的 7%。同时，五个省和自治区面积差异较大，最大的新疆维吾尔自治区达 166. 49 万平方公里，占中国国土面积的 1/6，而最小的宁夏回族自治区仅 6. 6 万多平方公里。这样的特征对城市化的整体迅速推进而言，最大的难题就是区域协调和推进城镇化，如何调整城市间的关系也是一个重要问题。在交通等基础设施方面，西北仍然落后于沿海地区，“从运输方式结构看，西北交通网是以公路为主体，公路里程已占到全西北地区交通总里程的 95%，通过公路可以将西北地区众多城镇相互连接起来，铁路里程约占到西北交通总里程的 5%，它是本区对外交通运输的主要通道；管道运输目前管线路里程尚不多，主要用于油川原油的输送；内河航道里程很少，几乎没有，作用十分有限”。其次，西北有很

① 《2010 年第六次全国人口普查主要数据公报（第 2 号）》，中华人民共和国国家统计局网站，2013 年 6 月 14 日。

多老工业基地，自然资源丰富，以面积最小的宁夏为例，石膏储量居中国首位，水泥石灰岩、玻璃石英砂岩、黏土、芒硝、重晶石、燧石、硅石、石油、铜、铁、磷、盐等矿产资源也很丰富。如何有效地利用这些资源，同时又能很好地保护环境，这个问题必须得到解决，才可能从根本上突破西北城市发展的瓶颈。再次，就西北的地理环境而言，各地区间相差很大，自然景观多样，是我国旅游产业潜力最大的地区，这在未来的现代都市圈产业结构调整中是一大优势。西北的少数民族很多，宗教文化和地域文化内涵深厚，在发展现代都市圈的时候如何协调与传承各种文化传统，也是必须面对的课题。世界各大都市圈的发展过程中几乎都出现了“城市病”，美国城市史学家芒福德曾将工业社会中的城市比喻成“焦炭城”[①]，这是按照工业革命以后功利主义原则形成的城市发展模式。这种模式对城市环境造成了难以估量的破坏，其基本特征可以形象地描述为：西北地区的城市群如何避免或是缓解，也要针对这一地区特殊的历史和社会环境来解决。因此，西北都市圈的发展不能照搬东部几个都市圈的既有模式，必须从以下环节入手：一是在开发自然资源的同时关注生态建设，谋求可持续发展，避免或减轻其他都市圈的“城市病”；二是结合地区特征打造一体化的交通格局，为人力资源的合理流动以及聚集创造基本条件；三是因地制宜，从银川、乌鲁木齐、西宁、兰州四个西北地区的中心城市开始逐步构建城市群，再向都市圈过渡，把相对较为成熟的，如银川城市群作为都市圈发展的基点向外辐

---

① 刘易斯·芒福德：《城市发展史——起源、演变和前景》，宋俊岭、倪文彦译，中国建筑工业出版社，2005。

射；四是充分发挥西北地区的历史文化优势，打造和东部沿海不同的地区特色城市群。

二　把西北城市群的生态保护问题放在首位

芒福德曾提出一个“焦炭城”的概念，这是源自英国小说家狄更斯在《艰难时世》中的说法，用以说明工业时代西方城市造成的种种问题，主要是指极端恶化的城市环境。但芒福德同时认为，物极必反，工业城市的贡献是对它产生的过错的反应。如今各国都在采取措施反思和纠正工业文明引发的后果。中共十八大报告里明确指出：“加快实施主体功能区战略，推动各地区严格按照主体功能定位发展，构建科学合理的城市化格局、农业发展格局、生态安全格局。”[①] 中国西北的城市发展并不均衡，很多城市在快速工业化的时候也存在较沿海更为严重的环境问题，例如被誉为“银川之肺”的宁夏银川市宝湖国家城市湿地公园近年的湖面日渐萎缩，部分湖床裸露，湖内鱼类、水生动植物生存受到威胁。在此情形下，相关部门组织工人对湖内鱼类进行打捞转移，等待补水期开始后再转回。据宝湖湿地公园工作人员介绍，由于淤泥厚度大，补水期延迟，减少了宝湖的蓄水量；加之周边建筑工地为了降低地下水位纷纷抽水，导致宝湖水位下降，加速了宝湖存水的流失。[②]这是典型的城市建设导致生态遭到破坏的现象。城市湖泊资源和森林资源一样是稀缺的，如果不善加保护，则城市环境就会日益

① 《坚定不移沿着中国特色社会主义道路前进　为全面建成小康社会而奋斗》，中国共产党十七届中央委员会，2012。

② “银川之肺”宝湖告急，赤裸湖床上躺满死鱼，搜狐网，2011 年 3 月 31 日。

恶化。银川市宝湖国家城市湿地公园的情况为我们敲响了警钟。而中东部一些城市的环境恶化和改造的经历也应当作为西北城市的借鉴。据消息显示：中国空气污染最严重的城市是兰州，上述可吸入颗粒物年均数值达 150 微克；紧随其后的也主要集中在西部城市，西宁和乌鲁木齐的数值都在 140 微克以上；北京的数值也不低，达 121 微克。中国空气最清洁的城市是海南省会海口，数值为 38 微克。[①] 当然兰州的空气污染也在治理中，这个污染数值是在不断变化的。任何一座城市都不希望污染如此严重，这个问题在西北一些老工业基地尤为突出。试想，现在一座城市的环境有时还只是自身问题，如果城市带中的城市相互联系，那么小区域的环境就会转变为大区域环境，问题只会更加严重。因此，西北城市必须加快环境整治，明确城市定位，由高污染、高耗能、资源消耗型发展模式尽快向资源节约型、环境友好型、低碳型城市转变。

在生态保护方面，兰白都市圈景泰县的思路值得肯定。景泰县邻腾格里沙漠，被称为兰州生态北大门，是阻截沙漠南移、保护“兰白都市经济圈”生态安全的重要绿色屏障。由此，景泰的环境关系到整个兰白都市圈。景泰县委书记薛香玲认为，景泰距离兰州 180 公里，距离中川机场 100 公里，地缘交通优势十分明显。生态建设是景泰融入兰白都市经济圈的基本切入点和首要突破口，发展“通道经济”和旅游开发是景泰融入兰白都市经济圈的重要抓手。这个地区的环境对于兰白都市圈有着重要意义。她认为，今后，景

① 《中国城市空气：海口最“清新”污染最重是兰州》，《金羊网—新快报》2011 年 12 月 16 日。

泰县将积极加强与邻近的永登、皋兰两县林业部门的对接，大力发展集休闲、观光、娱乐为一体的201线“通道经济”，与“兰州高新区空港循环经济产业基地”工业集中区、秦王川连片开发。在生态建设的具体措施上，可以归结为四个方面，以引大入秦、引大入景、引大入银和景电、兴电等高扬程灌区为重点，以阻止腾格里沙漠南移和改善灌区农业生产条件为目标，携手共建兰州北部更加稳固的生态经济型防护林体系；以景泰至中川高速、兰白城乡和交通主干线为骨架，实现兰白城乡和交通主干线绿化带的衔接和融合；以景泰沙漠枸杞、五佛红枣等特色林果为品牌，携手共建兰白沿黄特色林果产业带；以景泰川、秦王川、中川及区域内干旱丘陵地区天然林及天然灌木植被保护为目标。沙漠化一直是制约西北城市群发展的重要因素，景泰县的尝试如果变为现实，则可能有效地解决城市发展与生态环境的矛盾，它不仅将形成西北环境治理的一种方案，更可以将景泰县发展建设成兰白都市圈观光休闲目的地，从而形成城市群的“后花园”。为此，景泰县提出了打造“四大基地”目标，即能源基地、建材基地、畜牧林果基地和旅游影视文化基地。也就是从旅游规划、产业、产品、机制四个层面，努力使景泰的品牌旅游产品和影视拍摄资源跻身于兰白都市经济圈，实现旅游线路的全面对接，形成大旅游、大产业、大发展的区域合力。[①] 这段描述对于景泰县的定位是很清晰的，同时通过这一定位，景泰县提出了一种重要的思路——生态建设也能发展为一种产业，也成为推动都市圈发展的动力。西北的自然资源十分丰富，这既是优势也是隐患，往往过度开发会成为都市发展的一个挥之不去

① 陈永君:《兰白都市圈　生态观光地》,《西部商报》2010年1月29日。

的难题，像山西的煤炭资源曾被过度开采，对太原、临汾等城市所造成的污染乃至经济结构等问题至今仍很难消除。类似的倾向和问题在大西北也同样存在，如果能借鉴推广景泰的经验，则对于城市产业结构的调整也是有益的。把生态保护、建设和推进城市化有效结合，利用西北的生态地理特征，有可能会开辟出一条生态城市的新路。

三　逐步改善西北城市群的交通格局

西北地区之所以建设都市圈难度较大，必须要分步骤实施，一个重要原因就是由于地域辽阔，城市间彼此距离过远，这样势必造成人口的分散、各种运输和物流的成本增加。为此，需要采取相应的措施。早在2004年召开的首届宁蒙陕甘毗邻地区交通合作会议上，17个地市的交通部门就有了合作意向。2005年，西北中心城市和宁蒙陕甘毗邻地区17个地市交通部门负责人曾会聚银川，就加强区域交通合作，推动区域经济一体化建设等达成了合作协议。在此次合作会议上，银川市交通局把达成的合作意向提交大会讨论，与会者一致认为，建立宁蒙陕甘毗邻地区交通合作工作机制、制定宁蒙陕甘毗邻地区公路运输一体化规划、建立宁蒙陕甘毗邻地区区域汽车救援网络等，有利于宁蒙陕甘毗邻地区交通运输渠道畅通。同时进行的西北五省区中心城市交通改革与发展协作交流会，也由以往的论坛转向了实质性的交通合作，会议就建立危险货物运输信息反馈制度和异地营运车辆技术等级评定二级维护认定委托签订协议，同时还对加强行业协会合作和维护客运车辆在异地运营的合法权益等问题进行了商讨。西北中心城市和宁蒙陕甘毗邻地区交

通部门将逐步加强与天津市交通部门的合作。[①] 这种形式的合作更多是为了加强地区联系，这些年以来，西北的区域交通合作已经有了长足发展，但是和东部沿海省份的联系还需继续加强，特别是铁路运输力量。在铁路仍然担负着国内长距离运输主要任务的阶段，西北的铁路建设必须加大规划的力度，才能适应未来都市圈的发展。

再以兰西银城市带的交通运输为例。“2002 年以来兰西银客运量分布呈现向交通轴线集中态势，该地区二条主要轴线客运量比重变化显示，公路在交通运输中始终处于主导地位，包兰线、兰青线的客运量相当，铁路在旅客运输中占的比重在逐渐上升，……兰西银客、货运量得到了持续稳定的增长，客、货运量趋于分散，体现了城市间空间运输联系的日益频繁活跃，区域经济交流与合作日趋明显。在时间序列上，兰西银客、货运量的分布是不均衡的，并且在各个时段均衡度大小也有变化。在空间演化方面，兰西银客运量分布廊道效应日益显著，109 国道线始终居主导地位，货运量则集中于兰州，并逐渐向周围次级货流枢纽城市分散，其中增加比较明显的是白银、石嘴山等城市。兰西银城际间空间运输联系的时空演化特征在一定程度上映射了该区域经济结构的时空演变，空间运输联系演化体现了部分城市经济发展强劲态势。兰西银地区，除宁夏外，甘肃与青海的公路、铁路网密度都远远低于全国的平均水平。不完善的交通网络制约着城市间的联系。”[②] 西北五省中，宁夏是面积最小的，而同时也是交通设施最为完善的。因此，完全可以把宁夏的省内交通为突破点，率先在宁夏完成各城市间的城际交通网

---

① 李瑞娟、王春辉：《做大西北交通文章》，《银川晚报》2005 年 7 月 27 日。

② 张杰、侯彩霞：《兰州—西宁—银川城市带空间联系分析》，《干旱区资源与环》2012 年第 2 期。

建设，然后逐步建设西北城市间的交通网络网络的营造，例如南京，已经开始规划联结天长、高淳、溧水等地的轨道线路；而广东已经率先建设完成了广州到佛山等地的轨道交通。这些经验表明，同铁路相比，城市轻轨比铁路投资费用低、建设速度快，可以作为连接相近城市的快速手段。同宁夏相比，陕西、甘肃、新疆、青海的地理环境更为复杂，在建设交通网的时候应先从省区内更小的次级城市群或城市带着手，逐步建设公路和铁路以及城市轨道，再推向省际的交通网络，这样就可能将兰西银等西北大城市联系到一起，最终构成层次分明的西北都市圈。

四　通过完善职能和产业升级，加强中心城市的辐射作用

西北城市群发展的最大障碍就是地域过于辽阔，城市群相互联系不够紧密，城市化在规模和质量两方面均难以在短期内和沿海地区相比。如果能够有效加强中心城市的辐射作用，那么实现西北地区城市化的品质提升是有可能的。以关中城市群为例，这是较有代表性的、在交通方面发展速度较快的一个西北城市群。关中城市群的开发定位可以说是一个代表2005年，关中城市群5.5平方公里的面积，集聚了全省62.6%和西北地区25%的人口，创造了全省和西北地区的68.5%和26.9%的地区生产总值。这是陕西省和西北地区经济最发达的地区，成为西部大开发“十一五”规划中提出的“关中—天水重点经济区”中的主体部分，是西部大开发的重点地区。[①]

① 申兵：《西部大开发战略中的关中城市群发展路径》，《中国经济时报》2007年4月23日。

这也就意味着：不仅西安是关中城市群的中心城市，而且关中城市群还有望成为西北地区城市群的核心。

在陕西省的规划中，根据国家规划的要求，西安国际化大都市建设，就是要把西安与咸阳作为一个整体考虑，分三个层次，一是现有西安、咸阳的主城区，二是西咸新区，三是由两市主城区、西咸新区和周边卫星城镇构成的西安国际化大都市。其中，西咸新区建设是一个重要的突破口。……经济方面，强化创新驱动，构建现代产业体系，提升经济实力，建设具有国际竞争力的国家高端制造业基地、战略性新兴产业基地和现代服务业基地，构建国家重要的商贸物流中心、会展中心和金融中心，建设国家科技资源统筹改革示范基地，打造创新型城市，从而成为引领西北乃至全国发展的新引擎。西安建设国际化大都市，必须提升经济实力，而引擎就是创新驱动。文化方面，要实施文化引领和旅游带动，提高西安的国际影响力和知名度，建设世界一流的旅游目的地，打造国际旅游都市，使西安成为彰显华夏文明的历史文化基地。……城市建设方面，必须加快西咸新区的建设，把西咸新区作为大西安建设的一个核心区。可在西咸新区乃至整个西安，建设田园都市，探索创造出一种未来城市建设的新模式。[①] 由此不难看出，西安国际化大都市的层次梯度是十分清楚的，这可以作为西北城市群产业升级的典范加以研究和推广。

就城市规模而言，西北赶上沿海发达地区不是最为困难的事，但作为内地城市群，中心城市的辐射作用还未真正显露出来，西北地区的城镇化水平还有待提高，中小城市和城镇还需要提高发展质

① 殷高峰：《建设大西安要全方位创新》，《城市经济导报》2012 年 11 月 12 日。

量，这是西北城市化进程中亟待解决的又一个问题。不能不说，这是目前西北城市的短板。在研究兰州和西宁的城市群建设过程中，很多学者也不约而同地提到了两个重要问题：一是完善城市职能，加强基础设施建设；二是进行产业升级，培育新型市场体系。具体措施包括：网络化的区域基础设施。在城市圈区域内，应形成现代化的基础设施网络。建立相互衔接的产业结构，形成分工明确，结构合理的产业结构。[①] 同时突出各城镇在都市圈中承担的职能地位和作用，并根据城镇职能定位发挥当地的比较优势，增强兰州都市圈各城镇的辐射和聚集功能，提高主导产业技术和装备水平，培育特色产业，并以科技创新提升产业结构层次，使之成为加快兰州都市圈现代化进程的重要力量。[②] 可以说，在这个问题上，中心城市的辐射作用不可低估，如果兰州、西宁的都市圈改造能够率先实现，那么无疑将会有力地带动整个西北城市群的升级。

五　西北城市群的纽带和文化建设

西北地区历史文化底蕴深厚，具有其他地区不具备的资源优势，这体现在西北五省和内蒙古的部分地区有着天然的内在联系上。这种联系不仅有赖于行政规划，而且也和宁夏、大西北的历史源流有关，西北是古代丝绸之路经过的重要地区，少数民族众多，包括伊斯兰教在内的各种宗教信仰也是联系西北各族人民的纽带，

① 郭明霞：《西北城市化的必由之路——构建兰州西宁城市圈的设想》，《生产力研究》2009年第24期。

② 李娜、董晓峰：《西北地区都市圈现代化进程研究——以兰州都市圈为例》，《兰州大学学报》（社会科学版）2005年第2期。

因此，构建地区富有特色的中心城市对西北和全国都有重要的意义。以银川都市圈为例，银川的发展可以说是西北城市群的缩影，它的成熟极有可能产生西北城市的龙头效应。宁夏全区只有五市，首府银川和区内其他城市相距都不算远，形成城市群的条件已基本成熟。银川平原城市群虽不能完全和沿海的都市圈相比，但也是目前我国正在建设的23个城市群之一。就历史而言，宁夏地区也是古代西夏王朝的统治中心，其都城兴庆府城就是如今的银川。据考证，当时的兴庆府城就已经是西北的商业中心城市，也是国内外交往通商要道。同时，兴庆是当时西夏文明的中心，这和我国古代其他古都以及文化都会的作用是一样的。以此来考察，银川的优势之一就是拥有丰富的城市历史和文化资源，与很多古都相比毫不逊色。同时，作为沿黄城市群的核心城市，银川近年来的发展速度和质量都是同地区最高的，其地理位置也非常适宜建设为西北的中心城市。作为地区的核心城市，银川所面临的问题和优势是并存的。问题在于：首先，银川的国内和国际知名度尚需进一步提高，提高知名度有助于银川都市圈的对外交流。其次，银川的城市化水平还要加强，全区只有五座地级市，县级市也很少，这虽然同宁夏的面积较小有直接关系，但同关中等城市群相比，城市化率较低也是个不争的事实。如能大胆进行行政改革，扩大银川的辖区，以银川为中心，建立西北地区“新丝绸之路”城市带，这将会激活西北很多历史名城，放大这一地区的文化辐射力。目前除了西安之外，西北地区的省会级城市中尚无一座能和东部的都市圈中心及城市相比，很重要的原因就是城市辖区规模有限，人口偏少，还未形成特大城市，如果银川能够借助区位优势适时把银川都市圈的规模效应扩大，那么必将推动整个西北都市圈的发展。再次，调整省区规模，这一点尤为困难，因为目前的省区都是历史形成的，所有调整必须经由中央政府协调解决，在加大宁夏城市群发展的同时，国家也必然会考虑内蒙古的地区发展问题。[①] 因此笔者认为这个问题一定要做长远规划，银川应从当前实际出发，利用宁夏局部的交通优势，着手在城市内部加强基础设施建设，调整产业结构，加快文化产业发展和古城开发保护，吸引人力资源聚集，待时机成熟可将城市发展为都市圈的中心。

与宁夏类似的是新疆。新疆拥有 5 个中国历史文化名城：喀什市、吐鲁番市、特克斯县、库车县、伊宁市，拥有 6 个中国历史文化名村名镇：鲁克沁镇（新疆吐鲁番鄯善县）、吐峪沟麻扎村（新疆吐鲁番鄯善县）、惠远镇（新疆伊犁霍城县）、阿勒屯村（新疆哈密市回城乡）、博斯坦村（新疆哈密市五堡乡）、琼库什台村（新疆特克斯县喀拉达拉乡）。但与宁夏不同，新疆面积是全国省级行政区中最大的，历史文化资源分布也十分广泛，因此它需要通过先分散、后统合的轨道逐步实施文化战略，把原本分散的文化资源整个联系起来。新疆的文化建设，2010 年，自治区党委、政府便实施了 7 个地州博物馆文物库房的建设。实施了喀什历史文化名城历史文化街区、鄯善县鲁克沁镇历史文化名镇、鄯善县吐峪沟乡麻扎村历史文化名村保护项目。实施了阿尔金山国家级自然保护区、巩留恰西国家森林公园以及丝绸之路新疆段（中国世界文化遗产预备名单）跨省系列遗产地等国家文化和遗产地项目。同时推荐和硕红山指挥中心（旧址）、哈密红军西路军进疆纪念园、新中国石油第一井克拉玛依一号井、库尔班？吐鲁木纪念馆、伊犁林

① 汪一鸣：《建设银川都市圈的几个问题》，《宁夏社会科学》2004 年第 4 期。

则徐纪念馆作为全国红色旅游经典景区二期名录备选名单。实施了天山天池风景名胜区、可可托海国家地质公园等3个重点旅游景区的基础设施建设。[①] 从这些成果来看，以自然地理、历史人文两条主线来建设的西北城市文化圈也会在不久的将来作为城市群的要素得以实现。

六　总结：由工业城市的管理向“智慧城市”转变

西北都市圈的发展与中东部地区有着显著的不同，因其人口密度相对较小、自然资源丰富、历史文化背景复杂、地理环境差异大等因素，必须采取更为稳健的策略。同时，我们也注意到，西北各省目前仍然未能有效形成城市间的良性互动，提升城市管理水平和效率是一个关键。西北地区的城市，有的是古都，有的位于亚欧大陆桥交通线上，有的是区域中心，这些原本都是发展大都市圈的重要元素，但地理阻隔制约了西北城市群之间的联系。有针对性地对于生态、交通、城镇化、中心城市等问题进行合理的规划和分步骤的实施，将是西北城市群成长为现代大都市圈的枢纽所在。罗马俱乐部曾于1972年发表研究报告《增长的极限》，它预言经济增长不可能无限持续下去，因为石油等自然资源的供给是有限的，做了世界性灾难即将来临的预测，并设计了“零增长”的对策性方案，在全世界挑起了一场持续至今的大辩论。西北城市的工业资源优势不是无限期的，在城市化进程中，它终会迎来“后工业时代”。对

① 李荣钰：《大美新疆：文化发展大区的跨越》，天山网，2012年11月7日。

于西北的城市群而言，它可能较沿海地区更快地向这个阶段过渡，特别是借鉴创新性的城市管理模式，将有可能避免芒福德所说的“焦炭城”发展道路。

2010年，IBM正式提出了“智慧的城市”愿景，它经过研究认为，城市由关系到城市主要功能的不同类型的网络、基础设施和环境六个核心系统组成：组织（人）、业务/政务、交通、通信、水和能源。这些系统不是零散的，而是以一种协作的方式相互衔接。而城市本身，则是由这些系统所组成的宏观系统。这一系统工程就是“智慧城市”管理模式。在这一模式的指导下，西北城市群有可能进一步提升品质。同时不妨借鉴一下广州的管理：“按照新规划，广州市将统筹和优化全市域的空间资源，都会区、新城区、副中心将以人口集聚和产业分工形成各自的功能特色，打破以往各自为政的困局及行政区划的局限，以城市功能为导向，实现跨界合作。其中都会区将聚集现代服务功能，保护历史文化名城；2个新城区将主要承担交通枢纽、大宗物流、重型制造业以及会展、研发、教育、医疗等专项高端服务职能；3个副中心将以保护自然生态为主要任务，成为城乡统筹的主要载体。在优化配套方面，下一步，广州将继续优化公共服务设施和基础设施配套布局，促进‘产城融合’。按照规划，将优先落实12类165项基础性民生设施，构建优质、均衡、与人口分布相适应的公共服务体系。鼓励引导中心城区教育、医疗、文化和体育等各类优质资源向2个新城区、3个副中心覆盖延伸。”① 广州的经验可以总结为统筹优化城市资源、

① 《从战略规划向功能规划转型升级　广州成首个全域功能规划城市》，《中国建设报》2012年11月16日。

打破行政壁垒、以新城区和副中心为引擎来带动城市功能规划转型升级，这其实就是网络、基础设施和环境相互协作的产物，也是信息化时代西北城市群升级的可行之路。

参考文献

刘易斯·芒福德：《城市发展史——起源、演变和前景》，宋俊岭、倪文彦译，中国建筑工业出版社，2005。

张杰、侯彩霞：《兰州—西宁—银川城市带空间联系分析》，《干旱区资源与环》2012年第2期。

郭明霞：《西北城市化的必由之路——构建兰州西宁城市圈的设想》，《生产力研究》2009年第24期。

李娜、董晓峰：《西北地区都市圈现代化进程研究——以兰州都市圈为例》，《兰州大学学报》（社会科学版）2005年第2期。

汪一鸣：《建设银川都市圈的几个问题》，《宁夏社会科学》2004年第4期。

《坚定不移沿着中国特色社会主义道路前进为全面建成小康社会而奋斗》，中国共产党十七届中央委员会，2012年。

陈永君：《兰白都市圈生态观光地》，《西部商报》2010年1月29日。

李瑞娟、王春辉：《做大西北交通文章》，《银川晚报》2005年7月27日。

申兵：《西部大开发战略中的关中城市群发展路径》，《中国经济时报》2007年4月23日。

殷高峰：《建设大西安要全方位创新》，《城市经济导报》2012年11月12日。

《从战略规划向功能规划转型升级　广州成首个全域功能规划城市》，《中国建设报》2012年11月16日。

《2010年第六次全国人口普查主要数据公报（第2号）》，中华人民共和国国家统计局网站，2013年6月14日。

《“银川之肺”宝湖告急，赤裸湖床上躺满死鱼》，搜狐网，2011年3月31日。

中国城市空气：《海口最“清新”污染最重是兰州》，《金羊网—新快报》2011年12月16日。

李荣钰：《大美新疆：文化发展大区的跨越》，天山网，2012年11月7日。

B.10

上海马陆镇文化发展主题阐释与文化产业路径

刘士林*

摘　要：

以"十二五"规划为契机，按照文化产业的规律和特点，对全镇文化产业进行系统性、整体化的规划，同时设定具体的战略路线图和阶段性工作目标，实现以文化产业为龙头、带动马陆经济发展方式转型和促进先进生产力发展的根本目的。马陆是上海地区所剩不多的农业资源集聚区，同时，以马陆葡萄为品牌打造一个大都市稀缺资源的原产地和集聚带。马陆的中长期发展目标可以考虑定位为马陆农业文化产业镇。

关键词：

马陆　都市　农业文化产业镇

马陆镇历史悠久，地理位置优越。从长三角城市群的框架看，马陆地处以16城市为主体的长三角核心区[①]的中心节点，并通过境

* 刘士林，上海交通大学城市科学研究院院长、首席专家，教育部哲学社会科学发展报告首批建设项目《中国都市化进程年度报告》负责人，上海交通大学媒体与设计学院副院长、博士、教授、博士生导师，上海高校都市文化E-研究院特聘研究员，《中国城市科学》主编。

① 刘士林：《江南与江南文化的界定及当代形态》，《江苏社会科学》2009年第5期。

内的沪嘉浏高速公路、嘉金高速、204 国道等与长三角 16 城市以及新近纳入长三角的苏北、浙西等地建立起通畅便捷的交通渠道。从上海国际大都市的框架看，马陆位于上海西北部嘉定新城的核心区，东与宝山区接壤，西与上海国际汽车城安亭和 F1 国际赛车场相连，南与南翔镇，北与嘉定镇毗邻，境内的 A30 郊区环线高速、宝安公路、永盛大道、轨道交通 11 号线以及规划中的 A17 高速公路、嘉闵高架等四通八达，特别是距离未来上海又一个中心节点——虹桥枢纽中心仅有 10 分钟的车程，使马陆这一传统的上海边缘地区迅速融入上海大都市的核心版图。作为上海国际大都市的一个有机组成部分，马陆的经济社会与文化发展理应纳入上海国际大都市建设的整体框架和现实进程中，这是我们研究与讨论马陆镇文化发展主题及文化产业路径的大前提。

一　国际大都市、文化大都市的双重发展主题和后世博的战略机遇

按照目前普遍的看法，上海发展目标可以分为经济社会上的国际大都市和文化战略上的文化大都市，这两个基本战略目标的具体内涵与发展动态，是马陆镇要实现又好又快发展必须认真研究和对接的。借助都市文化学的理论与方法，对此可从两方面加以阐释和明确。

首先，以“国际化大都市”与“世界级城市群”为中心的都市化（Metropolitanization）进程[①]，是上海国际大都市战略思维和

① 刘士林：《都市化进程论》，《学术月刊》2006 年第 12 期。

目标提出的总体语境。上海城市发展自身定位的这一重大变化，是其每一构成部分都必须充分考虑和关注的，否则就会丧失与城市主体的有机联系，甚至沦落为可有可无的城市“废屑”。对于像马陆这样的大都市郊区乡镇，也需要根据都市化进程中上海的变化与发展态势进行自我调整，并重构其与上海国际大都市的新型当代关系，其中特别是要克服由于过去属于农业地区、发展相对不足、处于都市边缘而形成的“自视甚小”或“上不了台面”的心态和思路，树立“马陆也是国际大都市”的信心与观念，并以上海国际大都市的有机组成部分和文化大都市的特色人文品牌来制定发展战略和规划未来。这是因为，在都市化进程中，农村地区已不需要再重复农村—乡镇—小城市—中等城市—大城市的传统城市化（Urbanization）发展模式，而是以大都市为模仿对象、借助大都市提供的硬件与软件资源迅速实现自身的跨越式发展。在都市化进程中，传统农业地区能否超越一般的城市化发展模式并迅速实现自身的都市化，关键在于能否审时度势、把握机遇，制定正确的发展战略和选择有效的战略手段，以迅速地集聚起自身发展为都市化地区所需要的各种政策红利和战略性资源。如广东深圳、上海浦东、天津滨海等，都是在短短数年内就完成了农业地区的都市化进程。在都市化进程中频频出现的这个农业地区直接发展为都市化地区的新模式，在某种意义上应是马陆镇在当下特别应该关注的发展模式与及时把握的重大战略机遇。

马陆的很多优势不仅是中西部农业地区，甚至也是上海其他郊区乡镇无法比拟的。在经济社会发展方面，尽管马陆镇长期以来一直属于“乡镇户口”，但由于特殊的地理位置、新中国特别是改革开放以来的前期积累和准备，马陆镇实际上已越来越深、越来越快地卷入上海国际大都市建设的整体进程中，并借助上海大都市雄厚的经济基础与优越的社会环境，特别是上海和嘉定区近年来在城市规划、交通基础设施建设等方面的高水平发展，直接获得了传统农业地区无法想象的巨大现实利益和发展空间。一是在经济实力上，与一般经济落后的农业地区相比，马陆镇的经济实力已相当不凡。一方面，改革开放以来，马陆相继提出了“工业立镇，三产兴镇”和“稳二进三优一、增强可持续发展能力”的总体发展思路，全镇经济连续十多年保持20%以上的增势。2013年上半年，全镇实现增加值65.5亿元，同比增长5.6%；完成税收18.56亿元，同比增长19.8%。另一方面，受上海转变经济发展方式的影响与带动，马陆镇也开始有意识地调整落后的乡镇产业结构，并由于“近水楼台”的原因而直接分享到上海都市经济的投资辐射。如世界500强企业中的伟创力、爱立信、百事公司、菲利浦公司等。这种雄厚的经济实力和良好的发展势头为马陆镇的可持续发展积淀了相当坚实的物质条件。二是在乡镇规划与发展定位上。由于所依托的是中国城市化与国际化水平最高的上海，所以马陆城镇发展的规划水平具有明显的前瞻性。马陆镇是未来嘉定新城的主城区。嘉定新城是上海未来重点发展的三大新城之一，是上海以新城、中心镇建设为重点的郊区城镇化战略的直接体现。嘉定新城包括新城和老城区在内，主城区规划面积120平方公里，首期开发30平方公里，远期将集聚人口100万人。嘉定新城规划体现了当今世界最为先进的城市设计理念，并与千年古城嘉定固有的东方古韵密切结合。根据规划，嘉定新城的主要板块“形如荷花”，其设计理念来自美国朗润投资公司，寓意着嘉定新城将以富有江南水乡特色的“荷花”造型而出世。规划一步到位甚至超前，在很大程度上可以避免由于规划落后或短期效应而导致的各种城市化后遗症，为马陆在不久的将来建设成具有国际现代化城市特征的新型城镇体系打下良好的空间基础。就此看来，马陆在城市规划上不仅为一般中国农业乡镇无法相比，甚至超过了中西部一些城市的规划理念和建设目标。

其次，在马陆镇的文化发展和软实力战略的层面上，则要与上海文化大都市建设直接联系起来。2007 年春夏之交，上海明确提出建设“文化大都市”的发展思路。如果“大”主要是与上海的城市规模与身份相匹配，那么这个概念的核心则集中体现在“文化都市”上。一方面，与传统的政治型、经济型城市不同，文化都市是以文化资源为主要生产对象、以文化产业为先进生产力代表、以高文化含量的现代服务业为文明标志的新城市形态，其最突出的特征是城市的文化模式与精神生产成为推动城市发展的主要力量与核心机制；另一方面，与文化地理学意义上“以宗教、艺术、科学、教育、文物古迹等文化机制为主要职能”的“文化城市”不同，文化都市在很大程度上改变了人类社会生产与空间重构方式，其巨大的文化生产能力与消费市场，使有限的文化资源在产生巨大的文化经济效益的同时，也可以为市民提供更加丰富和高质量的文化享受。[①] 目前，马陆镇已是全国优秀乡镇、全国文明镇和国家级卫生镇，在文化发展与软实力建设上已取得很大的进步。但另一方面，在上海和长三角普遍存在的“重经济、轻文化”、“硬实力发展过度、软实力发展不足”等问题，在马陆镇也有一定的表现和反映。特别是由于没有一个在框架上相对完整和可持续、在理念上具有先进性和代表性的科学发展规划，不仅使其文化资源和文

① 刘士林：《从当代视野看文化都市》，《文汇报》2007 年 9 月 3 日。

化产业对经济社会的贡献度依然偏低，同时，在实际上的公共文化服务和精神文明建设上，其与国内相比可以说份额巨大的文化事业费用与投资取得的效果也并不明显。[①] 特别是就文化大都市的主要目标在于改变、超越“经济中心城市”的内涵与形象，并使城市的文化模式与精神生产成为推动城市发展的主要力量与核心机制，其中蕴涵着整个上海未来文化建设与发展的主题和机遇。作为上海文化大都市建设的一个有机组成部分，马陆镇应该紧紧围绕文化大都市的主题去规划、布局、寻找新的增长点，充分研究自身丰富的文化资源与利用已有的文化产业与事业基础，更加主动地、深度地融入上海文化大都市建设的整体规划和具体战略路径，以实现自身的高质量和可持续发展。

在文化大都市建设中，文化资源作为直接的生产对象，本身构成了一切文化生产与消费的母体与物质条件，意义十分重要。有没有丰富的文化资源以及是否可以通过有效的手段与渠道积累和储藏更多的文化资源，直接决定着上海文化大都市在文化生产与创造上的可持续。对于马陆镇也是如此。马陆镇有较为丰富的文化资源，如其中延续300多年的篾竹编织技术，与嘉定竹刻、徐行黄草编织同为嘉定民间工艺的代表。但从总体上看，马陆镇在文化资源上与江南六大名镇相比还稍嫌逊色，因而，未来马陆的文化发展与建设，应该像当年引进葡萄产业一样，在认真研究自身环境和文化生态的基础上，加大对江南、中国和世界各地的文化资源的引进力度。就目前而言，尽管马陆在文化产业、公共服务和文化民生上已有积累，但与未来的文化大都市目标相比，文化资源也并未受到应

① 《沪上学者座谈文化体制改革》，《社会科学报》2010年9月2日。

有的重视。这是上海和长三角普遍存在的问题，因而也不能完全怪马陆。其原因主要在于以下两方面：一是与中华人民共和国成立以来的政治型城市化、新时期以来的经济型城市化模式有关。在这两种分别以政治和经济为中心的城市发展中，文化资源不是沦为“阶级斗争的工具”，就是作为“经济唱戏”的“台架子”，根本没有独立的地位和自由发展的可能。二是文化产业是典型的都市文化产业，文化资源的真正盘活与受到重视，也只能在都市化这个城市发展的更高阶段才能实现。在上海城市化进程徘徊不前的时期，马陆镇的文化资源，如非物质文化遗产、古建筑资源、可供旅游开发的水系、历史与文化名人等，和中国许多地区一样，只能默默无闻或只有非功利的文化遗产价值。但随着上海在 21 世纪以来迅速融入全球性的都市化进程，特别是国际大都市和文化大都市两个战略目标的提出，情况则发生了根本的变化。一方面，国际大都市意味着要集聚起更多的人口、财富，并以之为基础形成强大的文化需求和消费能力；另一方面，由于传统上海中心城区的文化空间和资源有限，其消费链自然要延伸到像马陆镇这样的“近水楼台”。由此看来，马陆镇固有的江南文化资源、自然水系资源等，也只是在火热的都市化进程中才获得了更高水平发展的可能。因而，如何尽快及早地从传统的发展观念中超越出来，按照上海文化大都市这一整体战略框架去思考和规划马陆文化发展，在借助上海整体文化环境充分发展自身的同时，也以自身更高水平的发展推动上海文化大都市的建设，这是马陆文化发展在当下急需把握的“重大战略机遇”和作出的“重大战略抉择”。

此外，经过“世博会”锻炼和整体提升之后的上海和长三角，是马陆镇在未来至少是中长期发展中必须重点关注的黄金机遇。作

为世博会“城市与乡村互动”副主题演绎点，这是马陆镇已“眼见为实”和充分利用的机遇。但更重要的机遇却可以说是在“世博之后”。这是因为，在当今世界，特大活动对城市发展往往带来重大的影响。如果说国际大都市侧重于上海的硬实力，文化大都市侧重于上海的软实力，那么必须指出的是，2010 年以“城市让生活更美好”为主题的世博会，不仅使国际大都市与文化大都市两大战略目标更紧密地联系在一起，同时也给中心城区与农郊地区的进一步融合与一体化发展带来了重大机遇。就此而言，马陆尽管只是一个小乡镇，但置身于上海国际大都市和长三角世界级城市群的宏观背景下，所以必须努力发展出一种可与都市化进程相匹配的开放结构与文化性格，一方面为上海国际大都市、文化大都市建设提供了更加全面、积极的服务，同时自身也从服务上海中获得更大的发展与更高层的次提升，而不应仅限于提供成本较低的土地或具有猎奇色彩的农业观光等。在都市化进程中，特别是借助“世博会”唤醒的城市文化意识，马陆文化发展在实际上已超越了传统的乡镇概念，而应以文化大都市的独特构成部分进行规划与研究，这才是着眼于长远与真正可持续的。

二　以文化产业为中心、以文化产业集群为目标，加快经济发展方式转型和推动先进生产力发展

经济是城市的核心，这是不言而喻的。但在都市化进程中，城市经济的业态与结构也发生了重大的转折，其中最突出的特征是“文化”与“产业”的关系日益紧密，并从中催生出“文化产业”这一新兴都市经济生产方式。作为上海国际大都市有机部分的马

陆，也应重点关注和研究其文化产业的发展。

关于这一点，可从两方面加以认识与把握。首先，这是由人类生产方式在当今世界发生的巨大变化所决定的。自20世纪60年代以后，随着后工业社会和消费文明时代的到来，当今世界在生产方式上与其传统形态发生了巨大的差异，其中最具代表性和先进性的生产力是“文化工业”的出现和强劲发展。文化产业又译“文化工业”。之所以加上“文化”这个限定词，除了与传统的工业概念和形态区别开，还意味着文化产业与现代工业体系在生产对象和生产主体两方面均已发生了重大的变革。具体来说，在生产对象上，与以自然资源为主要生产对象的现代工业和制造业不同，源自人类社会的文化历史资源成为社会生产的直接对象，并在很大程度上改变了“精神生产不创造物质财富”的传统观念。在生产主体上，与现代工业主要依靠主体的理性机能与形式（其高端表现为科学家的发明创造，低端则表现为产业工人的熟练技术操作）不同，在1998年英国出台的《英国创意产业路径文件》中明确指出：“所谓创意产业，是指那些从个人的创造力、技能和天分获取发展动力的企业以及那些通过对知识产权的开发可创造潜在财富和就业机会的活动。”由此可知，文化产业不仅从根本上改变了现代工业社会的模式与性质，同时也成为当今世界先进生产力的重要代表。其次，这是由当代城市发展的内在规律与需要所决定的。与以矿山开采、冶炼、纺织等传统工业制造业为主体的现代城市不同，以高新技术产业、金融资本运营、信息产业、文化服务业等为基本标志的后现代工业与商业，构成了后工业时代城市在物质生产与经济发展方面的主导性机制。特别是在全球人口爆炸、能源危机、生态环境急剧恶化的当下，文化产业在转变经济结构与发展方式中表现出来的巨大的发展潜力，使之成为全球城市特别是具有国际资格的大都市不约而同的战略选择。由于这两方面的原因，以致我们可以说，在当下正在出现“一切经济产业都在文化产业化”，以及“一切城市发展都不可能离开文化产业”的普遍趋势。

在某种意义上，由于涉及文化产业政策、经济实力与基础、社会建设水平、文化消费与生活方式等方面，文化产业发展往往呈现为比一般经济活动更加复杂的结构与形态。在制定或选择具体的文化产业发展战略之前，有必要深入了解文化产业的基本内涵与发展趋势。根据我们的相关研究，文化产业的当代内涵主要有三：一是文化附加值，这主要体现在生产环节上，它以产品的研发、设计、包装为中心，是文化产业发展的基础，也是文化产业的初级阶段；二是文化营销增量，这主要体现在流通环节上，以广告创意、品牌建设和服务模式为中心，这是文化产业的中级阶段，在当下已成为厂家和商家的共同选择；三是文化产业集群，这是面向未来的高端发展模式，其要义在于，按照文化的逻辑和文化产业的相关度，以主营业态为中心，通过不断渗透、融入相关的社会生产部门，最终形成具有明确层级分工体系，能够相互支撑、共同抵御发展风险的文化产业集群。以此基本内涵为基础，可以将文化产业界定为：以生产环节中的文化附加值为基础、以流通环节中的文化营销增量为主要路径、以发展战略中的文化产业集群为最终目标的当代经济生产活动。同时，也可据此划分出三种不同的文化产业发展模式，即注重文化附加值的生产型文化产业、注重文化营销增量的消费型文化产业以及以可持续发展为理念的全面发展型文化产业。就当下而言，这三种模式发展并不均衡，具体而言，关于生产型文化产业及其文化附加值已被充分注意到，关于消费型文化产业及其文化营销增量也日益受到重视，但在作为最高环节的文化产业集群上，可以说还比较薄弱和模糊。在当下其中最常见的是与产业、产品捆绑在一起的观光、教育、文化传播等形式，但在实际上，按照文化产业的规律，在系统内部建立真正密切的联系机制以及形成具有很强互补性的层级分工体系，对于中国大多数的文化产业，包括一些在规模上已经很大的文化产业集团，可以说仍是任重而道远的。因而，作为文化产业高端形态的文化产业集群，代表着中国文化产业的发展重点和先进方向。

按照文化产业发展的基本规律与特点，可以对马陆文化产业发展进行一些必要的梳理和剖析。文化产业作为一种重要的“后工业生产方式”，本身意味着要以较为雄厚的经济条件以及较为发达的城市消费社会为基础，在这方面马陆发展文化产业已有一定的优势。一方面，以工业立镇的马陆在上海乡镇经济中可谓首屈一指，吸引了伟创力、飞利浦、人头马、百事、麦当劳、爱立信、重机、希腊船王家族企业等一批世界知名企业的地区总部和研发中心，并形成了以电子工业、汽车配件行业、机械制造业、服装行业、医药保健品行业、食品行业为中心的六大支柱产业。目前，马陆镇有企业2万多户，在“十一五”期间，年税收递增为10.3%。另一方面，结合上海国际大都市和嘉定新城的建设，近年来马陆镇以“稳二进三优一”的发展战略统领全局，在逐步调整产业结构的同时，努力开拓都市型工业、现代服务业和文化产业等新增长点，使马陆经济继续保持了高速发展的态势。同时，马陆镇还紧密结合F1赛车场、轨道交通11号线马陆站、文化信息产业园等重点项目，进一步改善和提升城市服务功能，以沪宜公路和宝安公路为三产发展轴心，加快推进弘基广场、易初莲花、台州大厦、东方豪园等项目的建设，极大地提升了马陆的城市集聚功能和文化消费水平，在全镇57.16平方公里的土地上，现有20万常住人口，并初步形成了现代服务业、先进制造业和都市型农业三大集聚区，为文化产业的加速发展创造了良好的氛围与条件。

文化产业既是产业经济的高端形态，也是在工业经济发展到一定程度的产物。较为雄厚的经济硬实力和快速的城市化进程，使马陆发展文化产业的时机和条件已基本成熟。实际上，近年来，马陆在很多方面已开始自觉不自觉地选择了文化产业之路。以“抢得先机”的文化信息产业园为例，“以东方文化为魂，以创意产业为体，以信息传播为用”，2006年，由上海市委宣传部批准，马陆镇人民政府、东方网、宏发集团三方联手打造的上海文化信息产业园开始筹建。园区占地600亩，总建筑面积约50万平方米，以文化创意产业和信息产业为主要业态，致力于打造上海文化信息产业名片与国际级文化信息产业基地。目前，已有东方财富网、慧聪网、携程旅游网、金蝶软件等多家知名企业落户园区，并获得“上海市文化产业基地”专业认证。在紧紧抓住大都市信息服务功能的同时，马陆并没有遗忘农业资源这个“家底”，而是以都市型农业为理念，以马陆葡萄为龙头，先后推出了葡萄科技文化节、葡萄主题公园等农业文化产业集群，并初步形成了具有重要战略带动意义的农业旅游文化产业品牌，有效地带动了新农村建设以及提升了马陆的软实力。此外，值得一提的还有大裕村文化艺术聚集区，也跳出了传统农业地区“民以食为天”的实用主义思路。据称大裕村已成功引进了多位国际一流艺术家，并在不久的将来有望发展成一个全新的文化高地和时尚坐标。但从总体上看，在马陆的文化产业布局中，也存在不够自觉或需要进一步理顺的问题。其中有的是中

国文化产业园区普遍存在的相互克隆、“同质竞争”、“规模大但竞争力弱”的问题；也有属于马陆自身在规划和思路上的问题，如如何处理好文化艺术人才引进（“增量”）与本地区文化资源的保护与利用（“存量”）的问题；也有借用“洋枪队”对新城进行大手笔规划和建设的同时，对马陆固有的古园和古树名木却缺乏系统的考量和整体的安排等。除了这些局部的已经表现出来的问题，最重要的是如何按照文化产业发展的规律，结合上海国际大都市、文化大都市以及“世博后”的战略机遇，对这些已有一定基础和规模的文化产业进行内在的和相关度的深入研究，以解决目前存在或隐伏的“单打独斗”、“老死不相往来”甚至是“相互拆台”的发展模式或尴尬关系为抓手，以文化产业发展高级形态的文化产业集群为战略目标，超越文化增加值和文化营销增量的阶段，全面提升马陆文化产业的发展质量与水平。

以文化产业为中心，以文化产业集群为发展目标，对马陆镇经济社会发展可以起到良性的推动作用。一方面，和长三角很多以现代工业起家的小城镇一样，在国家转变经济发展方式的宏观框架下，马陆镇同样承受着转型的阵痛和很大的压力，这是马陆选择文化产业并已初步尝到甜头的现实原因；另一方面，由于文化产业在当下已成为重要的新兴战略产业，因而其在“十二五”期间的激烈竞争与角逐也将是不可避免的。为了在未来的竞争中保持优势、开拓新的增长点，马陆应及早实施作为文化产业高端形态的集群战略。实际上，在这方面马陆已有一些自觉的意识，如把现代服务业与都市农业相互结合，甚至在艺术集聚区的建设上，也意识到“艺术家工作室的引进与筹建已取得阶段性成效，极大地丰富了现代农业集聚区的发展内涵，有效地改善了区域内的产业结构，拓宽了农业的发展空间。”[①] 因而，现在的关键在于，以“十二五”规划为契机，按照文化产业的规律和特点，对全镇文化产业进行系统性、整体化的规划，同时设定具体的战略路线图和阶段性工作目标，以实现以文化产业为龙头，带动马陆经济发展方式转型和促进先进生产力发展的根本目的。

三　以文化产业乡镇为城镇可持续发展主题，以“减少资源稀缺程度”为生态理念制定中长期发展战略

实际上，注重文化附加值的生产型文化产业、注重文化营销增量的消费型文化产业以及以可持续发展为理念的全面发展型文化产业并不相互排斥，而是一种“共生”的关系。也可以说，一个城市或地区只有同时拥有这三种模式，并在其间建构一种良性的层级分工体系，才能在文化产业的生产、消费和扩大再生产中少受掣肘。在某种意义上，形成“共生”关系或建构良性层级分工体系，本身是一个“知易行难”的老问题。在必然出现的资源分配和利益冲突中，需要有一种合理的制度框架来约束和规范，以便在整体上实现资源开发和利益获取的最大化。在这个意义上，马陆在“十二五”规划上可以提出并在全国率先建设“文化产业乡镇”，自觉地按照文化产业的理论与发展趋势，引导、规范和推动乡镇文化产业的科学发展。这既符合上海国际大都市和文化大都市的内在需要，同时也有助于实现马陆乡镇可持续发展的战略。至于这个

① 《马陆城市新蓝图》，内部资料，第 27 页。

“文化产业乡镇”如何建设，则需要进行进一步的深入研究和规划。这里只简单从文化资源角度对其发展理念进行一点必要的阐释。

众所周知，自2009年国务院《文化产业振兴规划》颁布以后，文化产业的热浪正在席卷中国大地，其中既包括硬件、软件条件良好的大中城市，同时也波及一些小城市甚至是原本偏远的乡村。毋庸讳言，在一拥而上的文化产业热中，也出现了一些值得关注的问题与困境，其中最突出的问题是“文化产业趋同”以及令人担忧的“同质竞争”。如各大城市竞相投资建设的“文化创意产业园区”，如在广大农业地区遍地开花的“农家乐”等。由于文化消费的总量在某一时期内的相对稳定，因而可以预言，未来的文化产业发展将不可避免出现更激烈的竞争和比拼。要想在有限的市场中保持优势地位，就必须结合全球、中国、长三角及上海文化产业发展的现状与趋势，悉心研究马陆文化产业的发展理念、整体战略与创新路径。“思路决定出路”。其中一个需要关注的新理念是“利用资源稀缺程度”。在探讨发展战略时，当下人们主要关注的是“资源优化配置”，其核心是梳理家底、通过优化组合使固有的资源发挥更大的效应。但从未来竞争和可持续的角度，已经出现了“从关注资源配置到关注减少资源稀缺程度”的理论转型。① 这意味着，不是如何配置自身有限的资源，而是如何减少自己最珍贵的资源的损失，才是在制定发展战略时最重要的和需要优先考虑的。因为只有这样，才能真正保护好自己的核心性和战略性资源，这是在未来激烈的竞争中提升核心竞争力最关键的方面。由此可知，对

① 陈勇勤：《关注资源分配与关注减少资源稀缺程度》，《南都学刊》2010年第3期。

于马陆文化产业的规划和建设而言，最重要的也是如何“减少资源稀缺程度”，以有效规避在文化产业发展上与其他地区形成“产业趋同”或“同质竞争”的恶性循环。从总体上看，马陆是上海地区所剩不多的农业资源集聚区，同时，以马陆葡萄为品牌打造了一个大都市稀缺资源的原产地和集聚带，因而，马陆的中长期发展目标可以考虑定位为马陆农业文化产业镇。

从马陆文化产业镇的建设方面看，目前最重要的是根据文化产业发展的规律和特点，结合身处大都市和都市化进程的现实背景，对马陆镇的资源优势进行正确的认识和科学的规划。这可以着重从两方面考虑。

首先，对上海而言马陆最重要的是大都市背景下的乡村与农业资源。在城市化进程中，特别是在上海国际大都市和文化大都市的发展中，上海地区真正的稀缺资源不是资金而是空间，不是工业而是农业，不是商业生活方式资产而是自然生活方式资产，不是消费主体而是消费对象。再进一步说，不是城市资源而是农业资源。据2006年的统计，全国城镇人口57706万人，占全国总人口比重为43.9%，而上海的城市化水平已达到88.7%，全国最高。[①] 另外，特别是改革开放以来，上海的耕地面积却在大幅度减少，1978年为360127公顷，1998年为293814公顷，锐减了24.14%[②]，到了2006年末，全市耕地面积237300公顷[③]，而这个数字比1952年则减少了38.73%。马陆镇在这方面可谓得天独厚。从自然环境与土

① 《2006年中国城市总数为661个上海城市化程度最高》，中国发展门户网，2007年9月27日。

② 《上海统计年鉴1999》。

③ 《上海耕地面积统计表》。

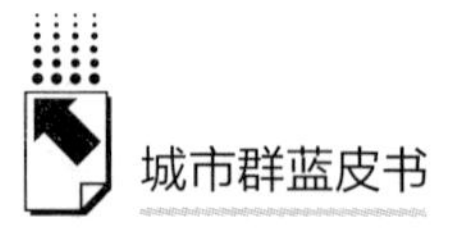

地资源上看，马陆镇地处亚洲大陆东岸中纬温带地区，属海洋性气候，冬季时间等，夏季多吹湿热的东南风，酷暑日数不多，四季分明，温和湿润。全镇总面积 57.16 平方公里，耕地面积 3004 公顷，明显高于上海的整体水平。从农业生产与生活方式上讲，自中华人民共和国成立以来，马陆镇创造了上海地区很多的“农业第一”。1951 年 10 月，成立嘉定县第一个初级农业生产合作社。1956 年 2 月，成立嘉定县第一个高级农业生产合作社。1959 年 9 月，成立嘉定县第一个人民公社——马陆人民公社。1960 年，马陆成为上海市郊第一家“百万富翁”。1980 年，成为上海市郊第一家“千万富翁”。1983 年，成为上海市郊第一家“亿元乡”。在都市化进程中，农业不仅不落后，反而往往因其具有稀缺资源的内涵而显得更加重要和珍贵。特别是改革开放以来开发的马陆葡萄，以葡萄的栽培、种植、销售、节庆活动、农业旅游、科普教育为主要内容，目前已成为一个具有较大规模的农业文化产业集群。这两方面都是马陆珍贵的“稀缺性战略资源”。但同时也要看到，由于上海大都市人口在短期内的迅速膨胀，以及上海周围农业空间与资源在都市化进程中的急剧减少，使所有在上海侥幸保留下来的农业用地和其中有关的农业资源迅速升值，成为投资和建设的热点，因而这些“稀缺性战略资源”也面临巨大的困境和被瓜分的压力。从文化产业集群发展的规律和特点看，对于未来的马陆而言，最关键的不是如何加速这些农业资源资产的开发与建设，而是如何保护并努力减少它们的稀缺程度，这应该成为马陆建设农业文化产业镇、回避与身边强大的上海出现“同质竞争”的总体战略思路。

其次，与上海都市文化产业相比，马陆镇更珍贵的资源资产在于传统江南乡镇文化。一方面，在现代化进程中，上海主要是西方文化的桥头堡和现代生活方式资产的集散地。与中心城区相比，马陆的现代都市文化资源比较匮乏，即使马陆再进行大规模的城市建设，也很难取代徐家汇、外滩、陆家嘴、张江等上海现当代都市文化名片。另一方面，与江南的很多名镇相比，尽管马陆的传统江南文化资源并不算很丰富，但由于处身于传统文化资源相对不足的上海地区，这就使原本并不重要的马陆江南文化资源资产获得了巨大的升值。在这个背景下，如马陆镇名的来历中包含的历史人文内容，如名震江南的“嘉定四先生”之一的娄坚、清代著名诗人赵俞、嘉定历史上第一个状元王敬铭等，其他还有许多原生态的上海与江南文化要素与传统，如马陆篾竹编织工艺、马陆的古园（如葑园、石冈园、绀寒湄亭）和古树名木（如马陆北管村石驳岸有400多年历史的古银杏、众芳村牛桥和的原高桥村智宗庙内的古牡丹）等，不仅是马陆和上海重要的江南文化资源，同时在大都市的背景下也具有了文化产业化的巨大潜力。因而，发展传统江南文化产业应成为马陆文化产业镇的一个重要方向。对此应充分利用马陆镇的区位优势，在上海建设国际大都市和文化大都市的背景下，以江南文化产业概念为中心进行整合，使这些静态的文化资源资产为马陆镇的经济、社会和文化发展作出更大的贡献。由于文化大都市的一个重要功能是交流与配置，因而，马陆还应以“海纳百川”的开放姿态，从全球、中国其他区域引进和培育新的文化资源，如同当年引进马陆葡萄一样，将原产于其他地区的文化资源资产，特别是由于经济等原因在原产地濒临灭绝的文化资源资产引进来，实现各种文化资源资产在马陆镇的高度集聚，使马陆文化发展在资源战略上取得高水平的发展与更丰富的扩容。此外，在文化产业镇的发展中，马陆还具有后发展的优势。一些先发展起来的江南乡镇，虽抢占了先机，但由于缺乏文化产业先进理论的引导，所以在发展的同时也正在丧失江南水乡的素朴本质。周庄是一个典型的案例。十年前，周庄作为江南古镇开发成功的案例，形成了以门票收入为标志的经济增长方式。但十年后，人们发现由于过度的商业开发，使这个古镇永远失去了往日的宁静与悠闲，有人甚至发出“十步之内，必有蹄髈”的怨言。马陆镇江南文化产业发展可以吸取这些教训，避免“先破坏后治理”的模式，走出一条真正可持续的发展道路。

以各种具有战略稀缺意义的文化资源为基础，以马陆农业文化产业镇为中心，还可以探索一条独见特色的新农村建设模式。在城市化背景下，新农村建设一直是一个棘手的问题。尽管新农村建设的重要性已被充分意识到，但在具体建设中的办法和创新却相当机械、简单。其主要模式可分为两种：一是人们熟悉的南街村、华西村模式（以工业化与城市化为实现农业地区现代化的主要手段），而其悖论在于：一旦这些新农村建成，实际上也就与城市没有任何区别而不再是农村了。二是我们所谓的“毛桥模式”，这一模式源自嘉定区华亭镇毛桥村，这是一条经济增长比较平缓、人与环境相对友好、社会进步与文化传统较为和谐的新型发展道路。其特点是尽管没有令人骄傲的GDP战绩和堪与都市媲美的高级别墅，但由于这同时也避免了乡镇工业化必然带来的环境过度损耗与农业资源透支，并使传统的农业社会与生活方式较为完整地保留了下来，所以是以最小的代价换取了适度的发展，并在许多方面预示或开辟了农村地区在城市化进程中可持续发展的新的可能。[①] 如果说在毛桥

① 刘士林：《“新农村”与“城市群”的相克与相生》，《中国社会科学内刊》2008年第2期。

模式中还有什么遗憾，可以说，一是由于经济水平发展较低，乡民的物质与精神需要还受到较多的制约。二是尽管已有一定的文化产业，但文化产业的规模偏小、竞争力也弱。目前，马陆的新农村建设已列入规划，“浏翔路以东、A30以北的现代农业集聚区是马陆镇社会主义新农村建设的重中之重，也是镇党委政府‘统筹城乡建设发展、三大板块整体联动、产业能级优化提升’发展战略的点睛之笔。现经镇党委政府研究，决定以社会主义新农村‘美好家园’建设为抓手，对集聚区内的基础设施、村落民宅和环境氛围进行整体规划和统一打造，争取用2～3年时间实现区域范围内基本面貌的显著改观，不断拓展集聚区内农业、农村和农民的发展空间，为社会主义新农村建设树好典型样板，为全镇经济社会的发展进步注入新的活力。”① 但就其思路和具体的实施方案看，如涉及的道路、桥梁、河道、绿化、污水纳管、网络、村宅改造等方面，并没有独到的特色和代表性。我们认为，马陆应在文化产业大发展的背景下，走出一条以农业文化产业镇建设为中心的新农村建设道路。一方面，借助交通优势和着力打造的“三大道口经济圈”（以沪嘉高速公路马路出口至永盛路段为对象，建设集科研园、商住区、宾馆酒店、城市公园等为一体的精品走廊，以轨道交通11号线马路站点为中心，优先发展房地产业、专业市场、商贸业和生活性服务业，以A17、嘉闵高架出口，利用虹桥枢纽的交通优势，引进三产项目，打造一个富有质感、便利的生活空间），使马陆更深地融入上海国际大都市的整体进程，全面提升马陆的都市化水平。另一方面，以影响越来越大的马陆葡萄文化为主题，通过盘活

① 《马陆镇现代农业集聚区社会主义新农村》，马陆镇政府网站，2008年10月23日。

与吸收更多的文化资源，实现传统江南自然与文化遗产及传统乡土生活方式的综合创新，使马陆真正成为“周虽旧邦，其命维新”的和谐发展示范区。

参考文献

刘士林：《江南与江南文化的界定及当代形态》，《江苏社会科学》2009 年第 5 期。

刘士林：《都市化进程论》，《学术月刊》2006 年第 12 期。

刘士林：《从当代视野看文化都市》，《文汇报》2007 年 9 月 3 日。

《沪上学者座谈文化体制改革》，《社会科学报》2010 年 9 月 2 日。

陈勇勤：《关注资源分配与关注减少资源稀缺程度》，《南都学刊》2010 年第 3 期。

刘士林：《“新农村”与“城市群”的相克与相生》，《中国社会科学内刊》2008 年第 2 期。

《马陆镇现代农业集聚区社会主义新农村》，马陆镇政府网站，2008 年 10 月 23 日。

《上海统计年鉴 1999》。

《上海耕地面积统计表》。

B.11
附　录

与本研究相关的主要成果

一　科研项目

2013 年 3 月　国家发展改革委地区经济司 2013 年度社会公开征集课题“区域规划实施中期评估重大问题研究”，序号 8，负责人：刘士林、刘新静、王郁，时间：2012 年 8 月至 2013 年 2 月。

2013 年 3 月　国家发展改革委地区经济司 2013 年度社会公开征集课题“促进区域协调发展立法重大问题研究”，序号 18，负责人：叶必丰，时间：2012 年 8 月至 2013 年 2 月。

2013 年 5 月　2013 年度上海市发展改革决策咨询研究选聘课题“提高上海土地利用效率，加快盘活存量土地机制研究”，序号 10，负责人：刘士林，时间：2013 年 6 月至 2013 年 11 月。

2012 年 8 月　国家发展改革委地区经济司 2012 年度社会公开征集课题“规范新城新区若干重大问题研究”，序号 3，负责人，刘士林、陈宪、刘新静，时间：2012 年 8 月至 2013 年 2 月。

2010 年 11 月　教育部哲学社会科学研究 2010 年度后期资助重大项目，项目名称“江南城市群的历史源流与都市文化研究”，项目编号：10JHQ002，负责人：刘士林，时间：2010 年 12 月至 2012

年8月。

2010年12月 教育部哲学社会科学发展报告建设项目，项目名称“中国都市化进程年度报告”，项目编号：10JBG011，负责人：刘士林，时间：2010年12月至2013年12月。

2011年5月 上海交通大学“985工程”文科专项特色研究基地“城市科学研究院”，项目代号：TS 0120420004，负责人：刘士林，时间：2011年5月至2013年12月。

2009年3月 教育部新世纪优秀人才支持计划，项目名称“马克思城市文化理论研究”，项目编号：NCET－08－0899，负责人：刘士林，资助时间：2009～2011年。

二 学术论文

刘士林：《关于我国城镇化问题的若干思考》，《学术界》2013年第3期。

刘士林：《什么是中国式城市化》，《光明日报》2013年2月18日第5版。

刘士林：《特色文化城市与中国城市化的战略转型》，《天津社会科学》2013年第1期。

刘士林：《加快发展文化产业的城市化战略与路径》，《河南社会科学》2013年第1期。

刘士林：《从大都市到城市群：中国城市化的困惑与选择》，《江海学刊》2012年第5期。

刘士林：《城市群的中国经验及中西比较》，《文汇报》2012年10月22日文汇学人B版。

刘新静：《文化资源与文化都市建设研究》，《学习与实践》

2012年第4期。

刘新静:《文化城市研究的现状及深化路径》,《上海师范大学学报》2012年第6期。

刘新静:《改革开放以来上海空间文化的变迁》,《艺术百家》(CSSCI)2012年第1期。

刘新静:《芒福德的城市戏剧理论及当代阐释》,《淮阴师范学院学报》2012年第1期。

盛蓉:《大都市带理论的发生背景、生活方式变革与文化价值理念》,人大复印资料《文化研究》2012年第4期全文转载,原载于《艺术百家》(CSSCI)2011年6月。

王晓静:《都市人的精神家园——诗性想象中的杭州西湖》,《南通大学学报》(社会科学版)2012年1期。

刘士林:《中国都市化进程的病象研究与文化阐释》,《学术研究》2011年第12期,第39~47页,12000字,国际标准刊号ISSN1000-7326,人大复印资料《文化研究》2012年第4期全文转载。

刘士林:《城市科学建构与中华民族的城市启蒙》《学术研究》2011年第10期。

刘士林、王晓静:《长三角区域政策发展进程研究》,《艺术百家》(CSSCI来源期刊)2011年6期。

盛蓉、刘士林:《世界城市理论与上海的世界城市发展进程》,《学术界》2011年2月。

刘士林:《新中国的城市化进程及文化城市战略》,《文化艺术研究》2010年第2期,第27~44页,30000字,国际标准刊号ISSN1674-3180,人大复印资料《文化研究》2011年第4期全文转载。

刘士林：《2009世界都市文化发展报告》，《文化艺术研究》2010年第3期，第49~68页，35000字，国际标准刊号ISSN1674－3180，第一作者，人大复印资料《文化研究》2011年第3期全文转载。

刘新静：《文化大都市建设与非物质文化遗产保护》，《南通大学学报》（学报核心）2010年第2期。

刘新静：《上海世博会与京杭大运河自驾车游线框架研究》，《中国都市文化》2010年第3期。

刘士林：《金融危机挑战与文化产业应对》，《人文杂志》2009年第4期，第115~125页，人大复印资料《文化创意产业》2009年第6期全文转载。

刘士林：《金融危机挑战与文化产业应对》，《人文杂志》2009年第4期，第115~125页，人大复印资料《文化创意产业》2009年第6期全文转载。

刘新静：《文化策略与大都市中心区功能单一化研究》，《江西社会科学》（CSSCI）2009年第8期。

刘新静：《郊区化与逆城市化：中国都市群发展的重要模式》，《南通大学学报》2008年第4期，人大复印报刊资料《城市经济、区域经济》2008年第11期全文转载。

刘士林：《都市化进程论》，《学术月刊》2006年第12期。

首页 数据库检索 学术资源群 我的文献库 皮书全动态 有奖调查 皮书报道 皮书研究 联系我们 读者荐购 搜索报告

权威报告　热点资讯　海量资源

当代中国与世界发展的高端智库平台

皮书数据库 www.pishu.com.cn

皮书数据库是专业的人文社会科学综合学术资源总库，以大型连续性图书——皮书系列为基础，整合国内外相关资讯构建而成。包含七大子库，涵盖两百多个主题，囊括了近十几年间中国与世界经济社会发展报告，覆盖经济、社会、政治、文化、教育、国际问题等多个领域。

皮书数据库以篇章为基本单位，方便用户对皮书内容的阅读需求。用户可进行全文检索，也可对文献题目、内容提要、作者名称、作者单位、关键字等基本信息进行检索，还可对检索到的篇章再作二次筛选，进行在线阅读或下载阅读。智能多维度导航，可使用户根据自己熟知的分类标准进行分类导航筛选，使查找和检索更高效、便捷。

权威的研究报告，独特的调研数据，前沿的热点资讯，皮书数据库已发展成为国内最具影响力的关于中国与世界现实问题研究的成果库和资讯库。

皮书俱乐部会员服务指南

1. 谁能成为皮书俱乐部会员?

- 皮书作者自动成为皮书俱乐部会员；
- 购买皮书产品（纸质图书、电子书、皮书数据库充值卡）的个人用户。

2. 会员可享受的增值服务：

- 免费获赠该纸质图书的电子书；
- 免费获赠皮书数据库100元充值卡；
- 免费定期获赠皮书电子期刊；
- 优先参与各类皮书学术活动；
- 优先享受皮书产品的最新优惠。

社会科学文献出版社 SOCIAL SCIENCES ACADEMIC PRESS (CHINA) 皮书系列
卡号：4606008460416673
密码：

（本卡为图书内容的一部分，不购书刮卡，视为盗书）

3. 如何享受皮书俱乐部会员服务?

（1）如何免费获得整本电子书?

购买纸质图书后，将购书信息特别是书后附赠的卡号和密码通过邮件形式发送到pishu@188.com，我们将验证您的信息，通过验证并成功注册后即可获得该本皮书的电子书。

（2）如何获赠皮书数据库100元充值卡?

第1步：刮开附赠卡的密码涂层（左下）；

第2步：登录皮书数据库网站（www.pishu.com.cn），注册成为皮书数据库用户，注册时请提供您的真实信息，以便您获得皮书俱乐部会员服务；

第3步：注册成功后登录，点击进入“会员中心”；

第4步：点击“在线充值”，输入正确的卡号和密码即可使用。

皮书俱乐部会员可享受社会科学文献出版社其他相关免费增值服务
您有任何疑问，均可拨打服务电话：010-59367227　QQ:1924151860
欢迎登录社会科学文献出版社官网(www.ssap.com.cn)和中国皮书网（www.pishu.cn）了解更多信息

法律声明

“皮书系列”（含蓝皮书、绿皮书、黄皮书）由社会科学文献出版社最早使用并对外推广，现已成为中国图书市场上流行的品牌，是社会科学文献出版社的品牌图书。社会科学文献出版社拥有该系列图书的专有出版权和网络传播权，其 LOGO（ ）与“经济蓝皮书”、“社会蓝皮书”等皮书名称已在中华人民共和国工商行政管理总局商标局登记注册，社会科学文献出版社合法拥有其商标专用权。

未经社会科学文献出版社的授权和许可，任何复制、模仿或以其他方式侵害“皮书系列”和 LOGO（ ）、“经济蓝皮书”、“社会蓝皮书”等皮书名称商标专用权的行为均属于侵权行为，社会科学文献出版社将采取法律手段追究其法律责任，维护合法权益。

欢迎社会各界人士对侵犯社会科学文献出版社上述权利的违法行为进行举报。电话：010－59367121，电子邮箱：fawubu@ssap.cn。

社会科学文献出版社